CHINA

이야기로
풀어낸
중국의 명소들

송진영
이민숙
정광훈 외
지음

중화명승

그곳에 관해 쓰다 보니 그곳에 가고 싶어졌다. 가지 못하는 그곳이 머리에 더 선명하게 그려졌다. 이 느낌을 사람들과 공유하고 싶었다. 불안하고 불확실하지만, 미지의 곳에 대한 궁금증은 여전할 것이었다. 가보지 못한 곳에 관한 이야기는 상상력을 자극하고 언젠가 가보리라는 희망을 심어준다. 우리는 저축하듯 글과 사진을 차곡차곡 쌓아갔다. …… 명승은 독특하게도 유명하고 빼어나다는 의미의 형용사 두 개가 모인 명사이다. 그래서인지 명승이라는 단어는 마치 감탄사처럼 우리의 상상력을 자극한다.

SCENIC SPOT

소소의책

한눈으로 보는 중화명승 지도

헤이룽장성
○하얼빈

지린성

둔황
닝샤후이족자치구
베이멍구자치구
랴오닝성

신장위구르자치구
간쑤성
베이징
허베이성
톈진

산시성
산시성
산둥성
칭다오

섬서성
장쑤성
양저우
난징

칭하이성
뤄양
숭산
허난성
안후이성
상하이

시안
저장성
항저우

티베트자치구
후베이성
샤오싱

라싸
청두
우한
장시성
푸저우

쓰촨성
충칭
후난성
푸젠성
지룽

구이저우성
대만

윈난성
광시좡족
자치구
광둥성
광저우

마카오
홍콩

하이난성

● 일러두기

1. 이 책의 표기는 원칙적으로 외래어표기법을 따랐습니다.
2. 중국 인명의 경우 고대의 인물은 우리말 한자음으로, 근·현대의 인물은 중국어 발음으로 표기했습니다.
   (예 : 노사→라오서, 왕시즈→왕희지)
3. 중국 지명의 경우 성, 도시 등 지역명은 중국어 발음으로, 지역 내 장소는 중국어 발음과 우리말 한자음 중에서
   익숙한 것으로 표기했습니다. (예 : 남경→난징, 외탄→와이탄, 샤오린스→소림사)

『중화명승』은 한국중국소설학회의 '중화' 시리즈 두 번째 책이다. 2019년 가을, 첫 번째 중화 시리즈『중화미각』이 한창 인쇄되고 있을 때 학회 회원 몇 명이 다음 출판 기획을 위해 서울 연희동의 중국집에 모였다. 우리는 『중화미각』이 충분히 환영받을 것으로 기대하였고, 이 기대감은 자연스레 중국의 명승을 주제로 한 두 번째 책의 준비로 이어졌다. 소설 전공자들인 만큼, 중국의 여러 지역에 얽힌 사연을 이야기하듯 들려주자고 의견을 모았다. 중국 곳곳에 숨어 있는 이야기들, 하지만 여행 가이드와는 다른 성격의 정보, 그리고 지금의 중국에서 과거의 중국까지 볼 수 있는 글로 책을 구성하기로 했다. 그해 말부터 이듬해 초까지 기획 의도를 공유하고 집필진과 지역을 확정했다. 이제 글만 쓰면 될 것이었다.

그러던 중 코로나가 터졌다. 분위기가 심상치 않았다. 사스도 겪고 메르스도 넘겼지만, 이번에는 달랐다. 비행기는 뜨지 않고 열차는 멈춰버렸다. 자동차는 국경을 넘지 못하고 배는 정박할 곳을 찾아 헤맸다. 외국은커녕

문밖에 나가는 것도 조심스러웠다. 여행사는 문을 닫고 항공사는 도산했다. 이런 상황에서 중국의 명승에 관한 책이 무슨 의미가 있을까, 머리는 굳고 펜은 무거웠다. 아직 쓰지도 않은 글이 사치처럼 느껴졌다.

하지만 글의 힘은 놀라웠다. 그곳에 관해 쓰다 보니 그곳에 가고 싶어졌다. 가지 못하는 그곳이 머리에 더 선명하게 그려졌다. 이 느낌을 사람들과 공유하고 싶었다. 불안하고 불확실하지만, 미지의 곳에 대한 궁금증은 여전할 것이었다. 가보지 못한 곳에 관한 이야기는 상상력을 자극하고 언젠가 가보리라는 희망을 심어준다. 우리는 저축하듯 글과 사진을 차곡차곡 쌓아갔다.

'중화'가 주는 모종의 불편함에도 이 용어를 쓴 이유는, 이것이 중국 문화를 대표할 수 있는 가장 적합한 개념이라고 보았기 때문이다. '중국'으로는 우리가 말하려는 시대, 공간, 사람의 이야기를 담기에 부족했다. '중화주의'는 경계하지만, '중화'에서는 특정 역사관이나 가치관이 배제될 수 있다고 생각했다. 이 책이 중국 동북쪽 끝 하얼빈에서 시작하여 서북쪽의 둔황에서 끝나는 것도 같은 맥락이다. 공교롭게도 두 곳은 중국과 외래의 문화가 뒤섞인 근대 이후와 전통 시대의 대표 도시이다.

거칠게 보면 중국의 역사는 서쪽에서 동쪽으로 중심이 옮겨가는 방향으로 흘러왔다. 소위 중원 지역이 중국의 중심이었던 건 근 1,000년 전이 마지막이다. 타자의 관점에서 볼 때 중원은 물리적·정신적 측면 모두에서 아주 먼 곳일 뿐이다. 그래서 우리는 중국이 흘러온 역방향으로 책을 구성하기로 했다. 동북에서 시작하여 지금의 중국을 지탱하는 동남 연안의 여러 도시를 거친 후, 내륙으로 방향을 틀어 스치듯 중원을 지나 서북쪽 길로 빠져나가기로 했다. 중국의 화려함은 주변의 문화, 이질의 요소가 없이는 불가능했다. 이것이 곧 우리가 말하는 '중화'의 의미이며, 그랬을 때 중국은 가장 중국답다.

이 책은 중화권의 명소들을 명승으로 소개한다. 명승은 독특하게도 유명하고 빼어나다는 의미의 형용사 두 개가 모인 명사이다. 그래서인지 명승이라는 단어는 마치 감탄사처럼 우리의 상상력을 자극한다. 그곳에 어떤 풍광이, 어떤 사연이 있기에 명승이라고 하는 것일까? 이 책은 바로 그 사연을 역사와 문화의 시각으로 풀어낸다. 우리에게 익숙한 곳도 있고 생소한 곳도 있다. 지금도 발굴 중인 진시황릉, 국제 교류의 장이었던 자금성, 작은 항구에서 시작한 상하이, 뜨거운 홍콩의 광장이 중국의 어제와 오늘을 보여준다. 이효석이 사랑한 하얼빈, 김대건 신부가 머문 마카오, 신채호가 체포된 대만의 항구 등 한국과 관련된 이야기도 흥미롭다. 상인의 도시, 지식인의 해방구, 이민자의 보루, 당찬 여성의 마을처럼 저마다 색깔을 담고 있는 중국의 명소가 중국 소설을 전공한 저자들의 입말을 통해 글로 전해진다.

우리의 작업이 빛을 보기까지 많은 분의 도움을 받았다. 어려운 여건에도 흔쾌히 출판을 결정해주신 소소의책에 감사드린다. 그리고 해외 방문이 불가능한 상황에서 귀한 사진을 제공해주신 분들께 감사드린다. 조관희, 김명호, 장세정, 김유림 님은 정성이 담긴 사진첩을 기꺼이 공유해주었고 신승대, 홍지완 님은 중국 현지의 최근 사진으로 책의 현장감을 더해주었다. 그 밖에 일일이 말씀드리지 못하는 모든 분께 감사의 마음을 전한다. 한국중국소설학회는 새로운 주제와 기획의 '중화' 시리즈로 독자들과 다시 만나기를 기대한다.

저자 일동

이효석이 사랑한 거리

하얼빈 중앙대가

유수민

"탕! 탕! 탕!"

세 발의 총성. 그리고 기차역을 가득 메운 '영웅'의 외침. "코레아 우라
(대한 만세)!"

1909년 10월 26일 오전 9시 30분. 한국인이라면 누구나 하얼빈 기차역
에서의 역사적 순간을 기억한다. 동양을 넘어 세계 평화를 향한 한국인의
강력한 의지를 알린 순간. 그런데 왜 '대한 만세!'도 아니고 '다한완쑤이大
韓萬歲!'도 아닌, '코레아 우라 Корея ура!'였을까? 이 말에 이미 답이 있다. 당
시 하얼빈은 러시아풍의 유럽 문화가 꽃피운 '동방의 모스크바'로 불렸기
때문이다.

이토 히로부미의 하얼빈 방문은 러시아 제국의 재상 코코프체프와의
회담이 목적이었다. 러일전쟁(1904~1905년)에서 승리한 일본은 러시아가 건
설한 동청철도의 관리권을 확보하려 했고, 러시아는 일본으로부터 만주
에 대한 기존의 지배권을 묵인받으려 했다. 이렇게 중요한 회담이 하얼빈

에서 열릴 계획이었다는 것은 당시 하얼빈이라는 도시의 상징적 의미와 국제화 정도를 말해준다. 그렇기에 안중근 의사의 하얼빈 의거는 일본인, 러시아인, 중국인뿐 아니라 전 세계인을 상대로 항일 의지를 드러내고 '동양평화론'을 알리는 계기가 될 수 있었다.

자그마한 어촌에서 모던한 국제도시로

중국의 하얼빈은 어쩌다 '동방의 모스크바'로 불리게 되었을까? 본래 하얼빈은 만주어로 '그물을 말리는 곳'이라는 뜻의 자그마한 어촌에 불과했다. 그랬던 곳이 국제도시로 부상하게 된 것은 다름 아닌 동청철도의 건설과 깊이 관련되어 있다. 청·러 사이에 국경을 정했던 17세기의 네르친스크 조약(1689년) 이후 러시아는 19세기에 와서 청나라의 힘이 약해진 틈을 타 야금야금 아무르 강 북쪽 땅을 얻어내고, 우수리 강 동쪽의 블라디보스토크를 차지했다. 급기야는 중·러밀약(1896년)을 통해 '치타-하얼빈-쑤이펀허-블라디보스토크'를 잇는 동청철도 부설권을 획득하는데, 하얼빈은 바로 그 무렵에 지도에서 윤곽을 드러냈다.

20만 명의 인력을 투입하여 1898년 5월에 착공, 1903년 7월에 완공된 동청철도는 작은 어촌이었던 하얼빈에 서구 유럽의 식민화와 근대화를 동시에 가져다주었다. 고향을 떠나 하얼빈에 들어온 러시아 보병사단을 위로하기 위해 지어진 비잔틴 양식의 '성 소피아 성당'은 하얼빈의 랜드마크가 되었다. 중국 최초의 맥주 브랜드 '하얼빈'은 지금까지 사랑받고 있다. 20세기 초, 하얼빈은 그렇게 러시아가 심어놓은 유럽적 정체성과 함께 '동방의 모스크바'라는 명성을 얻게 되었다.

러시아만 하얼빈의 형성을 주도한 건 아니었다. 한쪽에는 외지에서 이

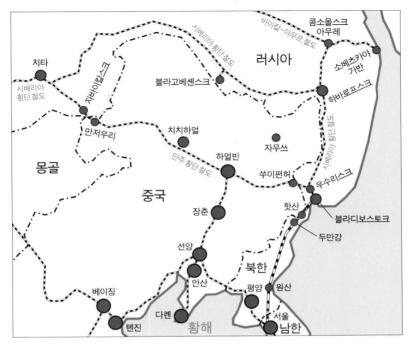

동청철도가 건설되면서 하얼빈은 눈부신 발전을 이뤄냈다. © wikipedia

주해온 중국인들의 터전도 존재했다. 하얼빈은 본래 만주족의 고토에 속하기에, 자신들의 이익이 침해될까 우려했던 청 황실이 '봉금령'을 내려 210년간 한족의 이주를 제한했다. 그렇긴 하지만 초기엔 개간에 필요한 노동력 확보를 위해 '요동초간령遼東招墾令'(1653~1668년)을 내려 다수의 산둥인을 요동 지역으로 이주시켰고, 이후로도 자연재해 및 소요에 시달리던 수많은 중국 한족이 지속적으로 이 지역에 이주해왔다. 쑹화 강 이남에는 이렇게 형성된 중국인 마을이 존재했는데, 부씨傳氏 집안 사람들이 처음 일구었다고 해서 '부가전傳家甸'이라고 불렸다. 이곳은 현재 하얼빈 다오와이道外 지역의 전신이다.

동청철도의 건설이 가져온 눈부신 발전을 목도한 부가전 사람들은 이

러시아 보병사단을 위로하기 위해 지어진 하얼빈의 성 소피아 성당. © shutterstock

렇게 말했다. "만일 저 코쟁이들이 부가전에 오지 않았다면, 쑹화 강에는 결코 100년에 한 번 있을까 말까 한 '무개강武開江'이 찾아오지 않았을 것이다." '무개강'은 꽁꽁 얼어붙어 있던 강 표면의 얼음이 갑작스런 기온 상승으로 인해 파열되는 현상을 뜻하는 방언인데, 천천히 강 표면이 녹는 현상인 '문개강文開江'의 반대말이다. 하얼빈의 엄청난 추위를 짐작케 하는 표현이다. 천지개벽이라 할 하얼빈의 발전 과정은 그들의 눈에 그야말로 '무개강'같이 느껴졌을 것이다.

기회의 땅, 그리고 키타이스카야

동청철도의 부설과 함께 수많은 러시아인이 하얼빈으로 몰려들었다. 하얼빈에 이주하는 이들에게 세금 감면 등 각종 혜택이 제공되었기 때문이다. 목재 회사, 제분 회사를 비롯한 각종 회사들이 설립되었고 러시아인의 생활용품을 판매하는 상점들도 생겨났다. 러일전쟁이 터지자 전쟁 물자의 생산 및 공급 기지이자 동북 3성 물자 집산의 중심지가 되었고, 전쟁이 끝난 뒤에는 수많은 외국 상인과 외국 자본이 유입되었다. 1909년 하얼빈은 본격적으로 개발된 지 11년 만에 치치하얼, 지린, 선양을 훨씬 능가하는 무역 중심지로 자리매김했다.

눈에 띄는 건 이주민 중 유대인이 상당히 많았다는 사실이다. 이 현상은 러시아의 정치·사회적 상황과 관련이 있다. 당시 러시아 정부는 어렵사리 손에 쥔 하얼빈에서의 영향력을 더 끌어올리기 위해 이 지역을 한시라도 빨리 개발하려고 몸이 달아 있었다. 러시아 땅에서 온갖 차별과 박해를 견디며 살아온 유대인은 이를 절호의 기회로 여겼다. 러시아 정부의 승인을 받은 그들은 하얼빈으로 이주해 더 나은 사회적 지위를 얻었다. 하얼빈은 그렇게 유대인의 주요 집결지가 되었다.

기회는 비단 러시아인만의 것이 아니었다. 오랜 세월 봉금지였던 하얼빈은 중국인에게도 기회의 땅이었다. 러일전쟁 이후에는 청 정부의 적극적인 동북 이주 정책 아래서 허베이와 산둥 출신의 더 많은 중국인이 새 삶에 대한 부푼 기대를 안고 끊임없이 이곳으로 모여들었다. 그들에게도 철도 부설 및 그로 인해 창출된 각종 사업과 일자리는 다시없을 큰 기회였다.

러일전쟁 10년 뒤, 하얼빈은 초기의 황량했던 기억은 온데간데없이 44개의 언어가 사용되고 53개의 민족이 거주하는 화려한 국제도시가 되었다. 러시아뿐 아니라 영국, 미국, 프랑스, 일본 등 세계 19개국의 영사관이 설치되었고 40여 개국과 무역 관계를 맺었다. 1911년에 청 왕조가 무너진 일은 하얼빈에 별다른 영향을 주지 못했다.

'중앙대가中央大街'는 바로 이렇게 형성된 국제도시 하얼빈에서 처음으로 생겨난 도로이자 상업의 중심지였다. 다오리道里 지역에 속하며 길이는 1.4킬로미터인 이곳은 '동북에서 가장 화려한 거리'로 성장했다. 70개가 넘는 유럽식 건물이 다채롭게 모여 있어 지금 봐도 마치 건축박물관에 온 것 같은 느낌을 자아낸다. 하지만 이 길은 본래 도시가 처음 생겨날 때 중국인 노동자들이 쑹화 강에서 구시가지 샹팡香坊 혹은 신시가지 난강南崗으로 건축자재를 운반하던 길이었다. 당시 러시아인들이 '키타이스카야', 즉 '중국 길'이라고 부른 이유다. 1925년에 현재의 '중앙대가'로 명칭이 바뀌었다.

초기에 황량했던 키타이스카야는 러시아뿐 아니라 유럽 각국의 비즈니스 활동이 전개되면서 번화한 상업지구로 변해갔다. 유럽풍의 건물이 하나둘씩 지어지고 외국의 상점 및 금융기관이 앞다투어 들어섰다. 그들과의 거래를 원한 중국인들 역시 이 부근에 가게를 열었다. 거리는 곧 비잔

유럽식 건물이 모여 있는 중앙대가. © shutterstock

틴식·바로크식 건물과 러시아식 작은 빵 가게, 프랑스식 부티크, 미국식 스낵 푸드 가게, 유럽식 교회 등으로 들어찼다. 이렇듯 혼종적인 거리 풍경은 하얼빈이 열강들의 주요 거점이자 세계 각국의 문화가 깊숙이 침투하고 융합된 국제도시였음을 말해준다.

그런 만큼 그늘도 존재했다. 상업의 급속한 발전은 빈부 격차와 계층구조를 만들어냈고, '난강은 천당, 다오리는 인간 세상, 다오와이는 지옥'이라는 표현이 있을 정도로 지역 간 계층 구분이 뚜렷했다.

하얼빈의 러시아 사회와 중국 사회 사이에 존재했던 계층 갈등 및 긴장관계는 1920년대의 화극 「왕하오원 王好文」에 보인다. 러시아 세력을 등에 업고 호가호위하다가 살인까지 저지른 왕하오원을 한 중국 관리가 러시아의 간섭을 두려워하지 않고 엄정하게 심판한다는 이야기다. 여기에는 러시아인과 중국인 사이에 지배-피지배 계층구조를 만들어낸 러시아 권력에 대한 중국인들의 반감이 담겨 있다.

'모던 보이'의 마음을 사로잡다

1930년대 조선인에게 하얼빈을 포함한 만주의 도시들은 일제의 계획 아래 관광지로 소비되었다. 만주는 조선 학생들의 수학여행지로 특히 인기 있었다. 이광수, 이태준, 함대훈, 김관 등 많은 문인과 예술가들이 만주를 관광한 후 글을 남겼다. 러시아 문학을 전공한 함대훈은 '모데른' 카페에서 여급에게 러시아어로 차를 주문한 뒤 '어쩐지 가슴이 울렁거린다'고 했고, 음악평론가 김관은 '하르빈에서 볼 수 있는 숭가리(쑹화 강) 빙상의 세례제'를 '세계의 명물'로 꼽았다.

동시대 작가 이효석에게 하얼빈은 다소 다른 맥락에서 특별한 도시였다. 향토소설 「메밀꽃 필 무렵」으로 알려져 있는 그는 사실 구라파(유럽)를 동경한 '모던 보이'였다. 그는 '백계 로인(러시아인)들의 생활에 비상한 흥미를 가지고 있었고 이 흥미는 쌓이고 쌓여' 1939년 여름과 1940년 초에 하얼빈을 두 차례 방문한다.

이효석의 작품 「벽공무한」(1939년)에서 천일마의 행보는 그의 마음을 대변한다. 작품 속에서 키타이스카야는 '구라파의 한 귀퉁이'를 연상시킬 만큼 활력이 넘치고 매력적인 거리다.

키타이스카야가에 들어서니 감회는 한층 더하다. 좌우편에 즐비한 건물이며 그 속에 왕래하는 사람들이며-거기는 완전히 구라파의 한 귀퉁이이다. 외국에 온 듯한 느낌에 일마는 번번이 마음이 뛰노는 것이었다. 여름보다 남녀의 복색들이 달라진 것이 또한 새로운 흥을 돋아준다.

"이곳에 들어서면, 웬일인지 올 곳에 왔다는 느낌이 난단 말야."

_「벽공무한」, 1939년

유럽적 분위기라면 유럽 국가들의 영사관 및 생활공간이 모여 있던 난강 지역이 단연 최고였다. 키타이스카야 주변이 유럽인과 중국인의 활동이 혼재하는 곳이었다면, 난강은 하얼빈 안의 완벽한 유럽이었다. 애초에 '뉴타운'이라 불리며 러시아 출신 동청철도 고급 직원의 주택지로 구획되었고, 점차 기타 유럽 국가에서 온 외국인들의 생활 중심지로 자리잡아갔던 까닭이다. 난강은 하얼빈의 종교, 문화, 행정의 중심지였으며 1930년경에는 24개국의 영사관이 이곳에 있었다.

오늘날 하얼빈시의 대표적인 백화점인 '추림공사秋林公司'도 바로 이 난강 지역에 있다. 러시아계 유대인이 세운 이 백화점에 대해 이효석은 '로서아어도 들리고 영어도 들려서 이 구석 저 구석에서 언어의 혼란을 일으켜 흡사 국제 백화점인 감이 있다'면서 '구라파적인 은은한 윤택과 탐탁한 맛이 드러나 보이'는 '구라파 문명의 조그만 진열장'으로 묘사했다.

유럽적 감성은 거리 곳곳에서 넘치게 들려오는 음악에도 담겨 있다. 이효석은 쑹화 강변의 한 식당에서 오후 6시면 흘러나오는 차이코프스키의 실내악을 들으며 '하얼빈은 이런 사치를 도처에서 물같이 흘리고 있다'고 생각했다. 실제로 하얼빈의 교향악단은 매우 명성이 높았다. 1939년 조선의 경성에 와서 초청 공연을 한 적도 있는데, 당시 큰 이슈였다.

하얼빈에 첫 교향악단이 들어선 것은 1906년 러시아인들에 의해서였다. 그 이후로 하얼빈 교향악단이 자아내는 유럽적 선율은 도시를 가득 메웠다. 흥미롭게도 하얼빈의 음악적 계보는 조선인 정율성에 의해 이어진다. 「연안송가」와 「팔로군 행진곡」(중국인민해방군 군가)을 작곡했던 독립운동가 정율성은 1945년 해방 이후 하얼빈 등지에서 활동했다. 쑹화 강변에는 지금도 '정율성 음악기념관'이 자리하고 있다.

애수의 하르빈

이효석은 구라파 문명에 무한한 애정을 드러냈지만, 하얼빈 거리를 내려다보는 그의 감정은 복합적이다. 그의 작품 「하얼빈」의 서두는 키타이스카야의 한 호텔방에서 시작된다.

> 호텔이 키타이스카야의 중심지에 있자 방이 행길편인 까닭에 창 기슭에
> 의자를 가져가면 바로 눈 아래에 거리가 내려다보인다. …… 그 한 사람
> 한 사람의 가는 길과 목적을 뉘 알 수 있으랴. 나는 키타이스카야 거리를
> 사랑한다. 사랑하므로 마음에 근심이 솟는 것일까.
>
> _「하얼빈」, 1940년

호텔방에서 내려다보이는 키타이스카야의 풍경은 그에게 애정과 근심을 동시에 자아냈다. 식민지 조선의 작가 이효석은 자신이 동경하는 구라파의 이미지 위에 일본 제국주의의 그림자가 드리워져 있음을 본다. 카바레에서 일하는 백계 러시아 혼혈여성 '유우라'가 찾아와 이렇게 말한다.

"보세요, 저 잡동사니의 어수선한 꼴을. 키타이스카야는 이제는 벌써 식민지예요. 모든 것이 꿈결같이 지나가버렸어요."

이효석의 애수가 어려 있는 이 호텔은 바로 지금 중앙대가 한가운데에

위치한 '모데른 호텔Modern Hotel'이다. 러시아계 유대인 조셉 캐스퍼Joseph Casper가 1906년에 착공한 이 호텔은 1913년에 완공된 이래 하얼빈의 크고 작은 부침을 지켜보며 지금까지 같은 곳을 지키고 있다. 웅장한 실내장식과 정교하게 조각된 기둥의 아르누보 스타일로 지어져, 당시 도로 양편에 늘어선 유럽풍 건물들 중에서도 제일가는 품격과 호화로움을 자랑했다. 그 명성에 걸맞게 청 황실의 마지막 황제였던 푸이, 그리고 쑹칭링, 장제스, 궈모뤄 등 유명 인사들의 발길이 이어졌다.

프랑스 국기가 걸려 있는 1920년대의 모데른 호텔. © Professor Dan Ben-Canaan archives collection ― The Sino-Israel Research and Study Center, Heilongjiang University

1932년 일본의 만주국 건립 이후 하얼빈에서 러시아인의 입지는 매우 좁아졌다. 1935년 소련의 스탈린은 동청철도의 운영권을 만주국에 매각했고, 몇천 명의 철도 직원이 퇴직금을 지불받고 해고되었다. 그들은 소련으로 돌아가려 했지만 국경에서 모든 소유물을 뺏긴 채 시베리아 황야로 보내졌고, 곧 일본 및 미국 스파이 혐의를 받아 총살되었다. 하얼빈에 남겨진, 혹은 망명해온 러시아인들 중 상당수는 기반을 잃고 나락에 떨어진 삶을 살게 되었다. 이들이 모여든 곳은 다오리 서남부에 위치한 '나하로프카'라는 곳이다. 빈민굴이었기에 사람들은 그곳을 범죄 소굴로 여겼다. 도시 하얼빈을 일군 주역이라 할 러시아인들은 가혹한 역사의 흐름 앞에 스러져갔다.

백계 러시아인의 암울한 삶은 「하얼빈」의 '유우라'로 대변된다. 카바레 동료에게조차 '불명예스럽다'며 멸시당하는 그녀로서는 강을 바라보며 죽고 싶다는 생각을 하는 것이 유일한 낙이다. 카바레 화장실에서 일하는

중국 국기가 걸려 있는 현재의 모데른 호텔. © shutterstock

'스테판'의 삶도 절박하기 그지없다. 그는 손님의 손에 물을 부어주고 수
건을 빌려주는 일을 하면서 돈푼을 모아 고향으로 돌아갈 꿈을 꾸고 있다.
유우라나 스테판의 처지가 공감되는 것은 이효석 본인 역시 식민지인이
라는 공통점에서 비롯된다. 조선 언론인 홍종인은 새벽 4시, 춤과 술의 카
바레에서 나와 "애수의 하르빈!"을 외쳤다. 이곳 하얼빈 거리에는 고향다
운 고향을 잃은 채 식민지인으로 살아가야 했던 이들의 애수가 가득 녹아
있다.

지워졌다가 되살아난 이야기들

태평양전쟁이 끝나기 6일 전에 참전한 소련군은 지리적 이점 덕분에 엄
청난 속도로 만주국을 접수하기 시작했다. 당시 만주국에 거주하던 일본

인은 약 27만 명이었는데, 그중 18만 명은 빠르게 본토로 귀환했다. 하지만 나머지 8만 명은 학살보다는 자살로 죽었고, 1만 명은 잔류를 강요당했다. 잔류한 이들은 주로 여성 혹은 아이였는데, 여성들은 현지의 중국 남성과 결혼했고 아이들은 중국 가정에 입양되었다.

창춘과 함께 만주국의 특별시였던 하얼빈의 상황도 마찬가지였다. 1945년 8월 10일, 본토로 귀환하지 못한 수많은 일본인이 쑹화 강 부두에서 투신했다. 일본 정부의 '만주 식민지 건설' 캠페인에 현혹되어 이주해왔던 이들의 달콤한 꿈은 너무 짧은 시간에 처참히 끝나버렸다. 1963년 중국공산당 총리 저우언라이周恩來는 '일본 국민들과 정착민들도 일본 제국주의의 희생자'라고 공표했다.

러시아인의 입지는 이전보다 오히려 더 곤란해졌다. 만주를 점령한 소련군은 가난한 백계 러시아인을 경멸했고, 일본이나 서방 권력의 스파이로 몰아 체포하거나 유배시켰다. 이후 중국이 만주 지배권을 쥐고 나서는 공산당의 민족주의적 입장으로 인해 러시아인들은 더더욱 설 곳이 없어져버렸다.

1949년 신중국 설립 이후 중국공산당은 1,000년이 넘는 유적을 발굴하며 하얼빈이 만주족의 고토라는 사실을 내세우기 시작했다. 하얼빈 개척과 발전의 역사를 있는 그대로 받아들이려 하지 않았던 것이다. 하지만 역사가 증명하듯 하얼빈은 중국 주도로 세워진 도시가 아니다. 물론 러시아의 볼셰비키 혁명(1917년) 이후부터 일본의 만주국 건국(1932년) 이전까지 외세의 공백을 틈타 심어진 중국적 정체성도 존재하지만, 그것이 도시의 국제적 혼합성을 퇴색시킬 수는 없었다. 영화와 치욕이 교차하는 도시 하얼빈은 이제 중국의 주도 아래 다시금 이야기를 만들어내고자 한다.

그런데 흥미롭게도 1990년대 말 이후 중국은 초반의 강경했던 기조와 달리 하얼빈의 '비중국적 과거'를 조명하기 시작했다. 곳곳에 남아 있는

중앙대가의 야경. © shutterstock

러시아와 유럽의 흔적이 다시금 주목받으면서 도시의 주요 경관으로 부활되었다. 이 프로젝트의 중심은 바로 '중앙대가'와 '성 소피아 성당'이다.

유럽식 건물이 가장 밀집한 거리인 중앙대가는 1997년에 도보 전용로로 전환시키는 작업이 진행되었다. 그런가 하면 현재 건축예술박물관으로 운영 중인 성 소피아 성당은 1998년 돔 꼭대기에 러시아 정교회의 십자가가 다시 설치되었고, 개관식 '세례'를 거행했다. 유럽과 러시아의 테마가 중국 정부에 의해 다시금 재현된 것이다. 이러한 작업의 주목적은 외국 관광객 유치를 통한 자국 경제의 활성화다.

이렇게 하얼빈은 오늘날 중국 당국의 목적에 의해 관광도시로 재맥락화되고 있다. 하지만 제국주의적 근대화와 함께 조성된 국제도시 하얼빈은 분명히 그보다 훨씬 다양하고 풍부한 이야기를 간직하고 있다. 그 모든 이야기는 예나 지금이나 끊임없이 흘러가는 쑹화 강이 누구보다도 면면히 기억하고 있을 것이다.

유수민

이화여자대학교에서 중문학과와 국문학과를 졸업한 후 상하이 푸단대학교에서 중국 문학을 연구했으며, 현재 카이스트 KAIST에서 강의하고 있다. 중국 소설과 스토리텔링, 한중비교문학 연구에 관심이 많다. 지은 책으로 『동아시아의 전통문화와 스토리텔링』, 옮긴 책으로 『지낭―삶의 지혜란 무엇인가』가 있으며, 주요 논문으로 「조선 후기 한글소설 '황부인전'의 재창작 양상 소고―'삼국연의' 및 중국 서사 전통과의 비교를 중심으로」 등이 있다.

'치욕'의 삼궤구고두례를 연습하다

자금성 습례정

김민호

　1637년 1월 30일 이른 아침, 남한산성에서 버티던 조선의 국왕 인조는 삼전도로 내려가 청 태종에게 '치욕'의 삼궤구고두례三跪九叩頭禮를 올린다. 영화 「남한산성」에는 이마에 흙을 묻히며 단 위에 앉은 청 태종에게 삼궤구고두례를 올리는 인조의 치욕적인 모습이 잘 그려져 있다. 오랑캐라 멸시하던 만주족의 수장에게 삼궤구고두례를 올림으로써 조선은 청의 신하가 되었음을 공식적으로 인정했고, 후대 사람들은 이를 '삼전도의 굴욕'이라 부른다. 더불어 삼궤구고두례는 치욕을 상징하는 이미지로 이후 소설, 영화 등에 다양하게 변주되어 등장한다.

삼전도의 굴욕

　『조선왕조실록』은 '치욕'으로 여겼던 이날의 장면을 어떻게 기록하고 있을까?

> 용골대 등이 인도하여 들어가 단 아래에 북쪽을 향해 자리를 마련하고 상
> 에게 자리로 나가기를 청하였는데, 청나라 사람을 시켜 여창 臚唱하게 하
> 였다. 상이 세 번 절하고 아홉 번 머리를 조아리는 예를 행하였다.

우리에게 '치욕의 의식'으로 각인된 삼궤구고두례의 현장을 『조선왕조
실록』은 '상이 세 번 절하고 아홉 번 머리를 조아리는 예를 행하였다'라고
간단하고 무미건조하게 기록하고 있을 뿐이다. 역사서가 감정을 싣지 않
고 사실을 객관적으로 전달한다고는 하지만 '치욕의 의식'으로 강조되던
삼궤구고두례에 관한 기록이 너무 간략하여 당황스러울 정도이다. 그런
데 이날 실록에 다음과 같은 기록도 보인다.

> 상이 소파진 所波津을 경유하여 배를 타고 건넜다. 당시 그곳을 지키던 병
> 사들은 거의 모두 죽고 빈 배 두 척만이 있었는데, 백관들이 다투어 건너
> 려고 임금의 옷을 잡아당기기까지 하면서 배에 오르기도 하였다. 상이 건
> 너간 뒤에, 한이 뒤따라 말을 타고 달려와 얕은 여울로 군사들을 건너게
> 하고, 상전 桑田에 나아가 진을 치게 하였다. 그리고 용골대로 하여금 군병
> 을 이끌고 행차를 호위하게 하였는데, 길의 좌우를 끼고 상을 인도하여
> 갔다. 사로잡힌 자녀들이 바라보고 울부짖으며 모두 말하기를, "우리 임
> 금이시여, 우리 임금이시여. 우리를 버리고 가십니까" 하였는데, 길을 끼
> 고 울며 부르짖는 자가 만 명을 헤아렸다.

인조는 항복 의식을 마치고 해질녘이 되어서야 창경궁을 향해 출발한
다. 그런데 이 상황에서 한강을 건널 배가 부족하자 신하들은 국왕의 옷까

현재 서울의 잠실 롯데호텔월드 남쪽에 있는 삼전도비. ⓒ 김민호

지 잡아당기며 다투어 배를 타려는 난장판을 만든다. 이뿐만이 아니다. 포로로 잡혀가는 백성들은 인조를 향해 왜 우리를 버리냐며 울부짖는다. 현재 우리에게 강하게 남아 있는 '삼전도의 굴욕' 관련 이미지는 인조가 항복 의식으로 청 태종에게 삼궤구고두례를 올리는 모습이다. 그러나 당시 실록은 삼궤구고두례라는 의식보다 임금이 타는 배를 자기가 먼저 타려고 임금의 옷까지 잡아당기며 아수라장을 만드는 한심한 신하들, 북쪽으로 끌려갈 백성들이 울부짖는데도 그냥 지나쳐 가는 무능한 임금의 묘사를 통해 '삼전도의 굴욕'을 기록했다.

정중한 인사법이었을 뿐

'삼궤구고두례'는 말 그대로 '세 번 무릎 꿇고[三跪]', '아홉 번 머리를 땅에 대고 조아리는[九叩頭]' '의례[禮]'이다. 다시 말하자면, 한 번 무릎을 꿇은 채 연이어 세 번 머리를 땅에 대는 행위를 세 번 반복하는 의식이다. 사실 이 의식은 만주족이 아닌 한족 왕조인 주나라에서 기원한다. 주나라 귀족들은 좌식 생활을 했기에 무릎 꿇고 절하는 궤배례跪拜禮가 기본 인사 방법이었다. 『주례』에 따르면 궤배례를 아홉 종류로 나누는데 이 중 가장 정중한 의식이 계수稽首이고, 이것이 머리를 땅에 닿게 인사하는 고두례다. 한족의 전통 의례인 고두례는 재배에서 삼배, 다시 오궤삼고두, 삼궤구고두로 점점 더 강화되며 황제에게 절대복종한다는 것을 드러내는 의식으로 정착되었다.

그렇다면 만주족의 전통 의례는 무엇이었을까? 무릎을 꿇고 절을 하던 한족의 전통 의식과 달리 만주족은 만나서 서로를 껴안는 더 친밀하고 직접적인 인사 방법인 '포견례抱見禮'를 행했다. 만주족 고유의 풍습인 '껴안고 만나기[抱見]'는 친척이나 귀한 손님을 만날 때 행해졌고, 군주와 신하 사이는 물론 남녀 간에도 널리 통용되던 인사법이었으며, 신분 및 친소에 따라 다양한 단계가 있었다. 그러나 만주족은 중원의 주인이 되면서 자신들의 전통 인사법인 포견례를 세련되지 못하다 여겼고, 점차 고두례가 정식 의례로 자리잡게 된다. 다시 말해 '고두례' 자체는 '치욕'의 상징일 이유가 없었다.

실제로 고두례는 청나라 이전인 명나라에서도 사용되던 의례였다. 다만 명나라 때는 삼궤구고두가 아닌 오궤삼고두, 즉 다섯 번 절하고, 마지막 절에 세 번 고두하였던 차이가 있었을 뿐이다. 이에 명나라를 방문했던 조선 연행사들은 황제에게 아무런 거부감 없이 고두례를 올렸다.

조금 있다가 오문의 세 문이 열리더니 홍려시 서반序班은 우리들을 인솔하여 어로御路에 올라가서 다섯 번 절하고 세 번 머리를 조아렸다. ……

홍려시관鴻臚寺官이 계첩揭帖을 가지고 아뢰기를, "조선국에서 온 형조 참판 등 31원員이 뵙니다"라고 하였다. 이 관원들이 사신들의 이름을 아뢰지 않은 것은 대체로 겁이 난 때문이었다. 우리들은 세 번 머리를 조아리고 다시 꿇어앉았더니, 황제는 친히 옥음玉音을 발하며 이르기를, "저 사람들에게 술과 밥을 주어 먹도록 하라"고 하였는데, 소리가 매우 맑고 낭랑하였다. 우리들이 다시 세 번 머리를 조아리자 서반은 인솔하고 나왔으며, 다시 오른편 곁문을 거쳐 돌아와서 대궐 바른쪽 문 곁에서 쉬었다.

위 인용문은 허균의 형이며 허난설헌의 오빠가 되는 하곡荷谷 허봉許箎이 서장관으로 명나라에 다녀온 기록인 『조천기朝天記』 1574년 8월 9일에 나오는 내용이다. 허봉은 상림원감上林院監·대덕령응묘大德靈應廟·태의원太醫院·흠천감欽天監·홍려시鴻臚寺·교방사敎坊司·공부 및 병부를 지나 성문이 열리자 다시 금수교金水橋·승천문承天門·단문端門 등을 거쳐서 오문午門에 이른다. 그 후 홍려시 관리의 인솔하에 오궤삼고두를 행한다. 위 기록을 보면 명나라 때 역시 황제에게 고두례를 행했고, 고두례에 대한 거부감이 전혀 없었음을 알 수 있다.

명나라를 그리워하다

청나라가 중원의 주인이 된 후 조선 사신들은 매년 정기적으로 청나라를 방문했다. 이들을 보통 '연행사燕行使'라 했는데, 이는 '연나라[燕] 자리에 있는 베이징으로 갔던[行] 사신[使]'이라는 의미이다. 연행사는 매년 동지 무렵 베이징에 도착했던 정기 사행인 동지사가 있었고, 그 외에도 부정기로 사은사, 주청사, 진하사, 진주사 등 다양한 사행이 있었다. 정기 사행

조선 연행사들이 청 황제에게 삼궤구고두례를 행했던 '태화전'. © 숭실대학교 한국기독교박물관 소장

和
殿

인 동지사는 일반적으로 정사, 부사, 서장관 등 정식 사행 30인을 포함해 수백 명의 규모였고 12월 말경 베이징에 도착했다. 베이징에 들어가기 전 연행사들은 보통 동악묘東嶽廟에서 정식 관복으로 갈아입고 조양문朝陽門을 통해 베이징으로 들어갔다. 베이징에서 숙소를 배정받은 후 이들은 1월 1일 정조의正朝儀에 참여해 청나라 황제에게 삼궤구고두례를 올렸다. 그런데 이들은 명나라 때와 달리 고두례에 대해 대부분 부정적인 태도를 취했다.

1700년 1월 1일 청나라 황제가 주재하는 정월 초하루 조참의에 참석한 강선姜銑은 청나라가 아닌 명나라를 그리워하는 상황을 그의 『연행록』에 기록한다.

> 4경이 시작될 무렵 삼행이 역관을 인솔하여 대궐로 나아갔다. 서장안문에서 금청교와 천안문, 단문, 오문, 태화문을 경유하여 태화전으로 나아갔다. 태화전 뜰 서쪽 반열에서 황제가 대전에 오르기를 기다렸다. 청나라 사람이 예를 행한 후에야 네 번째 반열로 나아가 세 번 절하고 아홉 번 머리를 조아리는 삼배구고두의 예를 행하였다. 예를 마친 후 정사는 종실이라 하여 어탑御榻 전좌殿坐의 앞쪽에 나아가 앉았다가 한참 있다가 물러났다. 일행은 정사를 기다렸다가 함께 나왔다. 궁궐의 아름다움과 제도의 성대함이 모두 예전 명나라 의전과 한가지였기에 눈길 닿는 곳마다 강개한 마음이 들지 않는 곳이 없었다. 우리가 늦게 태어나 명나라의 전성기를 보지 못한 것이 한스럽다. 이제 와서 오랑캐의 뜰에서 절하고 무릎을 꿇게 되었으니, 그저 분하여 주먹만 꽉 쥘 뿐이었다.

강선은 숙소인 독포사督捕司에서 나와 서장안문, 금청교, 천안문, 단문, 오문, 태화문을 거쳐 청나라 황제가 태화전에서 주재하는 정월 초하루의

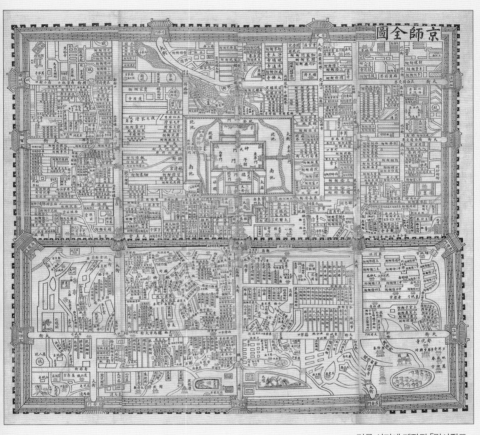

건륭 시기에 제작된 「경사전도」.

조참의에 참석한다. 그러나 청나라의 조정에서 그는 명나라를 그리워한다. 늦게 태어나 명나라의 전성기를 보지 못하고 '오랑캐'로 무시하던 청나라 황제에게 절하고 무릎을 꿇어야 하는 상황을 주먹을 꽉 쥘 정도로 분해한다. 청나라가 들어선 지 50년도 더 지났지만 강선은 여전히 청을 오랑캐라 직접적으로 비난하고 삼궤구고두의 의례를 치욕적으로 여긴다.

강선 이후 청나라를 방문한 조선 연행사들 역시 기본적으로 고두례에 대해 부정적으로 생각한다. 오랑캐로 무시했던 만주족이 중원의 주인이 된 것을 인정할 수 없었던 것이다. 청나라로부터 배울 게 있다고 여긴 홍대용 같은 실용주의 지식인까지도 삼궤구고두례를 자신의 몸을 욕되게 하는 행위라고 여겼을 정도로 조선 지식인들의 거부감은 심했다.

국제 교류의 현장

앞에서 말했듯이, 고두례 자체는 치욕과 상관없는 의례였다. 그러나 '삼전도의 굴욕' 이후 청나라를 방문했던 조선 사신들은 대부분 고두례를 치욕의 의식으로 인식하고 있었다. 그럼에도 불구하고 이들은 황제의 나라를 방문하는 공식 사절이었기에 고두례를 올리지 않으면 안 되었다. 조선에서는 행한 적이 없는 삼궤구고두례였기에 이들은 황제를 알현하기 위해 미리 연습을 해야만 했다. 이 예행연습을 하던 곳이 바로 습례정習禮亭이다.

습례정은 현재 자금성 서남쪽 모서리에 위치한 중산공원中山公園 안에 있다. 중산공원이 있던 자리는 명나라 영락 18년(1420)에 사직단이 만들어져 청나라가 망하는 1911년까지 이어진다. 청나라 멸망 후 1914년 북양정부는 이곳을 공원으로 만들어 민간에 개방하면서 중앙공원中央公園이라

현재 베이징 중산공원 내에 있는 습례정. ⓒ 김민호

이름 지었고, 1925년 손문이 세상을 떠나자 그의 영구를 임시로 이곳 중산당中山堂에 두게 되는데, 이로 인해 1928년 지금의 중산공원이라는 이름을 얻게 된다.

그 중산공원 안에 습례정이라는 자그마한 건물이 하나 있다. '예절을 익히는 정자'라는 의미의 습례정은 명나라와 청나라 시기에 외국 사신이나 지방 관리들이 황제를 알현하기 위해 베이징을 방문했을 때 황제에게 올리는 예절을 익히던 곳이었다. 이에 연례정演禮亭, 즉 '예절을 연습하는 정자'라는 이름으로도 불렸다. 1420년에 만들어진 습례정은 원래 이곳에 있지 않았다. 습례정은 정양문 안쪽 병부가兵部街 홍려시鴻臚寺 경내에 있었다. 홍려시라는 기구는 외국 사신 및 조회와 관련된 의식을 담당하던 곳이었다. 지금으로 치면 청와대 의전실 정도에 해당하는 기구이다. 청나라 광서 26년(1900) 팔국연합군의 공격으로 홍려시는 불타 훼손되었지만, 다행히 습례정은 살아남았다. 그 뒤 얼마 지나지 않아 영국군이 홍려시를 연병장으로 삼자 청 정부는 습례정을 호부가戶部街 예부 아문으로 이전했다. 청말 예부가 전례원典禮院으로 바뀌었고, 1912년 전례원에 염무서鹽務署가 자리잡았으며 1915년 4월 이 정자를 현재의 위치로 이전하게 된다.

1755년 동지사 서장관으로 다녀온 이기경李基敬은 그의 『음빙행정력飲氷行程歷』 1755년 12월 29일조에 습례정에서 삼궤구고두례를 연습하는 내용을 기록한다.

오후에 소경少卿 두 사람이 비로소 오자 안으로 들어가 동지 하례의 의식을 연습하였다. 통관이 삼사신을 인솔하여 홍려시의 뜰 서쪽에 들어가 북향하여 서고, 대통관 이하는 차례대로 줄을 섰다. 소경 두 사람이 정당의 회랑 좌우에 나누어 서니, 구령하는 사람 2인이 정당의 가운데서 좌우로 섰다. 만주어는 알아들을 수 없었으나 통관通官이 꿇어앉으라고 하면 꿇어앉고 일어나라고 하면 일어났다. 이에 삼궤구고두를 행하였다. 소경이 통관에게 "사신은 잘 하였는데, 수행원 이하는 조금 들쭉날쭉하다" 하고, 다시 명하여 삼궤구고두를 연습하게 하니 순종할 수밖에 어찌할 수가 없었다. 들으니 진하사進賀使 일행이 연습할 때는 의식대로 하지 못하여 소경 무리들이 윽박질러 이날 동지사 일행과 함께 다시 연습을 하게 하였는데, 담당 역관들이 다방면으로 힘을 써서 겨우 면제하였다고 한다. 그러나 다시 담당 역관들을 불러 동지사의 의식 연습을 보고 가서 고하게 하였다고 하니, 크게 웃을 만한 일이었다.

이기경 일행은 홍려시 소속 관리를 따라 습례정으로 가 삼궤구고두례를 연습한다. 위 인용문을 통해 삼궤구고두례는 만주어로 진행함을 알 수 있다. 이들은 일사불란하게 고두례를 못했다 하여 반복 연습을 한다. 그런데 이들보다 먼저 진하사로 왔던 사신들은 이 의식을 제대로 행하지 못해 다시 와서 연습을 해야 하는 난감한 상황에 처하기도 한다. 이처럼 습례정에서 행한 삼궤구고두례 연습은 연행사들이 황제를 만나기 전에 반드시 거쳐야 하는 절차였다.

연행사들은 예행연습을 할 때 외국 사신들과 함께 하는 경우도 적지 않았다. 이의봉李義鳳은 서장관이었던 부친 이휘중의 자제군관 신분으로 연행에 참여했고, 그의 『북원록北轅錄』 제3권 1760년 12월 30일조에 다음과 같은 사항을 기록한다.

> 문으로 들어가니 안남국 공사貢使가 먼저 홍살문 안에 들어가 한창 습의를 하고 있었다. 그 사람들은 모두 이를 검게 칠하였는데 검고 흰 것이 얼룩덜룩하였으며 머리를 풀어 뒤로 드리우고 오모烏帽를 쓰고 단령團領을 입고 있었다. 삼사신 모두 홍운문紅雲紋이 있는 대단大緞 단령을 입고 통관 이하 25인은 다 청색 녹색 단령을 입었다. …… 그 사람들은 모두 깊은 눈에 수척한 얼굴을 하고 있어서, 마치 방금 큰 병이라도 앓은 것 같았다. 이는 아마도 몇만 리나 되는 곳을 건너오면서 물이며 풍토에 적응하지 못하고 온갖 고생을 다 겪어서 그런가 보다. 그 가운데 정사를 보니 완고하면서도 근엄하고 부사들은 정결하였다. 삼사 모두 창안백발蒼顔白髮인데 풍채가 좋고 잘생겼다. 그 수통관首通官은 나이가 비록 많았지만 한어漢語를 잘하였는데 내가 홍살문 틈으로 그 성을 물었더니 완씨阮氏라 대답하였다. 그러자 그도 우리 사신들의 관질官秩에 대해 묻기에 낱낱이 대답해 주었다.

이의봉 일행이 습례정에 도착했을 때는 이미 안남국, 즉 베트남 사신들이 고두례 연습을 하고 있었다. 이의봉은 그들이 이를 검게 칠하고, 또 머리를 풀어 뒤로 드리우고 있다며 조선과 다른 안남 사신들의 이국적 모습을 묘사한다. 이의봉은 이들이 비록 수척한 얼굴이지만 풍채가 좋고 잘생겼다며 긍정적인 평가를 한다. 더불어 이의봉은 이들과 교류한 상황 역시 기록한다. 그는 이들의 성을 묻고, 이들 역시 우리 사신들의 관직 등을 묻는다. 여기서 더 나아가 이의봉은 이들과 안남의 위치, 거리 등에 대해 대화하고, 또 이들이 묵는 안남회관安南會館을 방문할 생각까지 한다.

삼궤구고두례를 연습할 때 외국 사신들을 마주치거나 함께 연습하는 상황을 기록한 연행록은 적지 않다. 서유문의 『무오연행록』(1798년)에는 섬라 사신과, 유득공의 『연대재유록』(1801년)과 김경선의 『연원직지』(1832년) 등에는 유구국 사신과 삼궤구고두례를 함께 연습한 상황이 기록되어 있다. 조선 연행사들은 베이징에서 안남, 유구, 섬라뿐 아니라 회회, 러시아, 몽골 등 다양한 나라의 사신들을 만났다. 이는 당시 청나라의 수도 베이징이 동아시아의 중심이었고, 그 정점에 자금성이 있었기에 가능한 일이었다.

자금성에는 우리가 '치욕의 의식'으로 알고 있는 삼궤구고두례를 연습하던 습례정이 있다. 사실 삼궤구고두례는 '오랑캐'의 의례가 아닌 한족의 의례에서 기원했다. 그러나 '오랑캐' 청나라에 심복하지 못했던 연행사들은 불성실한 태도로 삼궤구고두례 연습에 임했고, 이로 인해 연습을 되풀이해야 했다. 정작 우리가 치욕적으로 생각해야 하는 것은 고두례라는 의식이 아니라 세계정세를 파악하지 못했던 무능한 임금과 신하들이었다. 당시 청나라는 동아시아의 중심이었고 안남, 유구, 섬라 등 각국의 사신들이 방문했으며 조선 사신들은 이들과 함께 삼궤구고두례를 연습하기도 했다. 습례정은 '치욕'의 현장인 동시에 각국의 사신들과 함께했던 교류의 현장이었던 것이다.

김민호

고려대학교 중어중문학과를 졸업하고, 동 대학원에서 중국 고전문학을 연구했다. 지금은 한림대학교 중국학과 교수로 재직 중이며, 중국 소설, 그리고 조선과 중국을 포함하는 다양한 나라들의 교류 상황을 연구하고 있다. 지은 책으로『조선 선비의 중국견문록』,『충절의 아이콘, 백이와 숙제-서사와 이미지 변용의 계보학』,『중화미각』등이 있고 옮긴 책으로『동경몽화록』등이 있다.

중국 속의 작은 유럽

칭다오 팔대관

박현곤

해외 유명 인사들이 중국을 방문할 때 반드시 들르는 곳, 팔대관은 산둥반도 남쪽 하트 모양의 자오저우 만膠州灣에 위치한 칭다오의 명승지다. 특히 중국에서 가장 잘 보존된 독일풍 건축과 거리, 풍경은 그 옆의 해변과 절묘한 조화를 이루어 고즈넉한 분위기를 자아내고 있다. 이런 분위기는 칭다오 시내 곳곳의 독일식 건축물과 그 속에서 여유롭게 지내는 주민들의 생활에도 드리워져 있어 도시 자체를 하나의 아늑한 휴식 공간으로 봐도 될 정도이다. 거기에 칭다오 라거를 들고 레드 아일랜드산 조개를 먹는 칭다오 사람의 '하피쥬, 츠가라'를 흉내내면서 스트리트 푸드로 유명한 벽자원을 거닐 수 있다면 칭다오 최고의 힐링 코스가 될 것이다.

이처럼 붉은 기와로 덮인 독일풍 도시는 에메랄드빛 바다, 푸른 하늘, 그리고 녹음이 우거진 숲이 한데 어우러진 경치의 정점을 찍게 해주는 팔대관에서 비롯되었다고 해도 과언이 아닐 것이다. 중국의 가장 아름다운 5대 도시 중 하나인 칭다오의 팔대관, 그 태생적 '녹수홍와綠樹紅瓦, 벽해남천碧

海藍天'의 매력과 함께 고즈넉한 정취에 젖으면서 거닐어볼까 한다.

식민문화의 이식

독일은 빌헬름 2세의 식민정책으로 해외로 시선을 향하던 중 쇠락하는 중국에 관심을 갖게 된다. 특히 내륙으로 진출하기 쉽고 풍부한 자원을 지닌 칭다오를 노리던 차에 1887년 산둥에서 독일 전도사 피살 사건이 발생한다. 이 사건을 계기로 독일은 99년간 칭다오를 빌린다는 교오조약을 강제 체결시킨다.

이후 독일은 칭다오 지배를 위한 현지인과의 분리 정책을 가장 가까운 팔대관부터 펼치기 시작하는데, 그 이유는 북방 최초의 경마장이 부근에 있었기 때문이다.

중국의 대표적인 맥주 칭다오 라거. ⓒ shutterstock

당시 유럽에서는 사교 활동이 주로 경마장에서 이뤄졌기에 그곳은 그들의 거주지 선택에 일조했을 것이다. 경마장은 중국의 10대 축제 중 하나인 칭다오 국제 맥주 페스티벌이 열리는 지금의 혜천광장이다. 중국의 국영 방송CCTV에서는 2012년에 이곳을 배경으로 드라마 「경마장」을 제작했는데, 배우 장나라와 부친 주호성이 동반 출연했다고 해서 상당한 화제를 불러일으켰다. 팔대관은 이와 같은 지리적 요건에 의해 독일 사람들의 거주지가 되었으며, 그 역할이 더욱 공고해지도록 분리 정책이 시행된 것이다. 독일은 팔대관을 통해 산둥까지 장악하기 위해 각 분야에 제도적 장치를 도입하기 시작한다.

　중국의 대표적인 맥주 칭다오 라거는 이 과정에서 탄생했다. 1903년 칭다오에 중국 최초의 맥주 회사인 '게르만 맥주 칭다오 주식회사'가 설립된다. 맥주 제작 설비와 원료 바이에른 호프를 모두 독일에서 가져왔고 맥주 맛의 70퍼센트를 결정짓는 물은 청정함으로 유명한 인근의 노산에서 가져왔다. 그 결과 1906년 뮌헨 맥주 박람회에서 칭다오 맥주가 금상을 차지했고 중국에서 생산된 맥주가 최초로 세계에 알려지게 되었다.

　그런데 재미있는 사실은, 맥주의 중국어 표현인 피쥬啤酒가 이때부터 유래했다는 점이다. 칭다오 사람들은 맥주 문화를 전수받던 중 맥주의 독일어 'BIER'를 음이 비슷한 '皮'를 넣어서 '皮酒'로 사용하기 시작한 것이다. 피주가 비장과 이뇨에 효과가 있는 데서 '脾'를 넣어 '脾酒'로 사용되었는데, 1922년 출판된 『청도개요』에 지금의 '啤酒'라는 단어가 최초로 언급되면서 피쥬가 유행하게 된다. 『교오지』에서도 '맥주는 속칭 啤酒라고 불렀다'고 한 것을 보면 맥주의 현대 중국어 '啤酒'는 당시 이미 보편적으로 사용된 듯하다. 우리나라의 치맥 문화처럼 맥주를 마시면서 바지락조개를 안주로 먹는 '하피쥬, 츠가라'는 칭다오 맥주에서 비롯되었으며, 또한

이 맥주는 연경·하얼빈 맥주가 2018년 세계 10대 맥주의 반열에 오를 수 있도록 해주었을 것이다.

여행 도시 프로젝트

팔대관은 유럽 국가들의 영사관, 무역상들의 거주지로 사용되다가 독일의 식민지가 된 1891년부터 독일인 거주지로 형성된다. 하지만 당시 팔대관은 지금처럼 완성된 모습이 아니었다. 1931년 난징 국민정부 수립 후 진행된 '여행 도시 프로젝트'는 거리 곳곳에 고대 중국의 거리 이름을 붙이고 다양한 유럽식 건축물을 세웠다. 지금 팔대관 내 유럽 24개국 스타일의 별장과 거리 양쪽에 일렬로 심어진 나무에서 물씬 풍기는 유럽풍 정취는 난징 정부 시기의 '칭다오 킹' 심홍렬에 의해 완성된 것이다.

심홍렬은 장제스蔣介石의 명으로 칭다오에 가서 일본 침략을 저지하는

데 큰 역할을 한다. 이 승리로 칭다오 전 영역에 큰 힘을 미치면서 칭다오의 발전을 위한 여행 도시 건설에 심혈을 기울인다. 여행 도시 프로젝트는 팔대관 특유의 지리적 조건과 희소성, 아름다운 이미지에 부합한 고품격 주택 건설 프로젝트다. 독특한 자연 지형을 바탕으로 남북으로 영무관로, 자형관로, 소관로, 그리고 동서로는 임회관로, 무반관로, 정양관로, 함곡관로, 가봉관로라는 중국에서 고대로부터 유명했던 관문명을 빌린 여덟 개의 거리가 만들어진다. 팔대관의 명칭은 바로 여기에서 유래되었다. 또한 이 여덟 개의 거리 부근에 유럽 24개국 스타일의 별장이 연이어 세워지면서 다양한 형태의 주거가 형성되어 후에 유럽의 건축박람회로 불리게 된다. 이런 고품격 주거 환경은 중국 정계와 경제계의 유명 인사 및 외국 왕족의 관심을 불러일으켜 중국 방문 시 필수 여행 코스로 알려지게 되고, 나아가 〈내셔널지오그래픽〉에 의해 쑤저우노성, 샤먼고낭서, 마카오노성, 베이징십찰해와 함께 칭다오는 중국의 가장 아름다운 5대 도시로 등극하게 된다.

그라니트 캐슬, 그리고 장제스 부부

일명 '장제스 별장'이라 불리는 화석루는 다른 별장 및 시내의 주요 독일풍 건축과 다른 분위기를 지녀 팔대관을 대표하는 건물로 알려져 있다. 화석루는 건물 전체가 화강석으로 싸인 화강암 성 같다고 해서 '그라니트 캐슬'로 불린다. 화강석은 탤크라는 암석으로, 팔대관에서 30분 거리에 있는 노산의 특산물이다. 노산은 은은한 음영의 거대한 화강암으로 둘러싸여 있다. 큰 모양의 알갱이가 뭉쳐져 있으면서 고유의 연분홍과 하얀빛의 색조가 어우러져 있어 고급스러운 음영을 자아낸다.

화석루가 그리스·로마 양식이 반영된 러시아풍의 고딕 성채로 구현된 것도 무겁지도 가볍지도 않은 색깔이 부드러운 화강암 재질로 정교하게 올려진 건물에 은은히 스며들어서일 것이다. 내부는 화강석으로 꾸며진 담백한 바로크와 로코코풍인데, 만져보면 미끈거리는 부드러움이 느껴진다. 이런 촉감은 온화한 내부 분위기와 함께 방습·보온 효과도 탁월해 당시 독일식 건축에 반드시 사용되었다고 한다.

웅장하면서도 고풍스러운 화석루 전경. ⓒ shutterstock

2층에서 장제스 부부의 침실과 벽에 걸린 쑹메이링宋美齡(장제스의 아내)의 초상화를 본 후 낮게 올려진 담 꼭대기 모양의 여장女牆에 서면 도시와 해변이 서로 절묘하게 걸쳐진 파노라마가 펼쳐진다. 마치 길거리 서예가가 거대한 붓으로 완만하고도 정교하게 그린 듯한 해변의 모습은 제2해수욕장과 칭다오시가 한눈에 들어오게 해준다. 1층으로 나오면 권력의 상징인 듯 파르테논 신전의 기둥을 변형한 석주들 사이로 잔잔한 바닷바람을 느끼면서 고즈넉한 팔대관 주위를 거닐 수 있어 해변의 아름다움과 조용한 분위기를 만끽할 수 있다.

팔대관은 독일에 점령될 당시 굴곡진 지형 안에 일정한 거리를 두고 별장들이 세워진 지역이었다. 유럽 고유의 방사형 주거 형태를 옮겨와 어느 방향에서든 시가지가 한눈에 입체적으로 들어오는데, 당시 중국인들의

거주지와는 크게 달랐다. 특히 화석루가 세워진 해안가와 거주지가 만나는 돌출된 지형은 바다와 도시가 한눈에 들어오는, 별장이 세워질 수 있는 최적의 장소였다.

그래서 러시아 귀족 출신인 램비치가 이곳을 최고의 장소로 여겼고, 중국 최초로 노벨문학상 후보에 올랐던 선충원沈從文은 주변을 거닐던 중 유달리 우뚝 솟은 여장을 보고 감히 다른 곳에 갈 엄두를 못 내어 '러시아 공작의 대저택은 여전히 해안에 우뚝 서 있네'라고 했던 것이다.

해수욕장을 거닐었고, 포대도 둘러봤고, 해안에 위치한 화강석으로 축조된 러시아 무슨 공작의 대저택도 가봤지만…… 태평각에서 돌출된 바다 위의 큰 돌로 세워진 검푸른 건물에 도착해서야 비로소 더 이상 갈 엄두가 나지 않았다. 이곳 앞에는 이미 에메랄드 바다고, 멀리서는 영산섬의 회색 원 모양 그림자가 보이며, 바다에서 배를 몰고 가면 얕은 보라색 하늘 끝에 담담한 연기가 일렬로 놓여 있다. 등 뒤에는 말꼬리 같은 소나무

군락이 있는데 마치 푸른 비취 빗자루 한 개 한 개가 하늘과 구름을 향해 펼쳐져 있었다.

_『수운』

러시아 언론인 렘비치

렘비치는 모스크바의 〈러시아언론보〉 출신 기자이다. 1917년 10월 러시아 혁명 이후 렘비치는 조국 러시아가 더 이상 예전 모습으로 돌아가기 힘들 것이라는 점을 알아채고 귀족 출신의 러시아인들과 함께 중국으로 이주하게 된다. 이후 텐진, 상하이, 하얼빈에서 러·중 네트워킹이 가능한 최초의 러시아 신문사를 설립한다. 그중 〈하광보〉는 러시아의 상황을 생생하게 중국에 알려 하얼빈 언론계와 중국 내 러시아인의 호평을 받아 가장 큰 영향력을 지닌 신문으로 자리하게 된다.

이어 렘비치는 상하이, 텐진에서도 신문을 창간하여 일본, 유럽까지 진출한다. 또한 칭다오의 러시아 교민을 고려해 텐진에서 창간된 〈아문하보〉에 해당 지역 소식을 보도할 특파원을 보냄으로써 동북아시아에 칭다오를 알리게 한다. 이런 업적으로 렘비치는 칭다오를 동북아시아에 본격적으로 널리 알린 인물이 되고 동시에 세계적으로 이름이 알려지는 러시아계 언론의 거목이 된다. 렘비치가 칭다오를 알리기 위한 언론 기지로, 아니면 부의 상징으로 화석루를 세웠는지는 알 수 없지만 팔대관에 대한 관심은 분명했다.

그와 함께 이주한 귀족 출신의 러시아인 다수가 팔대관에서 살았는데 그들은 여름휴가를 별장에서 보내는 고국의 문화생활을 즐기고 있었다. 렘비치는 천혜의 자연환경과 안락한 휴가 공간을 지닌 팔대관을 보고 1929년 칭다오시 토지처에 '황해로의 해변과 아름다운 풍경은 여름을 보내기 위한 별장 건축에 적합하다'면서 건축허가를 요청한다. 그러나 렘비치는 주로 다른 지역에서 활동한 까닭에 대리인 왕운비에게 건축을 위임했는데, 렘비치가 갑자기 세상을 떠나면서 화석루 건축은 그의 아내 올가의 주도 아래 진행된다. 올가는 인근에 북유럽 건축양식의 공주루를 세웠던 유리에프에게 건축 권한을 위임해 지금의 화석루를 완성시킨다. 이후 화석루는 영국 영사관 관저, 개인 별장 등 많은 사람들의 손을 거쳤고 장제스 부부도 잠시 머물게 된다.

관광객은 들어가지 마시오

1927년부터 난징 국민정부를 이끌었던 장제스는 1946년 동북해방전쟁으로 긴장 국면에 들어서자 화석루에서 비밀리에 대책 회의를 연다. 하지만 난징 문턱까지 점령한 인민군에 의해 대만으로 쫓겨가게 되는데, 대만 천도 전날까지 거주했다고 해서 향후 '장제스 건물'로 알려지게 된다. 장제스는 별장에 있는 동안 편히 지내지 못했다. 렘비치가 죽고 화석루에 떠도는 괴소문으로 인해 여러 유명 인사가 1년도 채우지 못하고 떠났는데, 장제스 역시 그런 상황에서 벗어나지 못했던 모양이다.

중정공(장제스)은 황해로 인근 해변 북쪽에 있는 화석루에서 하루를 보내던 중 밤에 이상함을 느꼈다. 전 주인이 누구인지 몰라서 때로 괴이한 느낌은 있어도 큰 피해는 없었다. 서쪽 거실에 두 개의 작은 방이 있었는데 호춘선으로 불렸다. 북쪽 벽의 문은 지하와 연결되어 있었다. 그곳에서 밤을 보내려고 잠을 청하면 귀신이 항상 출몰했는데 귀신인지 여우인지 알 수 없었다. 그래서 두 번 다시 그곳에서 지낼 엄두를 내지 못했다.

_『교주지』

여러 사람이 화석루를 거쳐간 것에 대해 주민들이 요절한 렘비치가 한을 풀지 못한 것으로 소문내는 바람에 그곳은 한때 흉가가 되기도 했다. 특히 장제스가 두려워했던 지하에 '관광객은 들어가지 마시오'라는 푯말이 걸린 적도 있었다고 한다. 하지만 어떤 학자는 집주인들이 1년도 못 채우고 나간 것은 내부 구조 때문이라고 한다. 단 한 개의 정문만 있어서 여러 정문을 지닌 인근 별장과 달리 거주자의 행동반경을 제한했던 것이다. 또한 해변에 많은 인파가 몰리는 바람에 조용한 안식처가 되지 못했다.

화석루는 또한 장제스의 멸공 프로젝트에 크게 기여한 따이위가 살았다는 점에서 역사적 의미를 지닌다. 영화나 드라마 촬영장으로 사용되기도 했는데, 당시 아시아 영화계의 큰 주목을 받아 우리나라에서도 상영된 영화 「송가황조」가 그 예다. 또한 중국 현대문학에서 새로운 영역을 개척한 것으로 평가받던 라오서의 장편소설 『이마』를 각색한 드라마 「이마」의 배경 역시 팔대관이다. 런던의 중국인 마씨 부자와 영국인 모녀 간의 러브스토리가 화석루와 주변 별장을 배경으로 전개되고 있어 팔대관의 유럽 정취를 한껏 느낄 수 있다. 현재 화석루는 사회주의 정부 수립 이후 유명 인사를 응대하기 위한 관사가 되었지만 관광객들은 여전히 화

사랑, 권력, 재력을 선택한 송씨 세 자매의 이야기. ⓒ wikipedia 宋家皇朝

석루를 팔대관에서 가장 먼저 방문하고 싶은 장소로 여기고 있다.

박현곤

대만문화대학교 중국문학과를 졸업하고 국립대만사범대학교와 베이징사범대학교에서 중국 문학을 연구했다. 지금은 고려대학교(세종)·수원대학교·동양미래대학교 객원교수로 재직하면서 청대 협의소설 생성 과정과 그 문화적 현상에 대한 연구를 진행하고 있다.

04

쌀과 소금의 저잣거리

양저우 동관가

김수현

양저우 동관가東關街에 도착한 시간은 어스름하게 석양이 지기 시작한 늦은 오후였다. 양저우대학에서 열린 학회에 하루를 꼬박 참석하고 그다음 날은 수서호瘦西湖, 양저우 박물관, 최치원기념관 등을 모두 돌아보는 1일 투어를 마친 다음에야 잠시 얻은 자유 시간이다. 파도처럼 큰 물결이 검게 일렁이는 운하를 따라 역사드라마 세트장 같은 관문을 넘어서자 하나둘 전등을 켜기 시작하는 전통 상점가가 눈앞에 펼쳐진다.

조용하던 거리는 오후의 짧은 휴식을 마치고 이제 한창 저녁 손님을 맞을 채비를 하는 중이다. 벽돌이 깔린 조붓한 길은 어느새 관광객으로 가득 차고 먹을거리와 기념품, 차와 술을 파는 가게들은 길게 뻗은 운하처럼 끝도 없이 계속 이어지는 것만 같다. 불이 환하게 켜진 시끌벅적한 상점가 담장 뒤로 어둡게 가라앉은 오래된 저택의 지붕들이 보인다. 염업을 독점하여 막대한 부를 축적하고 천하를 호령했다는 명·청 시대 염상鹽商(소금 상인)들의 정원이 있는 곳이다.

운하의 도시

양저우는 강남의 쌀과 소금을 황제의 수도로 실어 나르던 대운하의 기착지였다. 양저우 염상들의 사치스러운 정원과 차와 술, 책과 문방구, 화초, 분재, 향료, 비단, 식료품 등을 취급하는 오래된 상점이 즐비한 동관가는 양저우의 동쪽 성문인 동관문을 통해 곧장 제국의 대동맥 경항 京杭 대운하로 이어진다. 한나라 때 설치된 13주 중 하나로 2,500년에 가까운

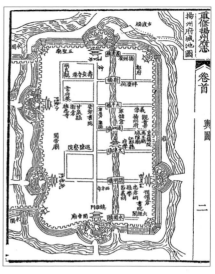

『중수양주부지重修揚州府志』 고지도.

역사를 지닌 양저우는 수나라 양제의 대운하 건설로 역사의 무대에 본격적으로 등장했다. 당나라 때는 국제도시로 명성을 떨쳤고 명·청 시대에는 중국 최대의 소금 산지인 양회 兩淮 염장을 총괄하는 염운사 鹽運司가 설치되면서 소금 무역을 통해 '운하의 물길이 닿는 곳에 온갖 물자를 유통시켜 천하를 이롭게 하는', 강남에서 가장 부유한 도시가 되었다.

당나라 때의 양저우는 수도 장안이나 낙양의 경제력을 능가하며 동남아와 서역, 신라, 발해, 일본의 상인까지 모여드는 국제무역의 중심지로서 위상을 뽐냈다. 양저우는 또한 수공업의 중심지였다. 화려하게 조각된 청동거울이 양저우에서 대량으로 생산되었고, 양저우 스타일의 털모자는 장안과 낙양에서까지 크게 유행했으며, 양저우의 주요 물산인 소금만큼 양저우 설탕도 유명했다. 당 태종이 서역으로 사신을 보내 설탕 제조 기술

『평산당도지平山堂圖志』에 그려진 수서호.

을 배워오게 하고 양저우에 설탕 공장을 건립하면서 양저우의 기술자들
은 인도에서 유래된 설탕 제조법을 발전시켜 더욱 정제된 고급 설탕을 만
들어냈고, 이것은 '중국설中國雪'이라는 이름으로 인도에 역수출되기도 했
다. 당나라의 유명 시인 두목杜牧과 백거이白居易 등 여러 문인이 양저우에
머물면서 버드나무가 우거진 아름다운 풍광을 노래했고, '천하의 번성함
과 부유함'은 이 시절의 양저우를 으뜸으로 삼았다.

　18세기에 들어와 다시 한 번 양저우를 번창시킨 황제는 청나라의 강희
제와 건륭제이다. 청 제국 건국 과정에서의 강남 지역 대학살을 무마하기
라도 하듯, 이 두 황제는 남순南巡을 하며 여섯 차례나 양저우를 찾았다.
강희제가 양저우를 방문했을 때 염상들은 막대한 자금력으로 도시 전체
의 풍광을 새롭게 정비하고 황제 일행이 머물 행궁을 건축하며 항저우 서
호의 풍경을 모방한 인공 호수 수서호에 놀잇배와 화려한 수상 연극무대
를 준비하여 황제를 맞이했다. 남순을 통해 강남의 한족 지식인 사회를

포섭하려던 두 황제의 정치적 의도는 양저우 염상들의 재력에 힘입어 기대 이상의 성공을 거둔다. 특히 국고 낭비라는 비난을 무릅쓰고 강행된 건륭제의 강남 여행은 결과적으로 흑자였던 것으로 기록되었는데, 거기에는 염상들의 아낌없는 재정 지원이 큰 몫을 했을 것이다. 황제의 방문으로 '재건축'된 양저우는 운하가 뻗어나가는 중요한 상업 도시이자 강남 문화의 중심지로 발돋움하게 된다.

소금 상인의 정원, 그리고 아회

양저우는 원래 온 성이 원림으로 가득한 도시였다. 동관가에 위치한 개원个園은 오늘날까지도 온전하게 원래의 모습을 간직하고 있는 원림 중 하나이다. 염상의 저택에 딸린 원림이었던 개원은 대나무가 많은 정원이라는 뜻을 갖고 있다. '대나무 죽竹' 자를 반으로 쪼개면 '개个' 자가 된다는 것이다. 청나라 가경 연간에 지어진 이 정원은 태호석을 쌓아 만든 커다란 가산假山에 춘하추동의 절경을 모두 담아내어 당시 극에 달했던 양저우 염상들의 호사 취미를 잘 보여주는 곳이다.

1988년 중국 정부가 이곳을 '전국중점문물보호단위'로 지정하여 관광지로 개방하기 전까지 이 아름다운 정원은 여러 차례 그 주인이 바뀌었다. 명대부터 있었던 수지원壽芝園이라는 정원의 옛터에 1818년 당시 양회 염무상총鹽務商總이었던 황지균黃至筠이 지은 개원은 후에 다른 염상에게 팔리는데 관채官債를 갚지 못한 새 주인은 어쩔 수 없이 이곳을 군벌 서보산徐寶山에게 양도하기도 했다.

글씨와 그림, 차와 꽃, 향, 골동품, 서책과 가구, 세상의 온갖 좋고 귀한 것들을 알아보고 향유하는 감식안은 재력과 지위를 과시하는 수단이었

건륭 시기 양저우 염상의 원림 정향서옥 靜香書屋. ⓒ정광훈

고, 장인의 손길로 아름답게 다듬어진 정원은 원림의 주인이 갈고닦은 취향을 뽐낼 수 있는 무대로 제격이었다. 몰락한 전통 문인들의 심사와 강남 일대 부유한 염상들의 행태를 풍자적으로 묘사하는 청대 소설 『유림외사儒林外史』에도 이러한 양저우 염상의 대저택과 정원이 등장한다. 가난한 문인의 딸 심경지가 양저우 염상 만설재의 저택에 들어가는 장면에서 작가는 심경지의 눈으로 염상의 사치를 묘사한다. 만설재는 첩을 1년에 몇 명씩이나 들이기로 유명한 염상이었지만 자신은 가난해도 번듯한 문인의 딸이니 당연히 본처가 되리라는 희망을 품은 심경지는 한껏 꾸며진 대저택의 위상에 애써 코웃음을 치면서도 그 호화스러움에 내심 압도되는 기색을 감추지 못한다.

작은 규문 圭門을 통해 들어가자 세 칸짜리 녹나무 대청이 있고 넓은 뜰이 있었는데 태호석 가산이 가득 서 있었다. 가산을 따라 왼쪽의 좁은 길로 걸어가니 화원으로 이어지는데 대나무가 우거지고 널찍하고 탁 트인 정자와 누대가 있었다. 아주 큰 금붕어 연못이 있고 연못 옆이 모두 붉은 난간으로 둘러져 있는데 그 사이로 회랑이 쭉 이어졌다. 회랑 끝까지 가니 작은 월동문 月洞門이 있고 금칠을 한 네 쪽짜리 문이 있었다. 안으로 들어가자 세 칸짜리 건물이 나왔는데 한 칸은 방으로 꾸며놓아 기물이 모두 가지런히 갖춰져 있고 따로 호젓한 정원도 딸려 있었다.

_『유림외사』 제40회

중국의 고전소설 속에서 염상은 대개 재물만 좇고 부를 과시하는 탐욕스러운 인물로 그려진다. 명대 소설 『경세통언 警世通言』의 기녀 두십낭 이야기에서 돈으로 두 연인을 갈라놓으려 하는 악역 손부가 대표적인데, 그는 '양주에서 대대로 소금 장사를 하는 집안' 출신의 상인으로 묘사된다.

그러나 양저우라는 도시가 강남의 학문과 문화, 예술의 중심지가 되는 과정에서 염상은 든든한 후원자이기도 했다. 집안에 배우들을 고용하여 공연을 연습시키고 가족과 손님들이 함께 감상하기 위한 악극단을 조직하여 양저우를 명·청 시대 희곡의 중심지 중 하나로 만든 것도 염상들의 업적이다. 원나라 화가 예찬 倪瓚의 그림과 옥돌 원석, 태호석 가산, 거대한 거울과 화려하게 조각된 가구, 대나무와 금붕어 연못, 회랑으로 치장되는 소설 『유림외사』 속 양저우 염상의 서재와 정원은 고상한 '문인 취향'이 더는 문인만의 전유물이 아님을 보여준다. 양저우의 여러 원림에는 다양한 식객이 머무는 처소가 따로 마련되었고, 염상이 원림에서 주최하는 우아한 사교 모임 아회 雅會는 양저우의 교양인들이 교류하는 문화의 살롱이었다.

경항대운하에서 동관가로 이어지는 양저우 동관문. ⓒ정광훈

양주에서 열리는 시회는 마씨의 소영롱산관, 정씨의 소원, 그리고 정씨의 휴원에서 가장 성대하게 열렸다. 정한 날짜가 되면 원림에 책상을 하나 씩 마련한다. 그리고 책상 위에다 붓 2자루, 먹 1개, 벼루 1개, 연적 1개, 시전지 4장, 시운詩韻 하나, 찻주전자 1개, 찻잔 1개, 과일과 다식을 담은 뚜껑 달린 그릇을 하나씩 올려놓는다. 시를 다 짓고 나면 바로 그것을 인쇄한다. 3일 안까지는 고쳐서 새로 찍어낼 수도 있다. 문집이 나오면 성안에 두루 보내준다. 모임을 가질 때마다 마련되는 술과 안주는 대단히 훌륭하였다. 하루 동안 함께 시를 짓고 음악을 청해 듣는다. 참가자들은 매우 오래된 건물로 안내되는데, 그곳에는 푸른 유리창이 사방으로 나 있다.

_『양주화방록』 제8권

색다른 분재에 꽃이 활짝 피었을 때, 혼자 마시기 아까운 좋은 술이 생겼을 때, 귀한 그림을 얻었을 때, 공들여 수집한 골동품을 품평할 때 양저우 교양인들의 아회는 계절마다 다양한 주제로 열렸다. 물산과 재물이 모이는 곳에 사람이 모여들고 개방적인 학문 풍조와 우아하게 정련된 취향이 활발하게 공유되면서, 양저우는 개인을 존중하는 자유로운 학풍의 양주학파와 전통에 얽매이지 않는 파격적인 화가 집단 양주팔괴揚州八怪를 낳은 강남의 가장 세련된 문화도시가 되었다.

동관가 상점 거리의 '도시 서재'

양저우를 가로지르는 운하 옆에는 자연스럽게 갖가지 물품이 거래되는 시장이 형성되었다. 쌀과 소금은 물론 비단과 목재가 가장 많이 거래되는 품목이었고 약재를 전문으로 취급하는 상점이나 양저우의 유명한 분재 기술로 가꿔낸 꽃가게, 여성의 복식만 전문으로 다루는 고급 의상점, 보석과 옥을 다루는 장신구 가게, 심지어 전당포까지, 일용품부터 사치품에 이르는 온갖 물건을 사고파는 저잣거리가 운하 길을 따라 생겨났다. 유명한 모직물 가게나 향 가게에 양주팔괴 중 하나인 양법楊法이나 명대 최고의 문인화가 동기창董其昌의 글씨로 쓰인 간판이 걸려 있을 정도로 양저우 곳곳에 상점가가 번창했고 가게에서 파는 물건 역시 고급품이었다.

> 이곳 가게들은 멋들어지게 지어졌고, 상품은 같은 것끼리 잘 분류되어 길을 따라 진열되어 있다.
>
> _『양주화방록』 제9권

양저우 동관가의 상점 거리. ⓒ김수현

그중 신성新城, 즉 신시가지의 동관가는 양저우 염상들의 저택과 원림을 끼고 대운하의 입구에 접해 있다는 점에서 중요한 곳이었다. 1555년 신성이 증축된 뒤부터 양저우의 도시 성곽은 대운하와 바로 인접하게 되었다. 1,122미터에 달하는 이 거리는 상업과 수공업, 그리고 종교 행사의 중심지로, 원림뿐 아니라 서원과 학당, 염무회관鹽務會館, 여행객과 상인, 운송 노동자들의 안전을 기원하는 여러 도교 사원과 불교 사원이 수많은 상점과 함께 모여 있었다. 지금도 100여 개의 가게가 남아 있는 동관가에서는 1817년에 창업한 양저우 특산 장아찌 가게 사미장원四美醬園이 가장 오래된 상점으로 알려져 있고, 그 밖에도 전통 방식의 두부 가게, 신발 가게, 우산 가게, 종이 가게, 액자 표구점, 과자 가게, 찻집 등이 오랜 역사를 자랑하고 있다. 수공업의 중심지답게 건물 앞쪽에 상점을 두고 건물 뒤에는 판매하는 물건을 직접 제작하는 공방이 딸려 있는 구조가 많다.

동관가 상점 거리에서 지금도 가장 인기 있는 가게 중 하나는 1830년부

양저우의 특산품인 사복춘 향분. ⓒ김수현

터 시작되었다는 중국 최초의 화장품 기업 사복춘謝馥春의 향분 상점이다. 향분은 일종의 고체 향수 겸 얼굴에 바르는 파우더 역할을 하는 화장품으로, 청대 소설 『홍루몽紅樓夢』에도 소녀들이 얼굴에 핀 버짐을 치료하기 위해 향기로운 말리분이나 장미분을 바르는 장면이 등장하는데 아마도 이와 비슷한 화장품이었을 것이다. 미인이 많기로 유명했던 양저우답게 중국 전통 미인도를 상표로 쓰는 이 화장품 가게는 청나라 궁정에 향분을 납품하여 '궁분宮粉'이라는 별칭을 얻기도 했다. 동관가에 여러 개의 체인점을 두고 있는 사복춘에서는 장미, 재스민, 계화꽃 등 각종 꽃향기를 입힌 달걀 모양의 하얀 고체 분이 가득 쌓인 진열장 앞에서 설레는 표정으로 마음에 드는 향을 고르는 관광객의 모습을 볼 수 있다.

사실 명·청 시대의 양저우는 화려하고 다채로운 물산뿐 아니라 '지식이 꾸러미로 팔리는' 학술의 시장이자 취미의 시장이었다. 과거 시험용 모범 답안을 담은 수험서와 문학선집, 일상의 실용 지식과 교훈, 짤막하고 재미있는 읽을거리와 유행하는 노래 가사 등을 담은 일용백과전서가 그 시절 양저우 출판 시장의 베스트셀러였다. 한때 지식과 정보가 모이는 중국 최고의 인쇄·출판 중심지 중 하나였던 양저우의 시장 한 모퉁이를 찾아가면 지금도 전통 방식으로 선장본 양식의 책을 목판 인쇄하는 출판사 광릉서사廣陵書社를 만날 수 있다. 양저우의 염상 같은 대단한 재력은 없어도 마음에 드는 그 시절의 고전 인쇄본 하나는 복각본으로 사볼 수 있는 곳이다. 출판사가 소장하고 있던 명·청 시대의 귀중한 목판 20만여 개는 2005년에 새로 지어진 양저우시 중국조판인쇄박물관에 기증되었다.

동관가 시장 길 골목 한쪽에 양저우시에서 운영하는 회원제 도서관이 있다는 것은 양저우의 이러한 문화적 풍취를 지켜나가려는 노력 중 하나이다. 원래는 염상 마씨 형제의 원림이었던 소영롱산관小玲瓏山館은 24시간 개방하는 '도시 서재' 가남서옥街南書屋으로 탈바꿈했다. 학식과 교양을 갖춘 장서가로 유명했던 유상儒商 마왈관馬曰琯·마왈로馬曰璐 형제는 청 조정이 사고전서를 편찬할 때 강남 지역에서 가장 큰 규모로 장서를 바쳤고 그중 776종의 책이 진본으로 채택되어 건륭제로부터『고금도서집성古今圖書集成』한 질을 하사받았다. '대대로 옛 전적을 지켜오며', '사방의 선비들이 지나가다 들르면 잠자리와 음식을 제공하고 평생토록 그것을 싫어하는 기색을 보이지 않았다'는 마씨 형제의 서재는 이제 3,200여 권의 장서를 갖춘 양저우 시민들의 독서 공간이 되어 24시간 불을 밝히고 있다.

유령선 위의 그림자들

양저우 문인 이두李斗가 18세기 양저우의 지리와 문화를 상세히 기록한 필기집『양주화방록揚州畫舫錄』에는 밤의 운하를 다니는 '유령선'을 묘사한 대목이 있다. 배가 다닐 수 없는 더럽고 좁은 운하의 배수로에서 목격되는 시끌벅적한 '유령선'의 환상은 화려한 도시 이면의 어둠을 보여준다.

용두관의 수로는 중간쯤에 양쪽 강기슭의 오수 배수구가 있어 저수지나 연못의 물이 모여들기 때문에 매우 혼탁하고 오염되어 있다. 온갖 잡다한 것이 다 뒤섞여 강물 색이 얼룩덜룩하니 이곳 주민들이 그 때문에 늘 괴로워한다. 평소에 괴이한 일도 많이 생겼다. 한번은 누군가가 등불을 환히 밝힌 두 척의 등선燈船이 강 저쪽에서 오는 것을 보았다. 배에서는 떠들고 웃는 소리가 왁자지껄하게 들렸으며, 물길을 따라 용두관으로 빠져나갔다. 그런데 당시 그걸 본 사람은 이 수로는 배가 못 다니는 곳이라는 걸 까맣게 잊고 있었다.

_『양주화방록』 제9권

세상을 떠도는 괴담에는 언제나 현실이 감추고 싶어 하는 누군가의 원망과 슬픔이 스며 있게 마련이다. 저 휘황찬란하고 웃음소리가 왁자지껄한 배는 어째서 연잎이 우거진 수서호의 맑은 도랑으로 가지 않고 구정물이 흐르는 운하의 뒷골목으로 흘러왔을까. 전란과 자연재해로 양저우 근교의 농민들은 도시 빈민으로 계속 유입되었고 이들은 나라와 염상들이 베푸는 구휼미로 끼니를 때우며 거대한 운하를 수리하고 복잡한 도시가 돌아갈 수 있게 하는 값싼 노동력을 제공했다. 거지들의 동냥 노래도 경쾌하게만 들렸다는 양저우이지만 하루하루 벌어먹는 가난한 이들의 새벽은 춥고 고단했을 것이다. 화려한 뱃놀이에 초대받을 수 없는 사람들이 운하 옆에 우두커니 서서 멀리 물 위의 놀잇배를 바라보는 마음은 선망이었을까 박탈감이었을까. 이 모든 것이 얼룩덜룩 뒤섞여 어둠 속에서 더 반짝이는 도시, 부자들의 뱃놀이도 끝난 늦은 밤 아무도 없는 운하의 길목에 신기루처럼 나타나는 배 위의 그림자들은 어쩌면 이 부유하고 아름다운 도시의 가장 낮은 곳에서 살아생전에는 한 번도 화사한 놀잇배에 올라보지 못한 사람들이었는지도 모른다.

강남의 쌀과 소금이 모두 모이는 곳, 최치원과 마르코 폴로가 머문 국제 상업 도시, 제국의 대운하와 함께 번성했던 양저우는 이제 옛 영광의 기억을 조용히 간직한 아담하고 차분한 도시가 되었다. 관광객들은 건륭 황제의 유람 코스를 따라 수서호에서 뱃놀이를 하고 염상들의 옛 저택과 원림을 둘러보고 동관가의 상점 거리에서 기념품을 구입한다. 한때 강남의 풍부한 물산을 실은 화물선과 가기佳妓와 악단을 태운 놀잇배가 수없이 교차했던 옛 수로 가의 저잣거리를 걸으며 그 시절 가장 화려했던 양저우를 상상한다.

김수현

고려대학교와 베이징대학교에서 중국 고대문학을 연구했으며, 현재 고려대학교 중국학연구소 연구교수로 재직 중이다. 명·청대 출판 문화와 책 속의 그림, 그림 속의 기물을 연구하며 최근에는 중국 소설 삽화 속 물질문화와 소설 지식학으로 연구 영역을 넓혀가고 있다. 함께 지은 책으로『동아시아 문학 속 상인 형상』,『중화미각』등이 있고『돈황학대사전』과『중국문학 속 상인 세계』를 공동 번역했다.

군자는 문덕교를 건너지 않는다

난징 진회하

이민숙

진회하秦淮河는 난징의 젖줄이자 역사와 문화가 어우러진 강이다. 난징 시내를 관통하며 도시의 흥망성쇠를 따라 수많은 사람들의 사연을 싣고 여전히 유유히 흐르고 있다. 난징은 베이징, 시안, 뤄양과 함께 중국 4대 고도 중 하나이다. 손권이 난징에 수도를 세운 뒤로 중화민국에 이르기까지 십조도회, 즉 10대 왕조의 수도가 된 곳이다. 난징은 역대로 금릉金陵, 말릉秣陵, 건강建康, 강녕江寧, 응천應天, 경사京師, 천경天京 등으로 불렸다. 이처럼 한 도시가 다양하게 불렸다는 것은 그 속에 담긴 이야기가 많다는 의미이다. 도시는 이야기의 보고이자 기억의 저장고이다. 그래서 도시는 늘 새롭게 재조명되곤 한다. 육조고도, 태평천국의 좌절, 난징 대학살, 국민당과 공산당의 혈투, 아편전쟁으로 인해 굴욕적인 조약이 맺어진 도시 난징! 난징의 굴곡진 역사적 순간을 함께한 진회하를 통해 낭만 공간으로서의 난징을 읽어본다.

난징의 젖줄 진회하. ⓒ홍지완

명당의 역설

진회하는 장강의 지류이다. '용장포', '회수'라 불리다가 당나라 이후 진
회하로 불렸다. 진회하는 진시황과 함께 역사의 무대에 등장한다. 진시황
은 회계로 가는 길에 금릉에서 멀지 않은 적산호에서 왕기가 피어오른다
는 소문을 듣게 된다. 이제 막 천하를 통일했는데 왕기라니! 생각만 해도
두려웠다. 진시황이 사람을 보내 알아보니 그곳은 용이 숨어 있는 포구,
바로 용장포였다. 진시황은 곧바로 그곳의 산허리를 잘라내고 회수를 끌
어들여 왕기를 씻어냈다. 진회하는 진시황이 왕기를 누르기 위해 끌어들
인 회수가 되는 셈이다. 그러나 당시에는 '진회'라는 이름 대신 말릉을 흐
르는 강, '말릉포'라 불렸다.

말릉은 난징의 다른 이름이다. 진시황은 금릉에서 흘러나오는 왕기를 누르고 이 지역의 이름을 말릉으로 바꾸었다. '말秣' 자는 소나 말에게 먹이는 꼴이란 뜻으로, 당시 말릉은 꼴의 최대 생산지였다. 꼴은 농사를 짓거나 사냥, 전쟁터에서 꼭 필요한 소와 말에게 중요한 먹이다. 그러나 진시황은 의도적으로 난징을 꼴이나 생산하는 별 볼 일 없는 곳이라고 그 의미를 축소시켰다.

역사적으로 말릉의 왕기를 없애려 한 사람은 진시황뿐만이 아니었다. '왕기가 넘쳐나는 곳'은 소위 명당이라 일컬어진다. '명당'은 천하에 뜻을 둔 사람이라면 누구라도 그냥 지나칠 수 없는 곳이다. 그러나 땅이 가진 좋은 기운 때문에 이 땅은 도리어 핍박의 대상이 되었다. 금릉은 본래 춘추시대 오나라의 땅이었다. 오나라는 이곳에 금속을 제련하는 야성冶城을 두었다. 그리하여 초나라의 보검 '간장干將'과 '막야莫耶'가 제작된 곳으로 전해진다. 훗날 이 땅은 초나라가 차지했다. 초나라 위왕 역시 왕기가 서린 이 땅을 발견하고는 곧장 황금 동상을 주조해 이곳 산에 묻어 왕기를 누르고 금릉이라고 불렀다. 이런 점에서 초나라 위왕은 진시황의 선배이다.

실제 금릉은 남쪽으로 취보산을 등에 지고 북쪽으로 진회하에 접해 있는 배산임수 지역으로, 군사요충지로서의 요건을 갖추고 있다. 따라서 금릉은 왕의 입장에서 그냥 내버려둘 수 없는 지역이며, 반대로 천하의 패권을 쥐려는 자는 반드시 차지해야 하는 명당자리인 것이다. 그래서인지 오를 비롯한 6개 왕조에서부터 명나라, 중화민국에 이르기까지 많은 통치자와 병법가가 이곳에 눈독을 들였고 수도로 삼았다. 그러나 진시황의 지독한 저주 때문이었을까, 아니면 용이 몸을 숨길 곳을 잃어버려 정말로 승천하기라도 한 걸까? 수재가 모반을 일으켜도 3년을 가지 못했고, 난징에 수도를 둔 왕조는 모두 단명하고 말았다.

난징의 귀족 골목 오의항. ⓒ 이주해

제왕의 도시, 강남의 낙토

육조시대에 금릉은 강남의 정치 1번지이자 낭만과 풍요로움이 넘치는 곳이었다. 꼴이나 생산하는 곳에서 완벽한 신분 상승을 했다. 금릉의 발전은 오나라의 손권에서부터 시작되었다. 손권은 왜 꼴이나 생산하는 별 볼일 없는 말릉에 수도를 정했을까? 여기에는 여러 사람의 의견이 작용한 것으로 보인다. 오나라의 관리 장굉은 과거 위왕과 진시황이 이곳의 왕기를 누르기 위해 이름을 바꾼 역사적 사실을 예로 들며 명당인 이곳에 수도를 둘 것을 아뢰었다. 게다가 "말릉의 지형은 종산에 용이 서려 있고, 석두산에 호랑이가 웅크리고 있는 실로 제왕의 땅입니다"라는 제갈량의 말이 손권의 마음을 흔들어놓았다. 결국 손권은 정치의 중심을 말릉으로 옮기고, '제왕의 대업을 건설한다'는 의미에서 이곳의 이름을 건업으로 바꾸었

다. 건업은 뒷날 서진 민제 '사마업'을 피휘해 다시 건강이라는 이름으로
바뀐다.

손권은 건업을 천하 통일의 근거지로 삼고 진회하를 대대적으로 준설
하고 보를 세우고 인공 호수를 만들었다. 그 결과 건업은 수륙 교통의 중
심지가 되고 상업이 발달하면서 사람들이 모여들기 시작했다. 특히 풍광
이 아름다웠던 진회하의 양안에는 공후와 외척의 저택이 줄지어 들어섰
다. 왕도와 사안 등의 검은 옷 입은 귀족의 자제들이 모여들면서 귀족의
골목인 오의항烏衣巷이 생겨났다.

멋진 사내들이 있으니 사랑 이야기가 넘쳐나는 것도 당연한 일이다. 도
엽桃葉은 진나라 서예가인 왕헌지王獻之의 애첩이다. 왕헌지는 도엽이 진
회를 건너올 때면 늘 강어귀로 나가 도엽을 맞이했다. 도엽이 건너오던 강
은 진회하와 청계의 합류 지점으로, 물살이 급해 약간이라도 풍랑이 일면
배가 뒤집히기 일쑤였다. 그래서 왕헌지는 도엽이 진회하로 올 때마다 마
음을 놓지 못해 늘 마중을 나갔으며,「도엽가」를 지어 자신의 애틋한 마음
을 도엽에게 전했다.

도엽아, 도엽아, 강 건너면서 노 젓지 말거라.
아무 근심 말고 건너오기만 하면, 내가 나가 너를 맞이하마.

그러자 도엽 역시「답왕단선가」를 지어 왕헌지에게 화답했다.

칠보가 알록달록한 둥근 부채여, 밝은 달빛 아래 그 빛 찬란하구나.
나는 낭군과 이 더위를 즐기나니, 오래오래 서로 잊지 말아요.

왕헌지와 애첩 도엽은 이렇게 서로의 사랑을 확인했다. 두 사람의 아름

다운 이야기 덕분에 왕헌지가 도엽을 마중 나가 만났던 나루에 '도엽도'라는 이름이 붙게 되었다.

사실 정치 1번지였던 육조시대의 난징은 줄곧 전쟁에 시달리다가 결국 폐허만 남은 도시가 되었다. 그 뒤로 명당이라는 이름이 무색하게 당 왕조의 관심 밖으로 밀려났고, 진회하 역시 생기를 잃게 되었다. 그러나 웅장한 기개를 가진 난징의 몰락과 진회하의 쇠락이 못내 안타까웠을까? 당나라의 시인과 문인들은 무너진 성벽을 바라보면서 제왕의 도시였던 난징의 비운을 그려내고, 쓸쓸한 진회하를 둘러싼 남녀의 사랑을 소환했다. 난징과 진회하는 이렇게 제왕의 도시에서 남녀의 정만 깃든 곳으로 옮겨가기 시작했다.

이성과 욕망의 경계

난징의 민간에는 '군자는 다리를 건너지 않는다. 다리를 건너면 군자가 아니다'라는 말이 있다. 이 다리는 진회하의 열일곱 개 다리 중 하나인 문덕교이다. 그리고 '문덕교의 난간에 기대지 말라'는 말도 있다. 문덕교에는 어떤 사연이 깃들어 있는 것일까?

문덕교는 명나라 신종 때 건설된 다리이다. 난징을 찾는 여행객이라면 필수 여행 코스인 부자묘夫子廟의 서쪽에 위치한다. 이 다리가 만들어진 데는 남다른 사연이 있다.

태상시의 소경으로 있던 주 아무개는 어느 날 과거 급제자의 명단을 보다가 유쾌하지 않은 사실을 발견한다. 명나라 세종 이래로 난징 출신의 급제자가 다른 지역에 비해 턱없이 적다는 사실이었다. 이리저리 골똘히 생각하던 주 아무개는 그 원인이 부자묘의 풍수와 십리진회의 물줄기 방향

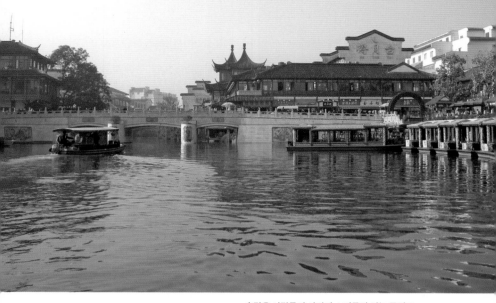

수많은 사람들의 사연이 스며들어 있는 문덕교. ⓒ송진영

과 무관하지 않다는 사실을 알아챘다. 과거에 소위산을 밀고 존경각을 세우면서 부자묘의 풍수가 파괴되었고, 십리진회가 계속 서쪽으로 흐르면서 '문학적 기운'이 모두 빠져나갔던 것이다. 그래서 문기를 쌓기 위해 부자묘를 개조하는 동시에 반지半池의 서쪽에 나무다리를 만들고, '문장을 쓰는 도리로 천하를 밝힌다'는 의미에서 '문덕교'라 이름 지었다. 우연의 일치였는지는 모르지만, 문덕교를 건설한 이듬해에 난징 사람 초꿩이 장원급제하는 결과를 낳는다. 출세의 관문인 과거에서 그것도 장원급제라는 결과를 낳았으니, 사람들의 이목이 모이는 건 당연한 결과이다. 그 뒤로 문덕교는 자연스레 진회하의 한 풍경으로 자리잡게 되었다.

문덕교는 육조시대에 번화가가 있던 바로 그 자리이다. 이 주위로 기루가 생겨나면서 문인과 여행객이 배를 타고 바람을 쐬며 달을 감상했다. 그런데 진회하에서 달을 감상하려면 반드시 문덕교에 가야 한다. 추석과 음력 11월 15일 밤에는 특히 그러하다. 왜 그럴까? 휘영청 보름달이 뜰 때 문덕교에 가서 진회하에 비친 달을 보면 보름달이 아니라 반달로 보인다. 문덕교를 사이에 두고 동서 양쪽에서 달이 반밖에 보이지 않는 기이한 현상이 일어난다. 그 옛날 이백은 진회하에 비친 달을 보면서 시를 쓰고 노래를 불렀다. 어느 날 진회하에 비친 달을 보고 그대로 물에 뛰어들어 달을 건지려 했지만 어떻게 건질 수 있었겠는가!

이 두 이야기가 얽히고설켜서 매년 때가 되면 사람들이 문덕교로 몰려와 그 신비한 달을 보려 했다. 사람들은 이백의 풍류를 기념해 문덕교 옆에 '득월대'라는 누각을 세워 달을 감상했다. 그러나 무엇이든 지나치면 문제가 생기는 법! 훗날 음력 11월 15일에 달을 보기 위해 한꺼번에 몰려든 사람들 때문에 문덕교의 난간이 무너지는 일이 발생했다. 그 바람에 수많은 사람이 다쳤고, 그 뒤로 '문덕교의 난간에 기대지 말라'는 말이 생겨났다.

문덕교는 사람에게 급제의 기운을 불어넣는 행운의 다리이자 사람의 목숨을 앗아가는 불운의 다리이다. '이 다리를 건너면 군자가 아니다'라는 말의 이면에는 그만큼 많은 사람이 문덕교를 넘어갔다는 사실을 의미한다. '군자'는 중국의 지식인에게 최고의 명예로운 호칭인데, 이를 포기하고 사람들이 문덕교를 넘어간 이유는 과연 무엇일까? 여기에는 지난한 과거 준비를 했던 과거 응시생의 애환이 담겨 있다.

과거 시험의 성지

난징에는 당시 최대 규모의 과거 시험장인 '강남공원'이 있었다. 강남

과거 시험의 성지 강남공원. © 조관희

공원은 과거 응시생들의 미래가 달려 있는 곳이라 해도 과언이 아니다. 중국의 과거제도는 수나라 때부터 생겨났다. 평민 신분 이상이라면 누구나 자신의 운명을 개척하기 위해 한 번쯤 과거를 보았다. 개중에는 평생을 과거에 매달린 사람도 있다. 그래서 사람들은 과거 급제를 잉어가 협곡에 올라가는 것만큼이나 어렵다고 생각해 과거에 급제하여 진사가 되는 것을 잉어가 용이 된 것에 비유해 '등용문'이라 일컫기도 했다. 강남공원은 1168년 송나라 때 건립되어 과거제가 폐지될 때까지 명·청 시대 과거 급제자의 절반 이상을 배출한 '입신출세의 관문'이었다. 과거란 것이 한 번에 합격할 수 있는 것이던가. 한 번에 합격하면 다행이지만, 평생 동안 공부해도 합격하지 못할 수도 있다. 과거 응시생들은 과거 급제의 영광을 누리기 위해 수많은 고생을 참고 기다려야 했다. 그래서 강남공원을 구경하다가 자신도 모르게 그동안의 육체적·심적 고통이 한꺼번에 밀려오면서 기절하는 유생이 있는가 하면, 합격 소식을 듣고 정신이 나간 유생도

2만여 명의 과거 응시생이 시험을 치르던, 한 평도 안 되는 과거 시험장 호사. © 홍지완

있었다.

　과거 준비도 힘들지만 시험을 보는 과정도 녹록지 않았다. 과거 시험은 9일 동안 모두 세 번의 시험을 치러야 한다. 물론 시험 기간 동안 응시생은 나라에서 정해준 한 평도 안 되는 호사에서 지내게 된다. 호사는 문이 없어 비밀 보장도 안 되고, 그렇다고 다리를 뻗고 쉴 수 있을 만큼의 공간도 안 된다. 응시생은 시험을 보는 내내 새우처럼 몸을 구부리고 호사에서 지낸다. 부유한 집안에서 자란 응시생일수록 이런 환경은 더욱더 받아들이기 힘들었다. 이뿐이던가! 혹여 시험 기간 동안 비가 내려 호사에 비가 들이치기라도 하면 답안지가 젖어 그동안의 노력이 헛수고로 돌아갈 수도 있다. 게다가 운이 나쁘면 호사에 뱀이 출현해 물려 죽기도 하니, 시험 환경이 결코 좋다고 할 수 없다.

　과거에 임하는 응시생의 모습은 또한 어떠한가. 과거 시험을 보는 응시생의 눈물겨운 과정이 청대 소설 『요재지이聊齋志異』에 잘 묘사되어 있다.

먼저 응시생들은 시험 전날 밤 11시부터 당일 1시 사이에 입장하는데, 시험에 필요한 필기도구를 담은 대바구니를 가지고 공원 안으로 들어가 자신의 이름이 호명될 때까지 기다린다. 부정행위를 방지하기 위해 몸수색을 하는데, 버선과 신발까지 벗고 '거지'처럼 몸수색을 당한다. 그런데 재미있는 사실은 이때 몸수색을 담당하는 하급 관리들의 태도이다. 이들은 미래에 자신의 상관이 될지도 모르는 응시생을 마치 제집 종 부리듯 함부로 대하고 큰 소리로 이름을 부른다. 이들의 호기가 한번 드러나는 순간이다. 그러면 응시생은 부득이 '죄수'처럼 대답해야 했다.

또 문이 없는 호사에 들어가 시험을 치를 때면 늦가을의 벌처럼 추위에 오들오들 떨었다. 당장이라도 뛰쳐나오고 싶지만 구만리 같은 자신의 미래와 급제 소식을 기다리는 가족을 생각하면서 참고 시험을 본다. 9일 동안의 시험이 끝나면 대포 소리와 함께 시험장을 나오는데, 정신이 오락가락하고 하늘이 노래지는 것이 마치 새장에서 나온 '병든 새' 같다. 또한 시험 결과가 나올 때까지 급제와 낙방의 꿈을 번갈아 꾸며 가슴 졸이고 있는 모습이 줄에 매여 있는 '원숭이' 같다.

합격자 방이 붙은 날도 제정신이 아니기는 마찬가지이다. 급제를 하면 다행이지만, 낙방하면 얼굴색이 흙빛이 되어 죽은 사람마냥 넋이 나가고 독약 먹은 파리처럼 정신을 차리지 못한다. 그러다가 억울한 마음에 시험 책임자가 무식하고 문장을 볼 줄 모르는 눈먼 놈이라고 욕을 퍼붓지만 그것도 잠시, 알을 깨버린 비둘기가 다시 나뭇가지를 물어다가 둥지를 틀고 알을 품듯 어느 순간 다시 과거 준비를 하고 있다. 사람들이 이렇게 과거에 목숨을 거는 것은 '책 속에 황금으로 된 좋은 집, 옥같이 아름다운 여인, 1,000종의 곡식이 있기 때문이다'. 과거 응시생들은 이를 위해 평생을 매달렸던 것이다.

풍류와 낭만의 공간

진회하는 '십리진회'라고도 한다. 10리에 걸친 진회하의 주요 물줄기인 내진회하를 이르는 것이다. 십리진회는 1368년 명나라가 난징에 수도를 정하면서 난징의 부흥과 함께 경제와 문화의 공간으로 재도약한다. 장강의 거센 풍랑 때문에 조공 물품 수급에 곤란을 느낀 정부가 진회하를 개수해 조운 항로로 이용하면서 강남의 재부財富가 난징과 진회하로 모여들었다.

명의 태조 주원장은 건국 초기에 공식적으로 진회하 열여섯 곳에 누각을 짓고 관기가 살 수 있게 허가해주었다. 그 뒤로 난징에는 10여 개의 큰 거리와 수백 개의 작은 골목이 생겨나면서 거리마다 술집과 찻집이 넘쳐났고 사람들로 북적였다. 진회하 양안에는 비천한 기녀들이 사는 남시南市, 빼어난 미색이 살고 있는 주시珠市, 그리고 노래 잘하는 명기와 상청행수가 사는 구원舊院이 있다. 이 중 구원은 강남공원과 진회하를 사이에 두고 마주 보고 있으며, 문덕교가 그 가운데에 놓여 있다.

정오가 되면 빡빡머리 소년이 "꽃이요, 꽃! 재스민 꽃을 팝니다!"라고 외쳐대면서 꽃과 향수를 팔러 다닌다. 기녀들은 주렴을 걷고서 앞다투어 꽃과 향수를 산 뒤 자신을 꾸민다. 그러고는 잠시 뒤 백옥 같은 기녀들이 속이 비치는 하늘하늘한 옷을 걸치고, 머리에 재스민 꽃을 꽂은 채 모습을 드러낸다. 기녀들의 진한 화장 내음과 재스민 향이 강남공원으로 퍼지면 응시생의 마음은 여지없이 무너져 내린다. 시험공부로 인한 스트레스, 과거 시험장의 열악한 환경, 합격 소식을 기다리고 있을 가족 생각으로 응시생들은 마음고생이 여간 아니다. 그런데 진회하의 아름다운 풍광과 꽃같이 아름다운 기녀들이 눈앞에서 아른거리니, 어찌 문덕교를 건너 진회하의 기루로 달려가지 않을 수 있겠는가! 그러나 또한 청운의 꿈을 품고 과거를 보러 온 응시생이 어찌 쉽게 이 다리를 건널 수 있겠는가! '군자는 다리를 건너지 않는다. 다리를 건너면 군자가 아니다'라는 말에서 이러저러 지도 못하는 응시생들의 당혹감이 엿보인다. 문덕교는 응시생들의 마지막 이성의 끈이자 욕망의 경계를 넘어가는 지표였다.

문덕교만 넘어가면 욕계의 성지인 기루가 줄지어 있다. 난초와 대나무를 잘 그렸던 마상란, 재색을 겸비한 최고의 미녀 유여시, 매화, 들장미, 해당화, 국화 등으로 음료를 잘 만들었던 동소완, 「도화선」의 주인공 이향군, 변옥경, 구문백, 고미생, 진원원 등이 당시 최고의 기녀였던 진회팔염이다. 이들을 비롯해 아주 곱지는 않지만 행동거지와 분위기가 대갓집 규수처럼 품위 넘치는 윤춘, 시원시원한 성격에 풍만한 몸매, 굵은 종아리, 바람을 막을 만큼 덩치가 컸던 인간 병풍 고희, 손님들 사이의 다툼을 잘 해결해주었던 화기탕 왕소대, 바람이 불면 날아갈 것 같은 가는 다리의 장원, 나이는 어리지만 우스갯소리를 잘했던 유원 등이 이름을 날렸다.

유원은 특히 농담을 잘했다. 한 명사가 그녀와 동침하게 되었지만 유원은 그리 만만한 상대가 아니었다. 명사가 유원의 어깨를 치면서 먼저 말을 건다. "너는 내가 명사인 것을 모르느냐?" 이에 유원이 얼굴을 돌리며 "명사가 뭐 하는 물건입니까? 값이 몇 문이나 됩니까?"라고 응대해 세간에 회자되었다.

이것뿐이던가! 명말 4대 공자였던 방이지는 칠월 칠석 날 밤에 자신의 누각으로 명사와 미녀들을 대대적으로 불러들여 기녀 선발 대회를 열었다. 명사들은 기녀들을 일일이 평가하고 높은 시상대를 설치한 다음 장원을 뽑았는데, 오늘날의 미인 선발 대회와 다를 바 없다. 1등으로 뽑힌 기녀는 무대에 올라가 음악을 연주하고 상품으로 받은 황금 술잔에 술을 따라 명사들에게 감사의 인사를 올렸다. 이렇듯 기녀 선발 대회를 거친, 풍류와 멋을 아는 기녀들 덕분인지 진회하에는 항상 부잣집 탕아와 멋쟁이 문인,

누선에 화려한 등불을 달아 띄우고 명승을 구경하는 진회하의 등선. ⓒ송진영

과거 응시생, 광대와 배우가 끊이지 않았다. 이들은 늘 함께 모여 시 모임을 열고 연극을 관람하고 풍광을 감상하면서 천금을 아끼지 않았다. 말 그대로 진회하의 양안은 돈 쓰는 소굴이었다.

또한 구원에서는 열두 척의 누선에 화려한 등불을 달아 진회하에 띄우고 사방에서 온 과거 응시생과 이름난 명사를 초대해 함께 배를 타고 진회하의 명승을 돌아다녔다. 이 배가 그 유명한 진회하의 등선이다. 1923년 주쯔칭이 위핑보와 함께 진회하로 가서 등선을 타고 뱃놀이를 한 뒤 수필 「야경에 노 젓는 소리 들리는 진회하」를 발표해 그 명성이 더욱 널리 알려졌다.

진회하에 얽힌 역사 덕분에 진회하에 떠 있는 배들은 여전히 우아하고 아름다웠다는 주쯔칭의 말처럼, 본래 명승이란 30퍼센트의 실제 모습에

70퍼센트의 역사적 상상을 더해 감상하는 곳이다. 미래의 영화를 결정짓는 강남공원, 문덕교에서 이러저러지도 못했던 과거 응시생들의 번뇌, 진회하를 둘러싼 재자가인들의 로맨스와 풍류, 등선의 성대함을 통해 낭만 도시 난징을 그려본다.

이민숙

한국외국어대학교에서 중국 문학을 연구했으며, 현재 한국외국어대학교 중국언어문화학부 특임강의교수이다. 고서적 읽기를 좋아해서 틈틈이 중국 전통 시대의 글을 번역해 출간하고 있다. 특히 필기 문헌에 실려 있는 중국 전통문화를 이해하고 재구성하는 데 관심이 많다. 옮기고 쓴 책으로 『태평광기』, 『열미초당필기』, 『우초신지』, 『풍속통의』, 『임진기록』, 『한자 콘서트』, 『중화미각』, 『녹색모자 좀 벗겨줘』 등이 있다.

06

지옥 위에 세워진 천국

상하이 라오마터우

정민경

상하이의 밤은 낮보다 아름답다. 신도시 푸둥浦東은 마천루에서 쏟아지는 형형색색의 화려한 불빛이 대낮처럼 도시를 밝히며 상하이가 국제적인 경제도시임을 상기시킨다. 푸둥과 맞닿은 황푸강黃浦江에는 상하이의 야경을 구경하려는 각양각색의 유람선이 떠 있다. 황푸강 건너편의 와이탄은 '세계건축박물관'이라는 칭호에 걸맞게 과거 화려했던 상하이의 명성을 간직하고 있다. 황푸강을 경계로 푸둥에서는 현대 건축 문화를, 와이탄에서는 근대 유럽 문화를 모두 맛볼 수 있다. 근대와 현대가 공존하는 상하이, 그 속에서 상하이의 옛 부두 라오마터우老碼頭를 만나본다.

상하이, 라오커라, 라오상하이

중국의 수도 베이징과 자웅을 겨룰 수 있는 유일한 도시 상하이는 중국

이라는 커다란 용이 입에 물고 있는 여의주와 같은 곳이다. 현재 상하이는 사회주의 시장경제 속에서 과거의 영광을 회복하며 다시금 아시아의 금융 및 상업의 중심지가 되었다. 1994년에 세워진 동방명주 텔레비전 송신탑을 비롯해 프랑스 건축가 장 마리 샤르팡티에가 설계한 상하이 오페라하우스, 미국 시카고 SOM 건축사무소가 설계한 진마오 타워金茂大廈, '동방의 샹젤리제 거리'로 불리는 푸둥의 세기대로世紀大路 등 푸둥 지구에 세워진 기념비적 건물들은 상하이만의 자부심을 잘 보여준다.

상하이의 자부심은 단순히 물질적 경제 발전에서 오는 것이 아니다. 상하이만의 문화 브랜드를 만들어간다는 마인드가 함께한다. 문화 브랜드는 사실 '동양의 파리', '동양의 뉴욕', '동양의 런던' 등으로 불리던 근대

와이탄의 화려한 야경. © pixabay

상하이에서부터 시작된다. 왕안이王安憶의 소설 『장한가長恨歌』에 나오는 청년 라오커라老克臘는 이를 대표한다. 이 청년은 '사람들이 모두 오디오를 마련하던 시절에 낡은 음반을 들었고 사람들 사이에 니콘, 미놀타 등의 자동카메라가 유행할 때에도 롤라이 120을 사용했다. 손목에는 아날로그 시계를 차고 작은 유리 주전자로 커피를 끓이고 면도 크림을 발라 면도를 하고 구식 환등기를 가지고 놀고 배 모양의 가죽구두를 신었다'. 한마디로 그는 라오상하이의 화이트칼라 문화를 추구한 청년이었다. 라오커라라는 소설 속 청년의 이름은 올드 컬러old color에서 왔다. 그리고 이 이름은 새로운 사회 속에서 라오상하이의 풍격과 유행을 따르는 사람들을 지칭하는 용어가 되었다.

라오커라가 추구했던 라오상하이 문화에 대한 추구는 라오상하이에 대한 복고 열풍에서도 잘 드러난다. 지금 상하이에는 라오상하이를 소재로 한 영화, 드라마, 서적이 쏟아져 나오고 당시를 재현한 거리, 식당, 댄스홀, 카페 및 서점 등이 유행하고 있다. 근대 상하이는 아시아에서 가장 번영하고 국제화한 대도시였다. 금융과 무역에서뿐만 아니라 예술과 문화 영역에서도 상하이만의 방식으로 문화를 주도해나갔다. 상하이의 신사들은 유럽식 바지 위에 중국식 도포를 걸쳤고 상하이의 신여성들은 옆이 찢어진 치파오를 입었다. 치파오는 원래 만주족 여인들이 입던 옷으로, 치마 안에 바지를 입고 통도 넉넉하고 소매도 길었지만 몸에 딱 달라붙는 라오상하이만의 스타일로 재탄생되었다. 치파오는 라오상하이의 사교 의상인 동시에 신여성의 상징이 되었다. 장강 하류에 위치한 조그만 마을이었던 상하이가 경제와 문화를 이끄는 근대 도시로 변모할 수 있었던 이유는 과연 무엇일까?

바다를 향해 오르다

라오마터우는 와이탄 남쪽에 위치한 선착장이다. 라오는 오래되었다는 뜻이고 마터우는 부두라는 의미이니 상하이의 오래된 부두인 셈이다. 현재 시점에서 뒤돌아보면 '오래되었지만' 당시에는 다양한 물건이 넘쳐나고 사람들이 북적이던 아주 핫한 장소였다. 상하이가 국제적이고 개방적인 도시가 될 수 있었던 것은 바로 라오마터우 같은 바다를 향한 항구가 생겨나면서부터이다.

부두가 몰려 있던 와이탄은 황푸강과 우쑹강吳淞江이 만나는 곳에서 시작된다. 사실 과거에 상하이는 바다가 아니라 강이 더 중요한 마을이었다.

근대 시기 와이탄의 모습. © wikipedia

상하이의 약칭인 '신申'과 '호滬'도 상하이를 관통하는 이 두 줄기의 강과 깊이 관련되어 있다. 초나라 재상이었던 황헐黃歇이 상하이 땅에 춘신군春申君으로 봉해지면서 상하이는 '신성申城'으로 불리게 되었고 황헐에서 황푸강의 명칭도 유래했다. '호'는 우쑹강에서 사용하던 물고기를 잡는 도구로, 우쑹강 하구를 지칭하는 '독瀆'을 붙여 상하이를 '호독滬瀆'이라고 불렀다.

바다 윗동네라는 뜻의 상하이라는 명칭은 북송 시기에 이르러서야 출현하는데, 바다와 인접한 우쑹강 하류에 상해포上海浦와 하해포下海浦가 있었다는 기록이 등장한다. 상해포 지역은 남송 때 진鎭이 설치되었고 원나라 때 현縣으로 승격되었으며 명나라 때에 와서야 드디어 현성縣城이 세워졌다. 현성의 성곽은 상해포의 지형에 맞게 둥근 모양으로 건축되었다. 현성에는 세 개의 수문과 아홉 개의 성문이 있었고 그중 동북쪽에 난 보대문寶帶門을 소동문小東門이라 불렀다. 소동문은 황푸강과 아주 가까웠고 선박이 드나들 수 있는 지리적 이점을 지니고 있었다. 소동문 밖의 라오마 터우는 부두를 통해 들어온 각지 토산품의 중요 집산지가 되었고 이들 물 건을 교류하기 위해 각지의 상인들이 상점을 열었다.

하지만 명·청 시대에는 왜구를 근절하거나 서구의 침략을 막기 위해 해 안을 봉쇄하는 해금 정책이 시행되었기 때문에 바다를 통한 교류는 여전히 차단되었다. 이러한 상황은 서구 열강이 중국을 침략하기 시작한 1800년 대에 이르러서야 서서히 변화하기 시작했다. 상하이 역시 아편전쟁 이후 난징조약으로 1842년에 개항하게 되면서 바다[海]를 향해 오르게[上] 되 었다.

1921년 혜령전문학원을 졸업한 최독견은 상하이의 모습을 '이곳은 상 해란다. 동양의 런돈. 그 무엇 가르쳐 일홈함인가. 굉장한 부두의 출입하는 배[舟] 꼬리를 맞무러 빗살 박히듯 南京路의 화려한 져 건물들라 黃浦灘길 이 튼튼한 져 쇠집들은 은행이 아니면 회사라 한다. 아- 동양제일 무역항 이로 알괴라'라고 묘사했다. 동양 제일의 무역항을 통해 끊임없이 오가는 선박들, 선박에서 내려지는 수많은 물건, 선박에 오르고 내리는 다양한 사 람들, 시끌벅적한 소리, 이것이 바로 당시 라오마터우의 모습이었다. 이처 럼 라오마터우는 내륙과 해양, 동양과 서양 문화가 드나드는 바다의 관문 으로서 근대 상하이의 주인공이 되었다.

대중문화를 이끈 신식 극장, 신무대

영국이 와이탄의 서쪽 땅을 차지하고 조계를 만든 이후 20여 년간 상하 이에는 조계제도가 형성되었다. 상하이는 그 속에서 다양한 문화가 혼재하 는 도시로서 번영을 누리며 새로운 문화를 키워내고 발전시켰다. 1865년

와이탄의 뒷골목. ⓒ 신승대

가스 회사가 설립되어 난징로에 가스등이 켜졌고 1876년에는 철로가 놓
였다. 1880년에 전기회사와 전보회사가 설립되어 전기가 공급되고 전화
업무가 개시되었으며 1881년에는 수도시설이 보급되었다. 1910년대부터
는 엘리베이터, 난방기, 에어컨 등을 갖춘 고층 백화점은 물론 커피숍, 댄
스홀, 경마장, 박물관, 예배당 등이 경쟁적으로 들어섰다. 근대 물질문명
뿐만 아니라 서구의 진보적 사상 또한 자유롭게 들어왔다. 진독수陳獨秀는
〈청년잡지〉를 통해 서구의 덕선생德先生(미스터 데모크라시)과 새선생賽先生(미
스터 사이언스)을 소개했고 상하이의 수많은 잡지는 서구의 모던한 생활을 소
개하면서 개성 해방과 여성해방의 기치를 높이 흔들었다.

　세계의 문물과 새로운 사상이 들어오면서 가장 빠르게 변화하던 장소
중 하나가 바로 라오마터우가 있던 16포였다. 16포에는 이미 있던 전통 극

장의 틀에서 벗어난 신식 극장이 들어섰는데, 극장의 이름도 새로운 대중문화를 이끌어가겠다는 포부를 드러낸 신무대新舞臺였다. 1908년에 건립된 신무대는 서양인이 아닌 중국인이 건립한 최초의 서양식 극장이었으며 동시에 최초의 현대식 극장이었다.

신무대 극장은 겉모습부터 기존 극장의 모습을 거부했다. 타원형의 벽돌과 목재를 이용해 건축되었으며 무대, 객석, 극장 설비, 극장 구조가 다원식茶園式의 전통 극장과 달랐다. 무대는 서양의 극장처럼 프로시니엄 무대 형식으로, 3층 구조였다. 전면 무대는 반달형 구조로 무대 기둥이 없었고 회전이 가능했다. 무대배경과 무대막이 설치되어 있었을 뿐만 아니라 전기 조명도 갖추고 있었다. 무대의 밑 공간은 비어 있어서 우물 입구 등을 만들어놓으면 배우들이 무대 위에서 무대 밑에 있는 우물로 뛰어내릴 수 있었기에 실감나는 연기를 할 수 있었다. 무대 상단에는 나무로 만든 구름다리가 있어 거기에서 종이 가루를 뿌려 눈 내리는 장면을 연출할 수도 있었다. 관객석도 전통 극장과 달리 탁자를 배치하지 않고 모두 의자를 배열했는데, 뒤로 갈수록 좌석이 점점 높아지는 계단식 형태였다. 비록 탁자를 배치하지 않았지만 의자 뒷부분에 찻잔이나 음식물을 놓을 수 있는 공간을 마련해두어 차를 마시면서 관람할 수 있게 했다. 관객석은 전통 극장에서처럼 삼면, 즉 좌면, 정면, 우면으로 배치되었는데, 개량된 전통극을 공연하기 위해 무대가 돌출되어 있었기 때문이었다.

신무대에서의 공연은 〈신보申報〉에 '10월 초 2일에 16포에 건립된 서양식의 개량 극장에서 공연합니다'라는 광고가 실리며 시작되었다. 극장에서는 전통극과 신극을 다양하게 공연했다. 가장 인기 있었던 공연 중 하나는 프랑스 작가 알렉상드르 뒤마Alexandre Dumas의 「춘희」를 중국식으로 각색한 「이십세기 신다화二十世紀新茶花」였다.

이 공연은 기녀였던 신다화와 외국 유학까지 다녀온 진소미陳少美의 파란만장한 로맨스 속에서 남녀평등과 여성해방 등의 새로운 사상을 주장했다. 「이십세기 신다화」는 연일 매진될 정도로 엄청난 인기를 누렸고 사람들은 신식 공연을 보기 위해 길게 줄을 섰다. 서구식 극장에서 상하이만의 새로운 문화를 보여주는 공연은 신여성, 신청년들에게 꿈을 심어주었다. 상하이는 그들에게 희망의 도시이자 천국이었다.

청방, 그리고 아편, 도박, 매춘

「상하이 트라이어드」에서 장이머우張藝謀 감독은 1930년대 상하이의 와이탄을 비추는 것으로 영화를 시작한다. 상하이 트라이어드란 중국의 유명한 범죄 조직인 삼합회三合會를 말한다. 1920~1930년대 상하이에는 이른바 '밤의 황제'라고 불리는 청방青幇 조직의 보스가 대낮에도 영향력을 발휘했다. 청나라 때 운하 운송 선원들의 비밀조직에서 기원한 청방은 바로 삼합회의 모태이다. 상하이에는 3대 청방이라고 불리는 두월생杜月笙, 황금영黃金榮, 장숙림張肅林이 있었는데, 이들은 갱단을 이끌며 상하이 사회 곳곳을 누비고 다녔다. 청방 보스들의 주요 활동 무대 중 하나가 바로 16포였다. 특히 두월생은 16포의 작은 과일가게에서 심부름꾼으로 생활을 시작했기 때문에 '과일월생水果月笙'으로 불렸다. 16포에 위치했던 라오마터우는 자연스레 청방들의 근거지가 되었다. 라오마터우에는 지금도 두월생과 황금영이 소유했던 개인 창고가 여전히 남아 있어 상하이 암흑가 보스들의 이야기를 전한다.

상하이의 속담 중에는 '일단 소동문 북쪽으로 들어가면 집에서는 보리죽으로 입에 풀칠하고 있는 사실도 잊어버린다[小東門落北, 忘記是屋裏吃麥粥]'라는 말이 있다. 소동문 북쪽은 바로 조계지가 있는 곳으로, 조계지에는

아편굴, 도박장, 매춘 장소가 밀집해 있었다. 그래서 이 속담은 누구든지 소동문 북쪽의 조계지로 들어가면 집안 살림은 내팽개친 채 환락과 퇴폐적인 생활에서 빠져나오지 못했음을 의미한다.

청방 조직은 아편, 도박, 매춘과 관련된 사업을 하면서 막대한 부를 축적했고 상하이를 자신들의 왕국으로 만들었다. 이들은 라오마터우를 통해 아편을 들여왔고 16포는 아편이 거래되는 중심 장소가 되었다. 두월생, 황금영은 16포의 지하 세력을 규합한 후 조계 통치자와 군벌을 회유해 조계지의 아편 판매를 장악했고 1918년 김정손金廷蓀과 공동으로 아편 판매 회사인 삼흠공사三鑫公司를 설립했다. 아편굴은 서로 연이어 있어서 실제로는 수를 셀 수 없을 정도로 많았다. 아편굴의 볼거리가 찻집보다 더 많았으며 찻집, 식당에서도 아편을 제공했다. 강을 따라 산책할 때조차도 아편 생각이 나면 언제든 피울 수 있게 공원에도 흡연 시설이 갖춰져 있었고

10만 명이 넘는 아편 중독자가 거리에 넘쳐났다.

아편 무역으로 돈을 벌어들인 청방 조직은 지금의 옌안중로延安中路인 푸쉬로福熙路 181호에 대규모의 도박장을 열었다. 이들은 이곳을 '181호'라고 불렀는데, 원래는 삼흠공사의 직원들을 위한 클럽이었으나 점차 상하이의 유명 인사들이 드나들며 도박하는 장소로 바뀌었다. 건물의 1·2층에는 각종 도박 시설이 설치되어 있었고 3층에는 고급 요리, 양주, 아편 등이 무료로 제공되는 휴게시설이 마련되어 있었다. 조계지에는 181호 같은 고급 도박장 외에도 수많은 중소 도박장이 있었다. 당시 상하이에는 도박으로 파산해 가족을 팔고 범죄에 가담하거나 목숨을 버리는 자가 속출했다.

창기의 존재 또한 청방 조직이 관여한 또 다른 사업으로, 상하이의 어두운 일면을 보여준다. 두월생과 황금영이 직접 매춘 사업을 벌이지는 않았지만 그 수하의 중간 보스들이 매음굴을 운영했다. 당시 상하이에는 여선생이란 의미의 서우書寓나 장삼長三 같은 고급 기녀뿐 아니라 매춘만이 유일한 생존 수단인 여성이 많았다. 상하이는 동양의 런던, 동양의 파리, 동양의 뉴욕이라는 미명과 함께 그 화려함을 자랑했지만, 황푸강에서는 생활고 탓에 투신한 사람의 시신을 매일 건져 올렸을 만큼 지옥과 같은 도시이기도 했다.

마법의 도시인가, 악마의 도시인가

일본의 소설가 무라마츠 쇼후村松梢風는 1924년에 자신의 상하이 체험기를 출판하면서 책 제목을 '마도魔都'라고 했다. 이것은 모던 도시, 즉 모던 상하이를 가리키는 말로, 상하이를 가리키는 또 다른 칭호이기도 하다. 소설가는 비록 모던의 뜻으로 '마魔'라는 단어를 사용했지만 이 글자에는 악마, 마법, 매력 등 다양한 의미가 내포되어 있다. 상하이는 과연 마법의 도시였을까, 악마의 도시였을까?

해리트 서전트Harriet Sergeant는 『상하이』에서 '상하이라는 이름은 신비로움, 모험, 그리고 갖가지 방종을 생각나게끔 한다. 극동을 여행하는 배 위에서 사람들은 동양의 매춘부라는 이야기로 승객을 매혹시킨다. 그들은 중국의 갱스터, 결코 닫히는 법이 없는 나이트클럽, 룸서비스로 헤로인을 제공하는 호텔 등을 이야기한다. 그들은 군벌, 스파이, 국제 무기 교역상, 그리고 상하이의 유곽에서 받을 수 있는 특별한 향응을 친숙하게 묘사한다. 배가 닿기도 훨씬 전에 여인들은 멋진 상점에 있는 자신을 떠올리고, 남자들은 반 시간째 유라시안 혼혈 미인을 상상하고 있다'라고 하면서 상하이 부두에 들어오는 선박 위의 사람들을 묘사하고 있다. 그들의 상상 속

현재의 라오마터우 쿨독스The Cool Docks 광장. © flickr

상하이는 모험과 자유를 펼칠 수 있는 동양의 신비로운 도시이자 갱스터, 헤로인, 매춘, 나이트클럽, 백화점 등이 혼재하는 곳이었다. 이처럼 국제적인 대도시로 번영하던 상하이의 이면에는 추악하고 음침한 모습도 공존했다. 상하이는 '모험가의 천국'이자 '귀신들의 세계'였고 '동양의 여왕 Queen of the East'이자 '동양의 매춘부 Prostitute in Asia'였다.

　'상하이, 지옥 위에 세워진 천국!'이라는 강렬한 문장으로 시작하는 『상하이 폭스트롯上海的狐步舞』에서 무스잉穆時英은 어떤 사람은 고통스럽고 모진 삶을 이어가고 있는 반면, 어떤 사람은 천국에서 폭스트롯을 추고 있는 상반된 모습을 보여주었다. 이러한 극명한 대비는 상하이라는 도시 공간에서 나타나고 있는 향락과 부조리를 잘 드러냈다. 마지막 문장에서 무스잉은 '상하이, 지옥 위에 세워진 천국' 앞에 '깨어나라, 상하이!'라는 의미심장한 구절을 첨가한다. 이는 지옥과도 같은 현실을 극복할 수 있었던 용기, 자유, 낭만, 그리고 희망에 대한 메시지였다.

두월생처럼 가진 것 없는 자도 주먹 하나로 계층 이동이 가능하고, 청년들은 새로운 사상으로 세상의 변혁을 꿈꿀 수 있는 도시, 그것이 바로 1920~1930년대 상하이였다. 지옥과 천국, 완전히 상반된 두 개의 단어가 결합된 두 얼굴을 지닌 상하이! 상하이는 마법의 도시이자 악마의 도시였던 것이다. 이러한 상반된 모습을 잘 보여주는 공간이 바로 라오마터우였다.

현재 라오마터우는 2007년부터 2009년까지 도시재생사업이 실행되어 전통과 현대가 어우러진 새로운 모습으로 재탄생했다. 식민지 시대의 일본군사경찰본부는 현대적인 시설을 겸비한 워터하우스 호텔이 되었고 노동자들의 목욕탕, 보일러실, 석유 공장이었던 낡은 건물들은 라오마터우 광장으로 바뀌었다. 광장 주변의 건물에는 세계 각국의 요리를 선보이는 레스토랑과 바, 명품 브랜드 상점, 카페 등 각종 최신 유행 시설이 들어섰다. 제2의 신천지로 불리는 라오마터우를 보면서 라오상하이의 이중적 모습이 떠오르는 것은 무슨 까닭일까?

정민경

중국사회과학원에서 중국 문학을 전공하여 박사학위를 받았다. 현재 건국대학교, 가천대학교, 을지대학교에서 강의하고 있다. 중국 소설과 필기를 틈틈이 읽고 있으며 중국 인문지리와 외국과의 문화 교류에도 관심이 많다. 함께 지은 책으로 『옛이야기와 에듀테인먼트 콘텐츠』, 『청 모종강본 삼국지』, 『중화미각』이 있고 함께 옮긴 책으로 『태평광기』, 『우초신지』, 『풍속통의』, 『명대 여성작가 총서』, 『강남은 어디인가 : 청나라 황제의 강남 지식인 길들이기』, 『사치의 제국』 등이 있다.

07

우리 사랑해도 될까요

항저우 뇌봉탑

김명구

'하늘에는 천당이 있고, 땅에는 쑤저우蘇州와 항저우杭州가 있다.'

송나라 범성대范成大의 『오군지吳郡志』에 기록된 말이다. 지상의 천당에 비유되는 항저우는 중국인들에게 언제나 풍요롭고 아름다운 도시의 대명 사였다. 그런데 이렇게 멋지고 훌륭한 도시에도 슬픈 사랑 이야기가 있다. 평온하면서도 신비로운 서호西湖와 그 서호를 하염없이 바라보는 뇌봉탑 雷峰塔을 배경으로 펼쳐지는 백사전白蛇傳. 백낭자白娘子와 허선許仙의 이루어질 수 없는 사랑, 하지만 영원히 함께하고픈 그리움을 간직한 뇌봉탑을 시작으로 항저우를 살펴본다.

안개, 노을, 그리고 달빛

저녁 안개가 스르륵 어스름히 내리는 날, 서호 주변에는 물안개가 그득

안개 자욱한 서호에서 노를 젓는 뱃사공. © unsplash

하다. 저 멀리 희미하게 가까워졌다 멀어지는 등불만 허공을 따라 소리 없이 물가로 번진다. 호숫가 가장자리에서 찰랑이는 물결 소리는 발걸음마다 리듬을 타고 스치듯 옷자락을 비껴간다. 그 옛날 남몰래 장교長橋를 넘나들며 축영대祝英臺와 사랑을 속삭였던 양산백梁山伯의 숨결도, 허선과 영원한 이별이 아니라며 뇌봉탑에 갇힌 채 흐느끼는 백낭자의 울음소리도 이 순간만큼은 절절하게 가슴에 와닿는 듯하다.

호수와 안개, 노을과 달빛으로 유명한 항저우는 화려하고 번잡한 도시 풍경뿐만 아니라 조용하고 고즈넉한 모습도 가지고 있다. 항저우는 언제나 낭만과 사랑의 도시로 이야기하곤 한다. 한때는 천하의 모든 장사꾼이 모여드는 환락과 유흥의 장소였고, 온갖 진귀한 상품이 운하를 타고 내륙으로 운반되는 수로 교통의 중심지였다. 그 당시 항저우는 풍부한 물산과 온화한 기후, 수려하고 멋진 경관과 잘 다듬어진 도로, 다양한 예술과 격조 높은 문화가 조화롭게 어우러진, 세계에서도 보기 드문 최고의 도시였다. 또한 겉으로 보이는 눈부시고 멋진 모습 이면에 마치 서호에 담긴 강물처럼 사람들에게 자리를 내어주고 마음속 복잡한 심정을 한없이 보듬어주는 귀소歸巢의 도시이기도 했다. 물에서 비롯된 만남과 헤어짐, 사람들에게서 받는 위로와 편안함은 항저우를 느끼는 또 다른 매력이라고 할 수 있다.

이곳에서는 역사 이래로 수많은 남녀의 사랑과 이별이 생겨났고, 눈물과 회한이 교차되는 날들이 빈번하게 이어졌다. 도시의 화려함과 번잡함 속에 남겨진 그들의 슬픈 이야기도 언제나 우리에게 미증유의 향수와 아련한 그리움을 가져다준다. 도시의 휘황찬란한 모습 속에 감춰진 절절한 남녀 간의 사랑 이야기가 때로는 눈부시도록 아름답게, 때로는 가슴 시리도록 애처롭게 우리에게 다가온다. 아마도 이러한 일은 이야기 속 주인공뿐만 아니라 우리 모두에게도 자연스럽게 허락되어지는 일이기 때문이리라! 도시의 다채롭고 호화로움 속에서도 싹트는 애틋함과 그리움을 동시에 가지고 있는 항저우는 주체할 수 없는 환희와 가슴을 저미는 슬픔도 그저 담담하게 안고 있는지도 모르겠다. 기나긴 세월을 소리 없이 지켜오며 우리에게 언젠가는 돌아가고 싶은 마음 한 자리를 내어주는 영혼의 안식처인 셈이다.

사랑과 이별, 우울함과 외로움을 간직한 모든 이는 항저우에 가면 비로소 그 고통의 끝, 정점을 보게 된다. 그래야지만 그 마음을 다시 추스를 수 있는 여유가 생기는 것이다. 지친 몸과 마음을 다정하게 어루만져주고, 기쁨과 슬픔을 하나의 울림으로 승화시킬 수 있는 항저우는 중국인이 그리는 세상에서 단 하나밖에 없는 천상의 도시임이 분명하다.

항저우 서호의 누각. © pixabay

가장 아름답고 당당한 도시

항저우는 중국 저장성浙江省의 중심 도시이며 옛 중국 수도 중 하나이다. 자원이 풍족하고 경치가 빼어나며, 물산이 풍요로우면서 인정이 많은 곳으로 유명하다. 지금도 세계적으로 널리 알려져 외국의 여행객이 자주 찾는 도시이다. 특히 서호는 2011년 유네스코 세계문화유산에 등재될 정도로 아름다운 풍광을 보여주고 있다.

항저우는 1,000여 년 전에도 황제나 귀족들이 좋아하는 곳으로 여러 차례 수도로 정하거나 휴양을 위해서 자주 방문했다. 10세기 이후부터는 외국 선박의 출입이 잦아지면서 외국의 무역상에게도 인기가 많은 '신비의 도시'였다. 13세기 무렵 이탈리아의 마르코 폴로는 항저우에 들렀다가 도

항저우의 옛 모습을 간직하고 있는 오진 烏鎭. ⓒpixabay

시의 아름다움에 매료되어 항저우를 세상에서 어떤 훌륭한 도시와도 견
줄 수 있는 '가장 아름답고 당당한 도시'라고 극찬했다.

항저우가 사람들에게 이토록 훌륭한 도시로 칭송받기 전에는 사실 별
로 알려지지 않은 작은 어촌에 불과했다. (항저우는 옛날에 배를 만드는
작은 어촌이어서 나룻배를 뜻하는 '항杭'을 써서 항저우라고 부르게 되었
다.) 한때는 춘추전국시대 월나라의 도읍지였으며, 진나라 시황제가 중국
을 통일한 후 이 지역에 전당현 錢塘縣을 설치할 정도로 큰 규모였으나 한
나라 때에 접어들어서는 회계군 會稽郡의 일부로만 남아 궁벽한 어촌으로
퇴락했다. 그래서 옛 서적에 이 지역은 죄를 지은 사람들이 유배를 가는
곳으로 곧잘 언급되었다. 그러다가 항저우가 역사적으로 알려지기 시작
한 것은 운하의 개통에서 비롯되었다. 7세기에 이르러 수나라가 베이징과

항저우를 잇는 경항대운하를 건설하면서 항저우를 운하의 종점으로 삼았
다. 그 이후 도시에 사람들이 몰려들면서 번성하기 시작했고, 이때부터 항
저우라는 도시 명칭을 정식으로 사용하게 되었다.

항저우는 남송 때 황제의 임시 거처를 뜻하는 '행재行在'라고 불리다가
임안臨安(임시 주둔)이라고 개칭하여 수도가 되었다. 원나라 때에는 킨사이
Quinsai로 불렸다. 마르코 폴로의 『동방견문록東方見聞錄, Divisament dou Monde, 세
계의 서술』에 기록되어 있는 킨사이가 '행재'의 중국어 발음을 그대로 옮긴
것이다. 그러나 19세기에 '태평천국의 난'으로 도시의 대부분이 파괴되었
고, 뒤이어 난징조약으로 상하이가 개방되면서 인근에 위치한 항저우는
자연스럽게 내륙 산업의 중심지 기능을 잃고 말았다.

역사적으로 여러 왕조를 거치면서 항저우는 그 흥망성쇠에 따라 부흥
과 쇠락의 길을 겪었지만, 중국인들의 가슴속에는 오래전부터 세상에서
가장 아름다운 도시로 자리매김하고 있었다. 중국인들은 장강長江의 이남
을 강남江南 지역이라고 하는데, 강남의 대표적인 도시로 쑤저우와 항저
우를 떠올린다. 중국인들 마음속의 강남은 지상의 천당과 같은 곳으로 여
겨져, 살아생전에 꼭 한 번 방문해보고 싶은 곳으로 꼽았다. 그리고 이러

강남 지역의 풍요로운 농촌 풍경. © pixabay

한 정서는 중국의 고전 문학작품에서 어렵지 않게 찾아볼 수 있다.

당나라의 백거이는 강남을 두고서 자신의 경험과 감상을 아름다운 필치로 노래했다. '강남을 생각하면, 가장 먼저 생각나는 것은 항저우라네.'(백거이의 「강남을 추억하며[憶江南]」) 송나라의 범성대는 『오군지』에서 아예 쑤저우와 항저우를 천상의 도시와 같다고 여겨 '하늘에는 천당이 있고, 땅에는 쑤저우와 항저우가 있다'고 격찬했다. 마르코 폴로가 그토록 찬양했던 세상에서 가장 풍요로우면서도 더없이 아름다운 곳, 웅장하면서도 지극히 고귀한 곳, 바로 항저우를 인간 세상의 천당에 비유한 것은 예나 지금이나 마찬가지이다.

이처럼 사람들의 이상향인 항저우에는 뛰어난 명승과 함께 그에 얽힌 아름다운 전설이 많다. 중국에서 가장 유명한 네 가지의 민간 전설 중 두 가지의 배경이 항저우라는 데서도 볼 수 있듯, 항저우가 중국 문학에 얼마나 많은 영감을 주었는지 쉽게 짐작할 수 있다. 사람들에게 널리 알려진 이야기로는 넓은 호수인 서호와 그곳을 배경으로 펼쳐지는 양산백과 축영대 전설, 백낭자의 애절한 눈물이 흩뿌려진 뇌봉탑에 얽힌 백사 전설, 전당강錢塘江 유역에 위치한 육화탑六和塔과 육화의 전설, 그 외에도 전당강의 조수潮水와 관련된 크고 작은 민간 전설 등 항저우와 관련된 수많은 이야기가 문학작품 속에서 지금까지도 여전히 그 빛을 발하고 있다.

마르코 폴로가 기록한 13세기의 항저우

항저우의 옛 모습을 가장 잘 기록한 책은 13세기에 마르코 폴로가 쓴 『동방견문록』이다. 이 책에는 그가 27년간 중동, 아프리카, 아시아 등 여러 나라를 여행한 경험이 기록되어 있는데, 특히 중국의 옛 도시를 기록한 부분이 무척이나 다채롭다. 그중에서 많은 지면을 할애하여 소개하고 있는 도시가 바로 '항저우'인데 성곽과 수로, 광장과 시장, 여가와 문화생활 등 그 당시 번화한 항저우의 모습에 관하여 다양한 자료를 제공하고 있다.

13세기에 항저우는 서호와 전당강 사이에 위치해 있었으며, 남북으로 7킬로미터, 동서로 약 2킬로미터의 성벽으로 둘러싸여 있었다. 시내에는 수많은 운하가 흐르고 있었고, 운하가 만나는 지점에는 큰 광장과 시장이 형성되어 있었다. 광장 주위는 큰 건물로 둘러싸여 있고, 그 지하에 있는 상점들은 온갖 물건을 만들어내고, 향료와 보석, 진주 등 다양한 상품을 팔았다. 거리에 있는 기녀도 아주 많았는데, 그녀들은 매우 노련해서 상인을 비롯한 온갖 사람들의 비위를 잘 맞추었다. 그녀들에게 한번 빠져버린 외지인들은 결코 그녀들을 잊지 못했다. 그들은 고향에 돌아간 뒤 '천상의 도시'라고 불리는 킨사이에 있었다면서 이곳으로 다시 돌아올 날을 손꼽아 기다렸다.

항저우의 서쪽에는 서호가 있는데, 그 둘레가 거의 48킬로미터나 되었다. 호수 가운데에는 두 개의 섬이 있고, 그 각각에 아주 멋진 누각이 서 있었다. 어찌나 잘 지어지고 잘 장식되었는지 마치 황제의 궁전처럼 보일 정

마르코 폴로의 낙타 행렬. 「카탈루나 지도첩Catalan Atlas」, 카를 5세, 1375년. ⓒflickr

도였다고 한다. 호수에는 크고 작은 선박과 유람선이 수없이 떠 있어서 그
것을 타고 다니며 오락과 유희를 즐길 수 있었다.

당시 항저우에는 3,000개의 공중목욕탕이 있었다. 항저우 시민들은 목
욕을 매우 즐겼는데, 매달 여러 차례 그곳에 갔다. 그 목욕탕이 얼마나 큰
지 100여 명의 남자 혹은 여자가 동시에 목욕을 할 수 있을 정도였다. 중국
인들은 보통 찬물로 목욕하는 습관이 있어 이러한 욕탕의 물은 대부분 찬
물이었지만, 색목인色目人으로 분류되는 외국인들을 위한 증기탕도 구비
되어 있었다.

『동방견문록』에는 항저우 시민들의 다양한 생활 모습뿐만 아니라 기이
한 사건도 함께 기록하고 있다. 그중 하나는 항저우에서 처음으로 발견된
고래 이야기이다. 고래의 출현은 당시 항저우 사람들에게 상당히 신기한
일로 여겨졌다. 바얀佰顔(원나라 초기의 장수로, 쿠빌라이 칸 수하의 명장)이 항저우를

포위했을 때 송나라의 왕은 피난을 갔고, 수많은 사람들도 도시의 한쪽으로 흐르는 강을 따라 배를 타고 달아났다. 그들이 이렇게 분주하게 도망치는 중에 강이 완전히 말라버리게 되었다. 이를 알게 된 바얀은 그곳에 가서 사람들을 모두 집으로 돌아가게 했다. 이때 마른 강바닥에 물고기 한 마리가 가로로 누워 있었는데, 그 형상이 매우 이상했다. 길이는 30미터 정도였고 굵기는 그 길이에 어울리지 않을 정도로 터무니없는데다 몸에는 온통 털이 나 있었다. 그런데 무슨 일인지 그 물고기를 먹은 여러 사람이 죽고 말았다. 마르코 폴로는 그 물고기의 머리를 어느 절에서 직접 보

았다고 말하고 있다. 당시 항저우 사람들이 고래 고기를 먹고서 죽은 연유를 지금으로선 알 길이 없지만, 아마도 부패한 어패류로 인한 질병 때문에 사람들이 죽었음을 어렵게 않게 유추할 수 있다.

서시의 눈썹을 닮은 호수

중국에는 '계림桂林의 산수는 세상에서 가장 뛰어나고, 서호의 아름다운 풍경은 동남부에서 으뜸이다'라는 말이 있다. 계림 산수의 절경을 이야기할 때면 언제나 서호의 훌륭한 경치가 함께 언급되곤 한다. 서호는 아주 오래전에는 전당강의 일부였다. 그런데 강물이 흘러들어 진흙과 모래가 대량으로 쌓이면서 강물의 유입이 막혀 인공 호수가 되었다. 호수 안에는 하나의 산과 두 개의 제방, 그리고 크고 작은 섬들이 있다. 서호는 처음에 전당강의 일부였기에 '전당호錢塘湖'로 불렸고, 항저우 지역의 서쪽에 위치한다고 해서 '서호西湖'라고 불리기도 했다. 서호에 대한 최초의 기록은 당나라 백거이의 시에서부터 시작되었다. 이후 서호라는 명칭이 굳어지고, 전당호라는 명칭은 점차 사람들에게서 잊히게 되었다.

서호가 지금의 규모와 환경으로 조성된 것은 중국의 문학가이자 정치가인 백거이와 소식蘇軾의 영향이 크다. 당나라 때 백거이가 항저우 자사로 부임했을 때 큰 가뭄이 들어 농민들의 피해가 극심했다. 게다가 서호의 제방이 허술하여 가뭄이 들 때마다 물 부족 현상이 심각했다. 이에 저수량을 늘리고 농토의 관개 문제를 해결하기 위해 백거이는 서호를 준설하고 수문을 만들고 제방을 더욱 튼튼하게 했다. 또한 제방 주변을 축조하고 수양버들을 심어 주위의 경관을 재정비했다. 이것이 지금의 백제白堤이다.

오대五代에서 북송 때에 이르러서는 서호에 쓸려 내려온 진흙과 잡초가 호수의 절반을 차지하면서 홍수 때마다 물이 범람하여 백성들의 피해가 컸다. 이에 소식은 20만 명의 노동력을 동원하여 호수에 쌓인 진흙과 잡초를 모두 걷어내고, 남북으로 2.8킬로미터의 제방을 건설했다. 이것이 소제蘇堤이다. 당나라의 백거이는 가뭄에 물 부족 현상을 해결하기 위해 제방을 건설했고, 북송의 소식은 오히려 물이 넘쳐나 홍수를 예방하려고 둑을 재건했다. 이렇게 같은 장소에서 건축된 둑이지만 그 이유가 서로 다르니, 참으로 아이러니하지 아니한가!

서호를 이야기할 때 서시西施의 눈썹을 닮은 호수라고 종종 말하는데, 이는 소식의 시에서 처음 비롯되었다. 소식의 「처음에 맑았다가 나중에 비 내리는 서호에 배를 띄우고 술을 마시다[飮湖上初晴后雨]」는 서호의 아름다운 풍경을 읊은 시로 유명하다.

물빛이 햇볕에 반짝거려 맑은 날에 그지없이 아름답고,
산빛은 희미하고 아득한데, 비가 오니 더욱 기이하구나.
서호를 서시와 비교하니,
옅은 화장과 짙은 화장 모두 서로 잘 어울리는구나!

장교에서 바라본 서호의 낮과 밤. 멀리 뇌봉탑이 보인다. © flickr

소식은 서호를 유람하면서 월나라의 범려范蠡가 서시를 데리고 태호太
湖로 배를 타고 사라졌다는 전설을 떠올리며 이러한 시구로 서호의 풍경
을 표현한 것이었다. 그렇다면 미인의 눈썹은 어디에서 온 것일까? 소식
은 조정에 서호를 재건해야 한다는 상소를 올리면서 '항저우에는 서호가
있습니다. 이것은 사람에게 눈썹이 있는 것과 같습니다. 이러한 까닭에 없
애서는 안 되는 것입니다'라고 했다. 여기에 호수의 모양이 서시의 눈썹을
닮았다는 이야기가 더해지면서 서호는 점차 서시의 미모를 빗대는 호수,
서시의 눈썹을 닮은 호수로 전해지게 되었다.

당나라의 백거이도 항저우 자사로 있을 때 서호에 대한 유명한 시를 세
편 남겼는데, 그중에서 가장 유명한 것은 「봄날에 서호에서 시를 짓다[春題
湖上]」이다.

호수에 봄이 오니 마치 한 폭의 그림 같은데,
어지러이 솟아 있는 봉우리에 둘러싸여 수면이 잔잔하게 펼쳐지네.
소나무가 빼곡히 펼쳐진 산에는 푸른빛이 천 겹이나 되고
물결 속에 비친 둥근 달은 점인 듯, 한 알 진주처럼 박혀 있네.
이른 벼는 푸른 담요 실오라기를 뽑아놓은 듯하고,

새로 나온 부들은 푸른 비단 치마끈처럼 하늘거리네.
내가 항저우를 버리고 떠나지 못하는 것은
절반은 이 서호가 내 마음을 붙잡고 있기 때문이라네.

백거이는 이렇게 서호에 대한 자신의 애정을 보여주고 있는데, 어느 봄
날 서호의 아름다운 풍경을 바라보며 항저우를 차마 떠나지 못하는 안타
까운 심정을 노래하고 있다. 이처럼 서호는 백거이나 소식을 비롯한 수많
은 문학가가 열렬히 노래했듯이 중국인의 마음속에 언제나 아름다움의
고향으로 굳게 자리잡고 있는 듯하다. 천상의 도시를 누릴 수 있는 희망을
간직하고픈 심정으로.

뇌봉탑에 얽힌 백사 이야기

항저우에서 서호와 더불어 사람들의 이목을 끄는 것은 아무래도 석양
의 풍경으로 유명한 뇌봉탑일 것이다. 뇌봉탑은 민간에서 황비탑皇妃塔이
라고도 불렸는데, 북송 때 오월吳越의 왕인 전홍숙錢弘俶이 석가모니의 사
리를 봉안하기 위해 세우면서 서관전탑西關磚塔으로 불렀다가 축조된 이
후 황비의 득남을 기념하여 황비탑으로 부르게 했다. 탑은 원래 5층으로
건립되었는데, 안에는 벽돌을 쌓아 중심을 잡았고 바깥은 목조로 덧대어
누각식의 형태로 완성했다. 그 후 오랫동안 웅장하고 화려한 모습을 자랑
하다가 명나라 때 왜구의 침략으로 불에 타서 벽돌로 된 탑신塔身만 남게
되었다.

뇌봉탑에서 서호를 바라보며 붉게 물든 경관을 감상할 때면 슬프면서
도 아름다운 사랑 이야기인 '백사전'이 먼저 떠오른다. 백사전은 남송 때

서호 10경 중 하나인 뇌봉석조(해 질 무렵 호수 맞은편에서 바라본 뇌봉탑의 신비롭고 아름다운 경관). ⓒ pixabay

부터 여러 차례 각색되어 민간에 전해 내려오다가 명나라의 풍몽룡馮夢龍
에 의해『경세통언』28권「백낭자가 영원히 뇌봉탑에 갇히다[白娘子永鎭雷峰
塔]」에 완정하게 하나의 이야기로 기록되었다.

남송 때 항저우에서 백사 한 마리가 1,000년 동안 수련하여 아름다운 여
인인 백낭자로 변신했다. 그녀는 청어靑魚 요괴인 소청小靑과 더불어 서호
에 놀러 오게 되었다. 마침 단교斷橋를 지나게 되었는데, 사람들 중에 허선
을 발견하고 은근히 마음속으로 좋아하게 되었다. 이때 그녀와 함께 놀러
온 소청은 도력으로 갑자기 비를 내리게 했는데, 허선이 비를 맞고 있는
백낭자 일행을 보고 안타까운 마음에 우산을 빌려준다. 백낭자는 허선의
순수하고 착한 마음에 감동했고, 허선도 그녀의 아름다운 모습을 보고 사
랑에 빠지게 된다. 이후 허선과 백낭자는 부부가 되어 행복하게 살아간다.

백사 전설을 각색하여 공연하는 중국 전통극. ⓒ flickr

하지만 법해法海 승려가 나타나 허선에게 백낭자는 1,000년 묵은 뱀의 요
괴라고 알려주면서 두 사람의 사랑이 점차 위태로워진다. 이어서 그는 백
낭자를 의심하는 허선에게 백낭자의 본모습을 나타나게 하는 방법을 알
려주고, 허선에게 바리때(절에서 쓰는 승려의 공양 그릇)를 주면서 백낭자에게 씌
워 그 안에 가두게 한다. 법해는 바리때를 봉하고 난 다음 뇌봉사雷峰寺 앞
으로 가져와 그 위에 뇌봉탑을 쌓는다.

　백사 전설은 『경세통언』에 기록된 내용 외에도 많은 내용이 덧붙여지고
바뀌면서 다양한 이야기로 전해졌다. 그 과정에서 백낭자는 요괴이지만
사람보다 더 사람 같은 마음씨를 가진 인물로 그려졌고, 또한 백낭자가 아
이를 가진 설정으로 바뀌 그녀의 애처로움을 더욱 드러냈다. 허선 역시 백
낭자가 뱀의 요괴임을 알고 그녀에게서 도망치려는 인물에서 오히려 사
랑을 지키려고 자신을 희생하는 인물로 그려졌다. 소설 작품에서는 백낭
자가 뇌봉탑에 갇히면서 허선과 영원히 이별하는 것으로 마무리되지만,

녹음이 우거진 서호의 뇌봉탑. ⓒpixabay

사람들은 그렇게 슬프게 끝나는 것을 결코 원치 않았다. 그래서 두 사람의 정성에 하늘이 감동하여 백낭자를 풀어주고 두 사람은 아이를 낳아 행복하게 살았다는 이야기나, 그들의 사랑을 방해한 법해를 물리치고 자유를 찾는다는 이야기를 삽입하여 행복한 결말을 이끌어내기도 했다. 백낭자를 뇌봉탑의 굴레에서 영원히 벗어나게 하고픈 사람들의 간절한 마음이 은연중에 작용했는지도 모르겠다. 『경세통언』의 마지막 부분에서 법해는 백낭자를 뇌봉탑에 가둔 뒤 이렇게 말했다. "뇌봉탑이 무너져야만 백사가 세상 밖으로 나오리라!"

그런데 1924년 9월 25일, 정말로 뇌봉탑이 무너져버렸다. 오래전부터 전해 내려오는 이야기가 사실이 되는 순간이었다. 사람들은 뇌봉탑 안에 과연 전설 속의 백사가 있는지 궁금해했다. 이러한 관심은 중국의 문학가인 루쉰魯迅도 예외가 아니었다. 그는 뇌봉탑이 무너진 일을 두고 발표한 글에서, 어렸을 때 들었던 백사 이야기와 함께 자유와 행복을 쟁취하기 위

1910년의 뇌봉탑. © wikipedia

1919년의 뇌봉탑. © wikimedia

해 저항한 백낭자의 정신을 예찬했다. 하지만 그 이듬해에 발표한 글에서 그는 걷잡을 수 없는 분노와 안타까움을 드러냈다. 사실 이 지역에서는 뇌봉탑의 벽돌을 집에 두거나 부적으로 사용하면 집안이 두루 평안하고 모든 일이 뜻대로 이루어진다는 미신이 있었다. 또한 벽돌을 갈아서 먹으면 병이 낫는다는 풍습도 있었다. 이 때문에 항저우 사람들은 오랜 세월 동안 조금씩 탑 밑에 있는 벽돌을 몰래 가져가 액운을 쫓거나 질병 치료의 방편으로 사용했다. 그 결과로 뇌봉탑은 무게를 이기지 못해 무너져버린 것이었다. 루쉰은 뇌봉탑이 무너진 원인을 이야기하면서 당시 사람들의 무지함과 이기주의를 강렬하게 비판했다.

2000년에 들어와 뇌봉탑은 다시 세워졌는데, 지금의 탑은 옛 모습과 사뭇 다르다. 5층 동탑銅塔으로 웅장하게 지어졌고, 탑 안에 있는 계단으로 올라가거나 편리하게 에스컬레이터를 이용해 꼭대기에 이를 수 있다. 원래의 탑 일부를 내부에 그대로 두어 옛 탑의 흔적을 같이 살펴볼 수 있다.

꼭대기 층에 오르면 항저우 시내가 한눈에 내려다보이고, 서호의 잔잔함과 평온함을 동시에 만끽할 수 있다. 이제는 예전처럼 사람들이 탑의 벽돌을 빼가는 일이 없어서 천재지변이 아니고서야 무너질 걱정은 없다. 그 옛날 백낭자와 허선이 사랑을 나누었던 그곳을 바라보면 왠지 모르게 젖어드는 감상에 저절로 눈물 한 방울 떨구게 되는 것은 유독 나뿐일까?

김명구

대만국립정치대학과 대만국립사범대학에서 중국 문학을 연구했으며 지금은 명지대학교 중어중문학과 교수로 재직 중이다. 현재 중국 소설과 문화 관련 연구를 진행하고 있으며, 문학 관련 저서를 우리말로 옮기는 일을 하고 있다. 지은 책으로『접속과 단절 – 중국 화본소설의 인간과 귀혼』,『인물과 서사 – 중국 화본소설의 인물 관계와 인물 변화』,『중화미각』등이 있고 옮긴 책으로『외롭고 쓸쓸한 사람 가운데』등이 있다.

08

왕희지의 붓끝 서린 풍류지

천대진

'붓글씨' 하면 누구나 한 번쯤 떠올리는 인물들이 있다. 김정희, 한석봉, 안진경, 그리고 왕희지. 역대로 글씨로 이름난 이가 어디 한둘이겠는가마는 그래도 이들의 이름만큼은 너나없이 낯익다. 샤오싱紹興 난정蘭亭을 이야기하면서 왜 뜬금없이 붓글씨 이야기를 할까 의아할 테지만, 난정은 왕희지 붓글씨의 예술적 경지를 한껏 느껴볼 수 있는 몇 안 되는 명소 중 하나이다.

내 인생에서 붓글씨가 각별하게 다가온 경험이 더러 있었지만, 그래도 결정적인 계기를 꼽으라면 바로 송 휘종의 글씨를 접하고서였다. 그간의 공부가 송대와 연관되어 있어서인지 송 휘종의 글씨를 볼 기회가 더러 있었는데, 특히 「규중추월閨中秋月」이나 「하일夏日」 등의 시를 적은 서첩을 처음 접했을 때 나는 순간 시간이 멈춘 듯했다. 글씨가 줄 수 있는 감흥이 어떤 것인지 비로소 깨달은 시점이었다. 북송의 멸망과 함께 운명을 달리한 비운의 군주 휘종은 생전에 해서, 행서, 초서 할 것 없이 다양한 서체에 능

날렵하면서도 세련된 느낌을 주는 송 휘종의 「규중추월」.

했고, 특히 '수금체痩金體'로 불리는 날렵하면서 독특한 서체는 수많은 서예 애호가가 흠모하며 모사하는 필체로 남아 있다.

이후 글씨에 대한 관심은 자연스럽게 천하의 '성필聖筆'로 이름난 왕희지에게로 옮겨갔다. 지금 이야기할 난정 또한 왕희지와 인연이 각별한 곳이다.

청명한 물, 술 한 잔, 시 한 수

난정은 저장성 샤오싱 서남쪽에 위치한 정자다. 전하는 바에 따르면 춘추시대 월왕 구천이 여기에 난초를 심었다 하고, 한대에 역참을 설치한 후 그 이름을 난정이라 했다고 한다. 현재의 장소는 명 가정 연간에 군수로 부임한 심계가 중건한 것이며, 이후 몇 차례 개축되다가 문화대혁명 때 크게 훼손되고 말았다. 1979년에 전면적으로 복원되면서 명청원림의 기풍을 담다 보니 아무래도 원래의 난정과 크게 달라졌을 것으로 보인다. 지금의 난정은 비록 춘추시대나 동진 때의 모습을 간직하고 있지 않지만 2,000년에 가까운 세월의 한파를 말없이 이겨내며 우리에게 고고한 역사를 전한다. 현재는 '국가 4A급 여행 지역'으로 지정되어 숱한 서예가가 꿈에라도 가보고 싶은 여행지 중 하나로 그 명성을 이어가고 있다.

난정의 옛 경치는 왕희지가 쓴 「난정서蘭亭序」의 한 대목을 통해 어렴풋이 그려볼 수 있다.

> 영화 9년 계축년 늦은 봄 초순에 회계 산음현 난정에서 모인 것은 계사를 치르기 위함이다. 여러 어진 분들이 모두 오셨는데 젊은 사람, 나이 든 사람 할 것 없이 다 오셨다. 이곳은 높은 산, 큰 고개와 무성한 숲, 긴 대나무가 있고, 또 세차게 흐르는 맑은 여울물이 좌우를 비추며 띠처럼 둘러 있어서 그 물을 끌어다 유상곡수를 만들고 차례대로 벌여 앉으니, 비록 관악과 현악이 함께하는 성대함은 없으나 술 한 잔 들고 시 한 수 읊으며 그윽한 정을 펼치기에는 충분하구나.*

난정은 애초에 장엄하고 화려한 명산대첩을 논할 만한 곳은 아니나 풍류지로 손색없는 천혜의 자연조건이 있었고, 특히 맑은 물이 세차게 흐르고 있어서 벗들과 유유자적하며 술잔을 기울이기에 알맞은 곳이었던 듯하다. 흐르는 물을 끌어다 유상곡수流觴曲水를 만드는 것이 당시부터 유행이었던지 경주의 포석정에 가보았다면 난정에 가보지도 않고 머릿속으로

---

* 「난정서」 원문 참조.

그 전경을 그려볼 수 있을 것이다. 성대한 산해진미나 음악 없이도 청명한 물 위로 떠오는 술잔 부여잡고 멋들어진 시 한 수로 안주 삼았으니 동진의 명사들이 즐기던 풍류가 새삼 부럽다. 그들의 풍류가 꽤나 오랜 시간 세간에 화제가 되어서인지 난정의 유상곡수를 찾는 수많은 여행객은 저마다 한 자리씩 차지하고 왕희지가 된 듯, 신선이 된 듯 그 멋과 정취를 느껴보고 싶어 한다.

난정에는 이름난 장소가 유독 많지만, 실상 난정을 제대로 이해하려면 '일서一序', '삼비三碑', '십일경十一景'을 알아야 한다. 여기서 '일서'란 바로 「난정서」를 말하고, '삼비'란 아지비鵝池碑 · 난정비蘭亭碑 · 어비御碑를 말하며, '십일경'이란 아지鵝池 · 소란정小蘭亭 · 유상곡수流觴曲水 · 유상정流觴亭 · 어비정御碑亭 · 임지십팔강臨池十八缸 · 왕우군사王右軍祠 · 서법박물관書法博物館 · 고역정古驛亭 · 지진之鎭 · 약지藥池를 말한다.

난정의 일서, 삼비, 십일경은 각각의 이름마다 흥미진진한 이야기를 담고 있어서 그 하나하나를 알아가는 재미가 있지만, 알고 보면 이들 대부분이 이제부터 이야기할 인물과 인연을 맺고 있다. 그가 바로 왕희지다.

왕희지와 명사들의 만남

왕희지王羲之(303~361년, 혹은 321~379년)는 동진 시대의 인물로, 훗날 구양수의 취옹정이 있는 곳으로 이름난 낭야琅琊 임기臨沂 사람이다. 예서, 초서, 해서, 행서 할 것 없이 각종 서체에 능했던 그는 한·위 때 유행하던 서체를 초월하여 일가를 이루게 되면서 후대에 지대한 영향을 끼쳤다. 일찍이 아버지를 여읜 왕희지가 서체와 회화에서 재능을 발휘할 수 있었던 것은 백부 왕익의 영향이었으나, 훗날 그는 노장 철학과 유가의 중용의 도가 모두

서예를 예술의 경지로 끌어올린 왕희지.

녹아 있는 간결하고 심원하며 부드럽고 온화한 서체를 발전시켰다.

왕희지가 살았던 동진 시대에는 노장 사상을 숭상하는 사회의 자유로운 분위기로 인해 유가에서 강조하는 장유유서에 얽매이지 않고 윗사람과 아랫사람 가릴 것 없이 서로 매우 활발하게 품평을 했으며, 지위 고하를 막론하고 호평과 악평을 주고받는 일도 빈번했다. 이러한 기풍은 남북조 때 나온 『세설신어世說新語』에 잘 묘사되어 있는데, 왕희지는 당시 뛰어난 재능과 서체로 이름나서인지 이 책에 무려 44회나 등장하는 명사였다는 점도 이채롭다.

왕희지가 아직 어렸을 때 흉노의 침입으로 서진이 쇠하고, 강남으로 터를 옮긴 동진에 이르러 양대 서파로 갈라져 있던 북방과 남방이 융합함으로써 한편으로는 새롭고 빼어난 서법이 만들어질 수 있는 환경이 조성되기도 했다. 그러나 왕희지는 족백 왕돈王敦의 반란 사건과 소준蘇峻의 반란 등으로 토착 세력과 이주 세력 간의 권력투쟁과 급변하는 정치 풍파를 오롯이 느끼며 성장기를 보냈다. 반란을 일으킨 주체인 왕씨 가문의 자손이었음에도 온전할 수 있었던 것은 당시 원제元帝와 돈독한 관계였던 종백부 왕도王導가 조복을 벗고 스무 명 남짓한 왕씨 가문의 자제들을 거느리고 밤낮으로 궁궐 문 앞에서 죄를 청하는 기민하고 현명한 대처가 있기도 했지만, 북방에서 이주해온 황제가 토착 문벌 귀족에게 큰 힘을 쓰지 못했던 시대 상황 또한 작용했다.*

이후 성장하여 관직에 나아가서는 비중 있는 직책을 두루 맡기도 한 왕희지는 동진 말 성제에 이르러 아홉 명의 황제가 단명하며 교체되는 혼란기를 거치면서 사이가 좋지 않던 왕술이 득세해 정치 보복을 가하자 더 이상 벼슬을 하지 않겠다는 맹세를 하고 은거했다.

당시 정치와 계급 간의 첨예한 모순과 대립은 사인들로 하여금 불안정한 사회 분위기 속에서 화를 면하기 위해 산수에 은거하며 유유자적하거나, 음주와 복약에 심취하는 등 청담의 기풍이 만연하게 했다. 산수를 좋아하고 도교를 신봉하여 평소 도교에 심취한 친구가 많았던 왕희지는 그들과 함께 산수를 유랑하고 풍류를 즐겼으며, 만년에는 관료 사회의 이권 다툼으로부터 자유로워지고자 했다. 난정수계蘭亭修禊를 열어 명사들과 모인 것도 바로 이런 맥락에서 이해할 수 있다. 왕희지는 노년에 섬현 금정으로 옮겨가 은거하며 정치를 멀리했지만, 서예를 감상의 대상이 될 만큼 예술의 경지로 끌어올린 것은 그 누구도 이루지 못한 그만의 성과였다.

천하제일행서

왕희지의 문학 성취에서 대표작으로 꼽히는 것으로는 「난정서」와 「이부시랑 사만에게 보내는 편지」가 있다. 그중에서도 「난정서」는 그 필체가 유려하고 멋들어져 다시없을 명필로 이름났음은 물론, 앞에서는 풍경을 묘사하고 뒤에서는 이치를 논한 글의 형식으로 후세에까지 철학적 이치를 담은 산문에 큰 영향을 끼친 것으로 평가된다.

진나라 목제 영화 9년(353)의 늦봄 3월 3일에 왕희지는 사안謝安, 치담郗曇,

---

* 곽렴부 지음, 홍상훈 옮김, 『왕희지 평전』, 연암서가, 2016 참조.

논리 정연하고 헛된 꾸밈이 없는 「난정서」 초산석각焦山石刻. © unsplash

손작孫綽, 손통孫統, 이충李充, 지둔支遁, 허순許詢, 왕응지王凝之, 왕휘지王徽之, 왕헌지王獻之 등을 포함한 42명의 명사를 샤오싱 난계강 가로 초청하여 흐르는 물에 몸을 깨끗이 씻고 신께 빌어 재앙을 없애고 복을 기원하는 모임을 열었다. 성대한 연회를 베푸는 가운데 참석한 사람들과 더불어 시를 지었는데, 왕희지는 명사들을 초청한 맹주로서 이들 시의 서문을 썼다. 이것이 바로 그 유명한 「난정서」다.

「난정서」는 풍경을 묘사하고 이치를 논하는 모든 측면이 난정의 모임을 중심으로 기술되어 있으며, 논리가 정연하고 헛된 꾸밈이 없다. 왕희지는 난정 모임의 목적을 통해 논의를 끌어내고, 나아가 자신의 견해를 피력했다. 『고문관지古文觀止』에 전하는 「난정서」에 대한 평을 살펴보면 다음과 같다.

작품 전체가 '삶'과 '죽음'이라는 두 개념에 착안하고 있다고 했다. 당시 사대부들은 청담에만 힘쓰고 실질적인 효과를 생산한 경우는 드물어서,

물의 도시 샤오싱. © adobe stock

삶과 죽음을 하나로 여기고 장수하고 요절하는 것을 똑같이 취급하기만 했을 뿐 세상을 경영할 원대한 책략은 제시하지 못했다. 그러므로 풍경을 보고 감흥이 일어나 우주를 우러르고 세상을 굽어살펴도 가슴 아프기 짝이 없었던 것이다. 그러나 왕희지는 활달한 사람인지라 처량하고 슬픈 글 속에 속되지 않은 정취를 무궁하게 담을 수 있었다.*

왕희지는 산수 속에서 뜻이 맞는 명사들과 함께 회포를 풀고 풍류를 즐기면서도 시대에 대한 비탄한 심정을 토로했다. 또한 소박하고 조화로운 서술적 언어를 통해 자신의 감정과 세상의 이치에 대해 이야기했다. 난정

---

* 곽렴부 지음, 홍상훈 옮김, 『왕희지 평전』, 연암서가, 2016 참조.

의 모임에서는 모두 26명이 즉석에서 시를 지었고 모임을 주관한 왕희지
도 두 수를 지었는데, 그 첫 수를 보면 그의 마음이 상당히 고양되어 있음
을 알 수 있다.

> 세월 바뀌는 일이 물고기 비늘처럼 촘촘하여
> 어느새 이곳에 온 지도 일 년이 되었구나
> 기꺼워라 이제 늦봄이 되고 보니
> 따스한 공기에 부드러운 바람 실렸다네
> 저 무우대*에서 노래하던 이들과는
> 시대는 달라도 같은 부류일 테지
> 이에 뜻 맞는 벗들의 손을 잡고
> 어느 언덕에서 회포를 풀리라

한편 왕희지가 쓴 「난정서」는 현재 그 진·위본에 대한 논란이 많다. 우
선 청나라 말엽의 이문전과 현대문학의 거두 궈모뤄는 이 서첩의 문장과
글씨가 모두 후세 사람의 모사본이거나 위조된 것이라고 주장했다. 즉 동
진 시기의 것으로 출토된 여러 묘지墓誌와 비교했을 때 당시는 아직 예서
의 단계에 머물러 있었던 것으로 판단되는데, 왕희지의 글씨는 당나라 이
후의 해서 필법과 일치한다는 것이다. 반면 왕희지의 서예가 당나라 때의
서예를 닮은 것이 아니라 오히려 당나라 때의 서예가 왕희지의 맥을 계승
한 것이라는 시각도 있어서 양자 간에는 견해 차이가 있다.

또 하나는 당 태종과 「난정서」에 얽힌 일화다. 당 태종은 일찍이 「난정

---

* '무우'라는 말은 『논어』 「선진」 편에 공자의 제자 증석曾晳이 '제자들과 함께 기수沂水에서 목욕하고 무우舞雩
에서 바람 쐬고 노래 부르며 돌아오겠습니다'라고 한 구절에 나온다. 따라서 여기서 말하는 다른 시대의 인물은
바로 공자를 가리킨다.

서」에 특별한 관심을 가지고 있었는데, 당시 변재라는 승려가 「난정서」의 진본을 소유하고 있다는 소식을 듣고 우여곡절 끝에 그 진품을 얻게 되었다. 그러고 나서 뛰어난 서예가들을 시켜 10여 장의 모사본을 만든 뒤 고관대작들에게 나눠주었고, 임종할 때 부장품으로 진본 「난정서」를 함께 묻어달라는 유언을 남김으로써 진본은 태종의 왕릉에 부장되었다는 것이다. 따라서 이 일화가 사실이라면 오늘날 남아 있는 「난정서」는 모두 진품이 아닌 모사본이라는 것인데, 현재 전하는 모사본의 종류만 110여 종에 이른다. 그중에 우세남, 풍승소 등이 모사한 「난정서」를 통해 우리는 왕희지 글씨의 풍격을 어렴풋이나마 감상할 수 있으며, 특히 풍승소의 모사본이 진본과 가장 가깝다는 평가를 받고 있다.

유배거와 유상곡수연

난정의 십일경 중 내가 유독 호기심을 갖게 된 것은 바로 유상곡수다. 유상곡수는 곡수유상이라고도 하며, 구불구불 흐르는 물을 따라 술잔이 떠가다가 누군가의 앞에 멈추면 그 사람이 잔에 담긴 술을 마시고 시를 한 수 짓되, 시를 짓지 못하면 서 말의 벌주를 마시는 것이다.[*] 동진의 이러한 풍류적인 시회 방식은 아마도 이후 500년이 지난 통일신라시대까지 널리 유행한 듯하다. 경주에 있는 포석정이 바로 유상곡수연을 벌인 유적이라는 것은 학창 시절에 경주를 거쳐간 사람이라면 누구나 알 만하다. 그리고 흥미롭게도 동진 시대 이후에는 유상곡수연을 벌이기 위해 유배거流杯渠라는 다소 인공적인 구조물이 황제나 왕이 사는 곳곳에 만들어졌는데,

---

* 곽렴부 지음, 홍상훈 옮김, 『왕희지 평전』, 연암서가, 2016 참조.

유상곡수연을 벌이기 위해 만들어진 경주 포석정지. © 문화재청

중국 베이징의 고궁과 중남해, 청더의 피서산장, 일본 나라시의 헤이조궁, 조선의 창덕궁, 경주의 포석정지에도 있다.

하지만 난정의 유상곡수는 후대의 인공적인 유배거와 달리 자연을 한껏 만끽할 수 있는 구조라는 점에서 요즘 말하는 '원조'의 품격을 갖추고 있다. 진귀한 화석花石으로 치장한 유배거는 제왕과 고관대작이 즐기던 곳이니 그 멋스러움이 더할 나위 없겠지만 세상의 어느 구조물이 자연과 함께 혼연일체가 된 멋스러움에 비할 수 있을까! 창덕궁 뒤뜰의 유배거 또한 인공적이고 화려한 유배거와 달리 자연과 하나 된 멋스러움이 있다. 어디가 되었든 아직 저기 저 자리에서 시 한 수 읊어보지 못하고, 서 말의 벌주를 마셔보지 못한 나로서는 시가 되었든 벌주가 되었든 꼭 거쳐가고픈 '버킷 리스트'로 남아 있다.

난정은 샤오싱을 대표하는 역사적·문학적 명소다. 그곳은 왕희지라는 한 걸출한 인물과 인연이 닿아 있고, 그를 흠모했던 청 강희제의 각별한 애정으로 더욱 신성시된 곳이기도 하다.

우리는 인물을 찾다가 명소를 발견하기도 하고, 어느 명소를 생각 없이 유람하다가 뜻하지 않게 그곳과 인연이 있는 인물을 발견하기도 한다. 어느 쪽이 되었든 여행은 내가 알고 있던 반쪽짜리 지식을 채워주는 세상 공부다. 난정은 역사와 인물과 문학과 풍류가 멋들어지게 어우러졌기에 유람과 명상과 힐링의 점 하나를 찍고 돌아올 수 있는 곳이다.

천대진

경희대학교를 졸업하고 경상대학교에서 중국 고전소설을 연구했으며, 현재 경상대학교와 인제대학교 등에서 객원교수로 활동하고 있다. 중국 고전소설 관련 번역과 연구에 전념하고 있으며, 특히 중국 문화와 문화콘텐츠에도 관심이 많다. 옮기고 쓴 책으로는 『삼언, 소설이 된 역사인물』, 『역주 선화유사』, 『중국 소설을 통해 본 역사·문학·문화콘텐츠』, 『동아시아 고전의 이해』 등이 있다.

이민자의 유토피아

 푸젠 토루

이유라

　산속 마을 중에서도 가장 깊은 곳에 드문드문 작은 창이 나 있는 거대한 건물이 산봉우리처럼 서 있다. 그 누구도 마음대로 들어올 수 없다는 단호함을 가진 흙벽을 따라 하나밖에 없는 문을 열고 들어서면 황량한 외벽과는 전혀 다른 세계가 펼쳐진다. 고요하고 적막해 보이기까지 하던 흙벽의 안은 적당한 소음과 분주함이 주는 평온함을 품고 있다. 층층마다 소박한 빨래와 건조 중인 식재료가 난간에 펼쳐져 있고 칸칸마다 사람들이 바쁘게 움직인다. 문 하나를 넘었을 뿐인데 일상을 살아내는 사람들의 안온한 삶이 이곳, 토루土樓에 있다.

오랑캐의 땅으로 간 사람들

　중국 남동부에 위치한 푸젠福建은 '민閩'이라는 별칭을 가지고 있다. 한

원형 토루 중 하나인 회원루懷遠樓 외벽. © shutterstock

자 '민閩'을 가만히 살펴보면 문 앞에서 서성이는 벌레가 보인다. '민'은 중원이라는 문명의 문턱을 넘지 못한 벌레, 즉 남쪽 오랑캐를 뜻한다. 제갈량이 일곱 번 다 풀어준 남만왕 맹획이 이 남쪽 오랑캐의 대표적 인물이다. 그런데 오래전에 이 변방으로 이주해온 한족이 있었으니, 바로 객가족客家族이다. 난세와 치세가 갈마드는 것이 역사의 숙명이라면 그 속에서 부침을 감내하는 것은 인간의 운명이라 할 수 있다. 혼란스러운 중원을 떠나 변방의 오랑캐 땅으로 이주한 한족들, 그들은 그 이름대로 손님이었고 영원한 이방인이었다.

객가의 기원을 진시황 때까지로 보기도 하지만 대개 서진 시기에 영가의 난을 피해 남쪽으로 이주한 한족들로 보고 있다. 당나라 때에도 혼란을 피해 남쪽으로 이주한 한족들이 있었지만 가장 본격적인 이주가 이루어진 것은 남송 시기다. 이 시기에 객가의 인구가 두 배로 증가했다. 명말 청초의 왕권 교체기에도 많은 객가가 생겨났다. 그들이 찾은 보금자리는 불행인지 다행인지 매우 척박한 산지였고 그중에서도 가장 험하고 깊은 곳이었다. 『도화원기桃花源記』의 사람들이 난을 피해 산속으로 숨어든 것과 같이 객가들은 산속 마을에 자신들만의 성채 같은 집을 짓고 다시 희망을 품었다.

푸젠의 서쪽에는 무이산맥이 솟아 있고, 동쪽과 남쪽은 바다와 접해 있다. 지형의 90퍼센트 이상이 험준한 산지여서 일찍이 해상무역이 발달했다. 마르코 폴로와 이븐 바투타가 세계 최대의 항구도시라고 묘사한 취안저우를 비롯해 샤먼, 푸저우 등 굵직한 교역 도시가 모두 푸젠 해안에 자리하고 있다. 해상교역으로 물자가 집중되는 지역이었지만 황제로부터 먼 곳이었기에 도적떼가 끊이지 않았다. 그래서 이곳의 가옥은 외벽으로 집 전체를 둘러싸는 형태가 발달했다. 객가는 여기에서 힌트를 얻어 외벽의 두께와 높이를 늘이고 외벽이 곧 집이 될 수 있게 지었다. 여러 가정이 함께 거주하도록 설계하여 방어에 힘썼다. 토루는 그렇게 만들어진 객가의 집이자 요새였다.

객가의 시작점

역사적으로 푸젠의 객가족들은 장시성에서 무이산맥을 넘어 푸젠으로 들어왔다. 이는 토루의 형태를 통해서도 알 수 있는데, 푸젠 서부의 객가 문화 지역은 다층 토루가 적고 중원의 정원식 가옥이 상대적으로 더 많다. 푸젠 남쪽으로 내려갈수록 다양한 형태의 토루를 볼 수 있으며, 이는 객가인들의 이동 경로와 일치한다. 다시 말해 객가들은 이주 초기에 중원의 정원식 가옥을 짓고 살았고 이후 민남 고유의, 방어적 기능이 강화된 가옥을 학습하고 이를 자신들의 문화와 목적에 맞게 변형시켰다. 객가인들은 빠

전라갱 토루군. 가운데에 있는 네모난 토루가 보운루다. © shutterstock

르게 푸젠 남쪽으로 거주지를 확장했고 현존하는 토루의 대부분이 이러한 객가의 자취라 할 수 있다.

이처럼 토루는 객가의 시작이자 역사다. 모든 것의 처음에는 항상 이야기가 있는 법, 창세신화가 그러하고 건국신화나 시조신화가 그러하다. 그래서인지 유독 토루에는 이야기가 많다. 사연 많은 객가들이 타지에 와서 만든 새로운 유토피아는 이야기를 품을 수밖에 없는 운명이었을 것이다. 전라갱田螺坑 토루군에서 가장 오래된 보운루步雲樓는 황씨 집안의 토루다. 그들의 조상이 이곳 장저우로 이주한 지 얼마 되지 않았을 때였다. 어느 날, 논에서 일을 하고 있는데 비범한 외양의 우렁이 한 마리를 발견한다. 오리가 잡아먹으려 하자 황씨 조상은 우렁이를 살려준다. 그날 저녁 일을 마치고 집에 돌아오니 맛있는 저녁 식사가 차려져 있었다. 다음 날에도, 그다음 날에도 똑같은 일이 벌어졌다. 4일째 되는 날, 자신을 위해 요리를 해주는 고마운 사람이 궁금했던 그는 밭일을 갔다가 평소보다 일찍 집에 돌아왔다. 놀랍게도 선녀같이 아름다운 여인이 집 안에 있었다. 그녀는 다름 아닌 자신이 구해준 우렁이의 화신이었다. 그리고 그들은 부부의 연을 맺는다. 여인은 토루를 지을 것을 제안했고 둘은 힘을 합쳐 보운루를 지었다. 이후 자손이 번성하면서 더 많은 토루를 지었고 그 토루들이 지금의 전라갱 토루군이 되었다. 우리의 우렁각시 이야기와 닮은 이 전설은 할머니가 들려주는 전래 동화처럼 소박하고 따뜻하다. 하지만 그 이면에서 우리는 이주와 정착에 정당성과 신성함을 부여하고 가문과 조상을 중심으로 결속을 강화하고자 하는 의지를 읽어낼 수 있다.

700년이 넘은 흙벽 아파트

푸젠의 대표적인 토루군은 영정현, 남정현, 화안현에 위치해 있다. 영정현에만 2만 3,000여 개의 토루가 있고 나머지 지역에 수백 개의 토루가 집중되어 있다. 토루는 송대부터 지어지기 시작해서 명대에 가장 많이 지어졌다. 명대를 거치면서 네모난 방형 토루는 원형, 반원형, 팔괘형 등 다양한 형태로 발전했다. 현재 이 세 토루군에 남아 있는 토루의 3분의 1 정도는 청대 이전에 만들어졌고, 현존하는 가장 오래된 토루는 1308년에 지어진 남정현의 유창루裕昌樓이다. 수백 년이나 된 흙벽 아파트라니, 그저 놀라울 따름이다. 돌도 아닌 흙으로 만든 아파트가 이렇게 긴 시간 동안 건재한 것은 흙벽의 주재료인 점토와 사토에 찹쌀, 흑설탕, 대나무, 삼나무 등과 같은 비법 재료를 섞었기 때문이다. 재료들을 잘 섞어 흙벽돌을 만들고 그것을 쌓아 외벽을 완성한다. 흙벽 안쪽은 못을 사용하지 않고 목재를 짜 맞추는 방식이다. 대개 한 층의 토루를 쌓고 흙벽을 굳히는 데 1년 정도

현존하는 가장 오래된 토루인 유창루 안마당에서 올려다본 하늘. © shutterstock

가 소요된다.

　토루는 모양에 따라 크게 방형과 원형으로 나뉜다. 초기의 토루는 방형이 많고 후대로 갈수록 원형 토루가 많아진다. 원형 토루는 모든 공간을 균등하게 분할할 수 있고 건축 재료를 절약할 수 있으며 방어에 더 유리했다. 거대한 토루의 중정에 들어서면 마치 원형경기장의 한가운데에 서 있는 느낌이 들 만큼 규모가 엄청나다. 하나의 토루는 하나의 마을이라고 해도 과언이 아니다. 많게는 900여 명이 함께 살았지만 대개는 500~600명 규모로 지어졌다. 입주 조건은 단 하나다. 같은 성씨여야 한다는 것. 초기에는 하나의 집성촌이 온전히 토루 한 채를 사용했지만, 시간이 지나면서 여러 집성촌이 하나의 토루에 함께 살거나 친인척이 아닌 외부인도 토루에 입주하게 되었다.

　토루는 폭이 1.7미터 이상 되는 흙벽을 담장처럼 둘러 외벽을 쌓고 그 안쪽으로 생활공간을 배치한다. 외벽의 안쪽은 각 층마다 복도와 난간으로 전체가 이어져 있다. 복도식 아파트의 양끝을 붙여놓은 형태와 같다. 외부로는 창이 거의 없지만 내부로는 문과 창문을 마음껏 내놓았다. 보통 4~5층 규모로 지어지는데 1층은 화장실, 주방, 식당, 창고, 축사 등과 같은 공용공간이고 2층은 저장고, 3층부터는 침실이다. 모든 토루의 1층에는 반드시 우물이 있고 중심에는 조상신이나 수호신을 모시는 사당이 있다. 대개 한 가정이 하나의 토루 유닛을 배정받는다. 호텔식으로 방 하나하나를 분배하는 것이 아니라 1층부터 5층까지 세로로 한 칸을 배정한다. 복층 아파트 수십 채를 병렬로 연결해놓은 구조다. 한 유닛은 그 안에서 수직으로 이동이 자유롭고 몇 개의 유닛마다 공동 계단이 설치되어 있다.

　그렇다면 각각의 침실은 어떻게 배정하는 것일까? 모든 가정에 똑같이 적용되지는 않지만 보통은 부모가 가장 높은 층의 침실을 사용한다. 예를 들어 4층짜리 토루라면 부모는 4층, 자녀는 3층을 사용한다. 재미있는 점은, 자녀가 결혼하여 가정을 꾸리게 되면 자녀 부부와 부모가 방을 바꿔 자녀 부부는 4층을, 부모는 3층을 사용한다. 이는 신혼부부에게 전망이 좋

원형 토루의 안쪽 모습. © shutterstock

고 층간소음이 없는 방을 주기 위함이 아니라 자녀 부부를 집안을 이끌어
가는 중심이자 가장으로 인정한다는, 매우 상징적인 행위다. 가장 높은 방
에서는 더 멀리 살필 수 있기에 적을 먼저 알아차려야 하고 가장 먼저 재
해를 감지하거나 대비해야 하기 때문이다.

닫힌 공간, 그러나 한없이 열린 곳

많은 세대가 생활하는 공동주택인데도 토루에는 출입문이 하나뿐이다.
두껍고 높은 흙벽과 유일한 출입구는 방어를 주목적으로 한 토루의 정체
성을 여실히 보여준다. 창 역시 외부의 침입에 대비하여 외벽에서 바깥을
향한 창이 1·2층에는 아예 없고 3층부터 작은 창이 나 있을 뿐이다. 3층
이상의 높이에서도 큰 창을 만드는 건 위험하기 때문에 최대한 바깥쪽은
작게 만들고 벽의 두께를 활용하여 안쪽으로 점점 벌어지도록 창문 주변
을 곡선으로 둥글렸다. 그리하여 작은 창으로 들어오는 햇빛이 나팔 모양

의 벽 곡선을 따라 방 안 전체를 밝게 비추게 된다.

영정현의 승계루 承啓樓는 다른 토루들에 비해 방어에 좀 더 힘쓴 흔적이 남아 있다. 1층 부엌 중 한 곳에는 바깥으로 통하는 비밀통로가 숨겨져 있다. 최근에 부엌을 리모델링하면서 발견된 이 땅굴은 부엌 안쪽 벽에서 시작해 1.7미터나 되는 외벽 아래를 지나 토루의 바깥으로 이어진다. 외부의 침입이 있거나 화재가 났을 때 지하 땅굴을 통해 바깥으로 탈출하도록 예비해둔 것이다. 뿐만 아니라 승계루에는 우물이 무려 스물두 개나 있는데, 대부분의 토루는 우물이 한두 개인 데 비하면 그 수가 굉장히 많다. 이 또한 침략과 화재에 대비한 것이다. 전쟁이나 폭동이 일어났을 때 대문을 걸어 닫고 스물두 개의 우물과 저장된 식량으로 버텨내겠다는 생각이다.

토루의 방어 기능은 상당히 폐쇄적인 느낌을 준다. 그러나 토루 마당에서 고개를 들어 광활한 하늘을 대면하면 마치 우주를 향해 무한히 뻗어나가는 것만 같다. 이 이상한 감각은 굉장히 양면적이어서 동시에 스스로를 겸허하게 만들고 나의 존재를 객관적으로 바라보게 만든다. 완벽한 폐쇄와 무한한 개방, 이 대조가 주는 공간적·철학적 감각은 매우 실용적인 건물로 알려진 토루의 숨겨진 매력이다.

폐쇄와 개방의 대비는 흥미롭게도 객가인과 닮아 있다. 객가는 물리적으로 토루로써 폐쇄성을 추구했고 가문을 중심으로 결집하는 구심력이 강했다. 객가는 송대의 중원에서 쓰던 고대 중국어 발음을 지금까지 객가어로 써오고 있으며, 타지에 정착할 때도 토착민이나 외부인과 융합하기보다는 객가인끼리 뭉쳤다. 그래서 이들을 '동양의 유대인'이라 부르기도 한다. 뛰어난 상업적 감각을 추켜올리는 동시에 객가인의 탁월하지만 폐쇄적인 결속력을 비유하는 별명이다. 한편 객가는 새로운 환경에 적응하기 위해 토착 문화, 새로운 경제구조 등에 개방적으로 접근했고 적응 포인트를 예민하게 포착해 자신들만의 활로와 문화까지 만들어냈다. 토루의

원형 토루를 현대적으로 재해석한 덴마크 코펜하겐의 티에트겐 대학생 기숙사. ⓒ shutterstock

폐쇄성과 개방성은 이렇듯 객가의 양면성을 시각적으로 구현한 것인지도 모른다.

토루의 안마당은 주민들이 함께 소통할 수 있는 공간이다. 침실을 제외한 생활에 필수적인 공간이 모두 1층에 있기 때문에 사람들은 모두 안마당에 모여 서로 소통할 수밖에 없다. 우리나라의 표준 주거 형태가 되어버린 아파트를 떠올려보면 토루와 비슷한 듯하면서도 다른데, 결정적인 차이는 입주민 간의 소통 정도에 있다. 객가인의 소통은 일상의 소소한 교류를 넘어 객가 공동체의 생존과 방어에 구심적인 역할을 했다. 이와 같은 토루의 건축학적 특성은 현대에 새롭게 주목받고 있다. 덴마크 코펜하겐의 티에트겐 대학생 기숙사는 원형 토루를 현대적으로 재해석한 건축물이다. 토루와 마찬가지로 1층에는 거실, 주방, 세탁실, 자전거 보관실, 자율학습실 등 공동 시설이 배치되어 있다. 토루와 달리 방어 기능이 필요치 않으므로 기숙사 바깥으로도 큰 창을 냈다. 출입구도 하나가 아니라 여러 개다. 안과 밖이 자연스럽게 연결되고 가운데의 원형 마당은 모두의 공간이 된다. '모두'에는 외부인도 포함된다. 학생들과 외부의 시민들이 함께 즐기는 축제도 마당에서 열린다.

학당과 사당

'토루' 하면 많은 사람들이 압도적인 분위기의 사당을 주로 언급하는데, 사당과 함께 토루의 필수적인 공간은 바로 학당이다. 일정한 규모의 토루는 모두 내부에 학당을 만들었다. 객가족은 토착민과의 경쟁 및 갈등, 농토의 부족, 상업에서의 선점 경쟁 등으로 인해 항상 삶의 돌파구를 모색해야 했다. 중원의 유교문화를 계승한 객가가 찾은 활로 중 하나는 과거 급제였다.

실제로 객가가 대거 이주한 송대 이후 푸젠 지역의 과거 급제자 수가 급증했다. 객가족은 아니지만 푸젠에서 태어나 유년 시절을 보낸 성리학의 대가 주희는 말년에 푸젠 무이산에 터를 잡고 성리학을 완성하고 후학을 양성했다. 덕분에 송대 성리학의 많은 대가가 푸젠에서 활동했다. 학자들의 왕성한 활동은 글을 숭상하고 교육을 중시한 객가들에게 학문적 성장과 기회를 제공했다.

2008년 토루는 유네스코 세계문화유산에 등재된 후 관광자원으로 주목받기 시작했다. 토루의 1층 공용공간에는 이제 기념품이나 토산품을 파는 가게들이 자리하고 있다. 옛 모습과 기능이 조금 변형되었지만 여전히 두

꺼운 외벽을 통과해 토루의 안마당에 발을 내딛으면 유닛이 반복되는 리드미컬한 건축미와 웅장한 스케일에 입이 절로 벌어진다. 토루의 처마 라인과 대비되는 파란 하늘, 많은 이야기를 머금은 듯한 사당의 초연함이 토루만의 독특한 풍광을 만들어낸다.

사당은 중국인에게 중요한 종교적·관습적 공간이지만 토루처럼 그것이 가장 중심에 위치하는 가옥 형태는 드물다. 이러한 점에서 토루는 하나의 거대한 신앙적 공간으로 느껴지기도 한다. 애니메이션 영화 「나의 붉은 고래」는 토루의 종교적 이미지에서 착안하여 주인공이 머무는 신계를 토루 마을로 설정했다. 신계의 아이들이 진정한 신이 되기 직전, 성인식을 위해 바다로 나갈 때 토루 난간에서 몸이 떠오르면서 중심의 사당 위로 모여 하늘로 올라간다. 토루의 중심을 통과하여 세상을 경험하고 다시 중심을 거쳐 신계로 돌아온다. 마치 토루의 중심이 우주의 중심인 것처럼 말이다.

사당 이야기를 좀 더 이어가자면, 마조媽祖를 언급하지 않을 수 없다. 중국의 남동 연안 지역에서 마조는 예측 불가의 바다로부터 사람들을 보호해주는 신이다. 객가는 바다의 수호신인 마조를 산속으로 옮겨와 산신으로 모셨다. 바다와 산은 매우 이질적인 장소인데도 객가들은 마조 신께 험악한 산으로부터, 나아가 모든 재앙과 위험으로부터 자신들을 지켜줄 것을 기원했다. 기존의 체계와 인식을 과감히 변화시키고 새롭게 조율하는 것, 그것이 바로 객가의 원동력일 것이다.

혁신의 아이콘

객가의 유연한 태도는 뇌차擂茶에서도 찾아볼 수 있다. 뇌차는 녹차 잎, 쑥, 박하 등을 절구에 넣고 긴 방망이로 짓이겨 갈아 뜨거운 물을 부어 마시는 차다. 우리가 흔히 생각하는 잎을 우려낸 맑은 차와는 만드는 방식도, 차의 외양도 다르다. 뇌차는 차보다 죽에 가까운 형태로 걸쭉하고 탁하다. 진한 시기에 중원 지역의 중국인들은 뇌차를 즐겨 마셨다.

이후 차의 품종, 가공 방법, 음용 방법 등이 발달하고 차의 등급을 겨루는 투차鬪茶가 유행하면서 뇌차보다는 맑은 차가 상급의 차로 인식되었다. 당나라 때부터 시작된 투차는 북송 시기에 가장 흥성했고, 그로 인해 뇌차는 중원 지역에서 점차 사라지게 되었다. 그러나 남쪽으로 이주한 객가들은 중원의 옛 차인 뇌차를 계승했고 이후 남방 지역에 뇌차가 널리 유행하게 되었다.

객가들은 단순히 중원의 전통을 고수하는 데 그치지 않고 남방의 다양한 허브와 열매를 가미해 뇌차를 더욱 다채롭게 만들었다. 기본 재료인 녹차 잎에 땅콩, 녹두, 찹쌀밥 등 다양한 것들을 곁들였다. 객가인을 포함한 남방의 중국인들은 '차를 마신다[喝茶]'고 말하지 않고 '차를 먹는다[吃茶 또는 食茶]'고 표현한다. 이것은 객가와 함께 전입된 뇌차와 무관하지 않을 것이다. 죽같이 걸쭉한 식감에 각종 견과류나 곡물, 밥, 나물, 뻥튀기 등을 얹어 먹는 현대의 뇌차는 객가의 차답게 지금도 변신 중이다.

객가를 생각하면 '변화'라는 단어가 떠오른다. 그들은 고향을 등지고 중원에서 변방으로 거주지를 바꿨고, 한족이지만 더 이상 한족으로 불리지 않으면서 객가라는 새로운 이름을 얻었다. 나아가 중국을 떠나 화교라는 이름으로 활동 무대를 확장했다. 중국에는 많은 민족이 있지만 변화라는 단어가 이만큼 어울리는 민족이 또 있을까. 그들이 새로운 도전을 두려워하지 않고 실행할 수 있었던 것은 어쩌면 정주할 수 없고 이주해야만 했던 환경 때문일 것이다. 유교적 예교 문화에서 조상 대대로 살아온 고향을 떠난다는 것은 쉽게 상상할 수 없는 일이었다. 이동 수단이 지금처럼 편리하지 않아 한평생을 태어난 곳에서만 살다 가는 사람이 태반이었던 시대에 감히 고향을 버리고 오랑캐의 땅으로 옮겨가 살겠다는 생각은 어쩌면 이단이나 혁명에 가까운 것이었으리라. 주어진 가치와 고정된 삶의 방식에 매달리지 않고 자신을 바꿔가는 것, 그것은 노마드적 정신에 가닿는다.

이러한 객가의 민족적 특성은 이주 후에도 계속되었다. 기민하게 주변을 탐색하고 어떻게 해야 살아남을 수 있는지를 끊임없이 연구했다. 교육과 과거 시험에 집중하기도 했고 교역과 유통에 매진하기도 했다. 멈추지 않고 변화하고자 하는 자세, 그것이 바로 객가의 정체성이라 할 수 있다.

객가들은 혁신적인 태도로 중국 근현대사의 중요한 전환점을 만들어냈다. 혁명의 순간에는 항상 객가가 함께했다. '태평천국의 난'을 이끈 홍슈취안洪秀全과 주요 선봉장이 객가였고, 신해혁명의 쑨원孫文 역시 객가 출신이다. 중국식 공산주의 이론을 창시한 마오쩌둥毛澤東, 중국공산당의 개혁개방정책을 주도한 덩샤오핑鄧小平도 모두 객가 출신이다. 객가는 노마드적 삶의 방식을 바탕으로 중국을 벗어나 세계로 흩어졌다. 초기의 객가들이 그러했듯, 근현대 중국의 정치적 혼돈이 그들을 디아스포라로 만들었지만 객가만의 혁신을 지향하는 태도가 없었다면 불가능했을 것이다.

이유라

이화여자대학교와 중국 난카이대학교에서 중국 고전문학을 공부했다. 중국 고전소설과 문화를 연구하고 있으며, 이야기의 변천과 그 원동력에 관심이 많다.

희미한 옛 식민지의 그림자

대만 지릉과 지우펀

민경욱

오늘날의 지릉항. © shutterstock

타이베이에서 우리의 옛 경춘선 느낌이 나는 완행열차를 타고 50분 정
도면 지릉 기차역에 도착한다. 역에서 조금만 걸어 나오면 바로 웨하스
과자 모양으로 육지에 깊숙이 들어와 있는 지릉항 여객선 부두가 나타

난다. 부두 옆 해양광장까지 걸어와 주위를 둘러보면 왼쪽 산중턱에는 'KEELUNG'이라는 거대한 네온 표지판이, 오른쪽에는 높은 빌딩과 쇼핑몰 건물이 눈에 들어온다.

유람선 부두까지 왔다가 톈랴오천을 따라 동쪽으로 걷기 시작하면 지룽우체국을 시작으로 구시가지가 나온다. 길거리 분식으로 유명한 지룽야시장에 가려면 더 직진하지 말고 바로 남쪽으로 발길을 돌려야 할 것이다.

1928년 그날

1928년 5월 8일 신채호는 중국 톈진에서 출발해 일본 모지항을 경유하는 여객선을 타고 이 지룽항 부두에 입항했다. 그는 곧장 지룽우체국에 가서 린빙원林炳文이 위조해 보내놓은 우편환을 찾으려 했지만, 이미 이들 일파의 범죄 계획을 파악한 일본 경찰에 의해 우체국 창구에서 체포되었다. 지룽경찰서에서 심문을 받은 뒤 그는 중국 다롄으로 압송되었고, 1930년 4월 10일 '치안유지법 위반'과 '유가증권 위조 행사 사기'의 죄명으로 징역 10년형을 언도받는다. 그보다 먼저 일본 경찰에 체포된 린빙원은 3개월 만에 옥사했고, 신채호 또한 복역 6년 만인 1936년 2월 21일 다롄감옥에서 세상을 떠나게 된다.

이 사건은 신채호와 린빙원이 소속된 무정부주의동방연맹이 활동 자금을 확보할 목적으로 당시 베이징우체국 환전과에서 근무하던 린빙원의 전문 지식을 활용하여 꾸민 국제 우편환 위조극이었다. 그렇다면 어찌하여 47세의 조선인 역사학자 신채호와 23세의 대만 출신 베이징우체국 직원 린빙원이 이러한 위조극을 합작하게 되었을까?

최근 연구에 의하면 1927년 신채호가 베이징에서 국제 아나키스트 조

직인 무정부주의동방연맹에 가담하게 된 것은 한때 일제에 함께 저항하던 임시정부 조직과의 견해 불일치 및 1921년 자유시 참변 이후로 사회주의 세력에 대해 품은 불신감이 원인으로 작용했다. 즉 당시 그는 식민지 제국주의와 소비에트 사회주의 체제를 동시에 극복할 신념 체계를 갈구하던 상태였다.

이 조직에서 신채호는 일제 식민지의 삶을 거부하고 고향인 대만을 떠나 베이징에 이주한 린빙원을 만났다. 당시 동아시아 대부분을 점령한 일본 제국주의의 타도와 식민지 민중의 해방이라는 목표 아래 국적과 나이 차를 잊고 의기투합한 두 사람은 무장투쟁에 필요한 군자금을 확보하기 위해 이 국제 위조극에 착수했다.

신채호가 부두에서 내려 우체국으로 걸어갔던 1928년은 일본이 식민지를 확장하기 위해 지룽항과 가오슝항을 각각 북쪽과 남쪽의 주요 무역항으로 개발한 지 30년이 된 해였다. 타이베이의 위성도시로 전락한 오늘날과 달리 당시 지룽은 대만 최대의 항구와 일본 해군기지가 위치한, 타이베이, 타이난, 가오슝 다음으로 인구가 많은 중요 도시였다.

그가 들어갔던 우체국 건물의 모습을 담은 옛 엽서를 보면, 이 건물이 식민지 시기의 모습이 지금까지 거의 보존된 대만총통부와 타이베이우체국 가운데 오히려 전자의 축소판 같은 느낌을 주는 위풍당당한 건물이었음을 알 수 있다. 따라서 심미적 기준에서 보면 오늘날 지룽우체국은 이 옛 지룽우체국과 감히 비교조차 할 수 없는 수준이다. 하지만 조선총독부 건물이 존재했던 우리나라 사람에게 이 심미적 기준은 매우 불편한 관점일 수밖에 없다. 제국주의의 위용을 한껏 과시하는 그 당시 지룽의 랜드마크에 들어가면서 신채호가 어떤 느낌이 들었는지, 그리고 과연 그가 자신의 무장투쟁으로 공고한 일제 식민지 현실을 무너뜨릴 수 있다고 믿었는지 궁금하지 않을 수 없다.

비열한 착취의 현장

중화민국한인회에서 발간한 『대만한인 100년사』 등을 읽어보면, 당시 대만을 왕래하는 조선인(한인)은 많았지만 신채호처럼 항일 독립투사라고 규정할 수 있는 사람은 거의 없었음을 알 수 있다. 그렇다면 당시 대만에 거주한 한인들은 주로 어떤 계층의 사람들이었을까?

관련 연구는 공통적으로, 식민지 시기 대만에 체류했던 조선인의 대다수는 돈을 벌기 위해 천직賤職에 종사한 이들이었다고 말한다. 그리고 특히 여성의 경우 풍류업에 종사하는 창기娼妓의 수가 가장 많았음을 지적하고 있다.

당시 국내의 유곽업자들은 그 시기 대만에 일본식 유곽 문화가 발달하지 않아 국내에 비해 경쟁이 치열하지 않았다는 점에 착안해, 적극적으로 대만 각지의 거점 도시에 진출하여 단독 또는 일본인과의 합작으로 술집 겸 유곽을 운영했다. 이들 업소에 고용된 조선 여성들은 대만어를 못했기 때문에 도망가지도 못하는, 사실상 반감금 상태에서 일본인과 소수의 대만인을 고객으로 맞이했다. 이들 업주는 같은 동포인 여성들을 감시하며 업소를 운영하면서도 고국의 수해 소식에는 의연금을 쾌척하는 모습을 보이기도 했다.

이처럼 오늘날과 같은 평화 시기의 윤리와 도덕으로는 이해하기 어려운 복잡하고 난감한 삶을 당시 대만의 한인들은 영위하고 있었다. 이들 여성 풍류업 종사자 중 일부는 태평양전쟁이 발발했을 때 전선에 위안부로 보내진 것으로 추정되는데, 이와 같이 대만은 일제 식민지 시기를 통틀어 같은 동포에 의해 가장 비열한 착취가 벌어진 현장이기도 했다.

일본 제국주의의 패망과 함께 이 어두운 기억은 당사자의 생존 여부와 관계없이 우리나라에서 급속도로 잊혔다. 하지만 식민지 대만 각지에 조선식 술집 겸 유곽이 성행했다는 역사적 사실은 지워지지 않는다. 여러 눈 밝은 블로거가 지적한 대로, 이와 관련된 가장 유명한 흔적은 영화 「비정성시悲情城市」(1989년)에 나오는 지우펀의 '조선루朝鮮樓'이다.

지우펀의 조선루

지룽에서 차로 30분 정도 산비탈길을 가다 보면 도착하는 지우펀은 지룽과 마찬가지로 낮보다 밤의 풍경이 더 운치 있는 관광지이다. 이곳 또한 일제 식민지의 흔적이 깊이 남아 있는 장소이다.

지우펀은 일제 시기에 금광 개발을 통해 본격적으로 번창하게 된 마을

영화 「비정성시」 속의 조선루. © 『凝望・時代: 穿越悲情城市二十年』(54~55쪽)

이다. 이웃 마을인 진과스가 직장과 숙소밖에 없는 따분한 동네라면, 지우 편은 퇴근 후 산고개만 하나 넘으면 나오는 향락가에 해당한다. 금광이라 는 산업의 특징으로 인해 지우펀에는 왕성한 소비력을 가진 남성 노동자 를 유인하는 음주가무형 업소가 성행했고, 일제 시기 이곳의 대표적인 고 급 술집 중 하나는 칭볜루輕便路에 위치한 조선루였다. 당시를 기억하는 노인들은 이 술집의 비싼 화대를 언급하면서, 월급으로는 그것을 충당하 기가 턱없이 부족했기 때문에 많은 광산 노동자가 금을 몰래 빼돌려 유흥 비에 탕진했음을 증언하고 있다. 하지만 전쟁 이후 금광의 고갈과 함께 지우편의 번영도 몰락했고, 앞서 언급한 「비정성시」의 흥행과 명성으로 인한 문화관광 개발 붐이 일기 전까지 이곳은 타이베이 북부 지역의 쇠락한 관광지이자 은밀한 홍등가로서 겨우 연명하고 있었다.

「비정성시」는 1945년부터 1949년까지 지룽 린씨林氏 일가에게 벌어진 역사적 비극을 보여주는 영화이다. 영화는 지룽 인근에서 '리틀상하이 호텔레스토랑小上海酒家' 등의 여러 사업을 운영하는 큰아들 원슝文雄과 진과스에서 사진관을 운영하는 막내아들 원칭文清을 중심으로 일제의 패망과 함께 국민당이 대만의 새로운 점령군으로 오면서 벌어진 사회 혼란상을 담담하게 그려내고 있다.

원칭과 숙소를 같이 쓰는 콴룽寬榮은 조선루 인근의 술집과 진과스의 숙소에서 국민당 통치의 문제점을 일본 식민지 시기와 비교해 풍자한다. (콴룽은 해방 이전에 일본인 교사와 함께 식민지 교육을 담당하는 소학교 교사였지만, 술집에서 항일 가곡을 부르는 것으로 보아 민족주의 사상을 몰래 견지했던 것으로 보인다.) 일역본을 통해 마르크스를 접했을 정도로 세련된 교양을 가진 지식인답게 콴룽은 무엇보다도 국민당의 수준이 낮음에 실망을 토로한다. 이후 1947년 2·28사건 초기 친구들의 죽음을 거치면서 콴룽은 급속도로 의식화하였고, 타이베이 북부 지역의 산지에 활동 기지를 구축하여 일본과 국민당의 통치 방식에서 벗어난 새로운 대만 사회의 전망을 모색하지만, 머지않아 국민당군에 소탕당하고 만다.

일제 식민지 시기 동안 중국 대륙에서보다 더 나은 교육을 받고 성장한 대만 지식인이었지만, 항일투쟁을 막 마친 국민당 군인의 눈에 이들은 만다린보다 일본어 사용이 더 능숙한, 국가에 대한 충성심을 믿을 수 없는 이민족 회색분자에 불과하지 않았을까. 결국 본인이 스스로 선택하지는 않았지만, 일본어와 일본 문화에 익숙하다는 점은 이 같은 비상 시기에 '아我'와 '비아非我'를 구분 짓는 치명적인 족쇄였던 것으로 보인다. 그런 면에서 많은 이들이 언급하는 것처럼, 2·28사건은 이념과 언어문화의 차이가 낳은 가장 큰 참극 중 하나인 제주 4·3사건과도 매우 비슷한 면이 있다.

본국보다 가혹했던 운명

1928년 신채호가 갔던 지룽우체국과 지룽경찰서는 1945년 태평양전쟁 막바지에 미국 공군의 폭격으로 거의 폐허가 되다시피 파괴되었다. 그토록 공고해 보였던 일본 제국주의가 결국 그의 바람대로 더 강한 무력에 의해 무너지고 만 것이다.

육지와 마찬가지로 바다에서도 일본군은 무력하게 패배했다. 1952년에 발간된 군사 문건 「The Imperial Japanese Navy in World War II」를 보면, 대만 섬을 둘러싸고 일본 해군 군함이 침몰한 지점이 빼곡하게 표시되어 있는데 거의 해안선을 다시 그릴 수 있는 수준이다. 그리고 지금껏 제대로 연구되지 않았지만, 수많은 대만인과 조선인이 황국 군인으로 참전했다가 그 배들과 함께 수장되었다. 물가에 접근하기를 꺼리는 대만의 음력 7월 중원절中元節 풍습에는 태풍과 같은 객관적 기후 조건 외에도 대만 근해 일대가 수많은 식민지 청년의 원혼이 남아 있는 수장처라는 현대 역사의 기억도 함께 작용하고 있는 셈이다.

일본이 패망하면서 대만에 살던 수천 명의 한인은 귀국이 용이하지 않았던 일부 사람들을 제외하고 모두 이 지룽항에 집결하여 귀국했다. 폭격으로 폐허가 된 지룽항 부두에서 귀국선에 오르며 그들이 느꼈을 감상과, 그들이 식민지 대만에서 겪었던 삶의 기억을 얼마나 지워버리고 싶었을지 나는 알 수가 없다.

하지만 귀국한 사람이나 남아 있는 사람이나 아직 평화를 누릴 운명은

아니었던 모양이다. 일본이라는 식민지 주인이 물러간 뒤 남은 사람들은 모두 잔혹한 학살에서 벗어나지 못했다.

　귀국한 한인들에게 1950년 6·25전쟁까지의 연속된 혼란과 참상이 기다리고 있었다면, 대만 섬에 남은 사람들 또한 1947년 2·28사건이라는 새로운 점령군에 의한 참극을 피하지 못했다. 대만 각지의 거점 도시에 집중된 대규모 학살 중, 앞서 언급한 지룽항 부두와 텐랴오천 모두 국민당 증원군이 지룽에 상륙하자마자 본성인을 대상으로 무차별 살육과 시신 투기를 자행했던 대표적인 지점이다. 관련 자료를 읽다 보면, 식민지 신민臣民이었던 이들이 왜 식민지 본국인 일본보다 더 가혹한 패전 후의 운명을 겪어야 했는지 그 비극의 크기와 규모에 탄식을 금치 못하게 된다.

이제는 웃음소리 가득한 곳

　2019년 중화민국 건국 기념일 오후에 가족과 함께 지룽에 도착한 나는

'평화의 섬' 공원의 바다 수영장 노을 풍경. ⓒ 김진희

항구 주변을 산책한 뒤 예류 못지않은 자연 풍광으로 유명한 지룽 북단의 '평화의 섬' 공원으로 향했다. 중간에 시내의 다른 관광지를 잠깐 구경하느라 시간이 지체되어, 도착 후 자연 풍광 구경은 포기하고 아이들의 웃음소리가 멀리서도 들리는 공원의 바다 수영장으로 나갔다.

마침 해가 질 무렵이라 노을이 북쪽 바다에 깃들기 시작했고, 거대한 수조 모양의 콘크리트 바다 수영장에는 가족이나 연인과 함께 온 대만인으로 가득 차 있었다. 으슬으슬한 날씨로 유명한 지룽이지만 이 시각은 노을빛처럼 따뜻했고, 이곳에서 나는 대만 체류 1년간 가장 행복한 대만인들의 표정을 보았다.

스마트폰으로 급하게 검색해보니, 이 바다 수영장 또한 2·28사건 당시 대만과 일본의 어업종사자에 대한 학살과 시신 투기가 자행된 대표적인 지점이었다. 일본인까지 다수 희생되었기에 이곳에서의 학살은 일찍부터 파장이 컸고, 따라서 원래 셔랴오社寮 섬이라 불리던 이 섬은 일본희생자위령비와 함께 '평화의 섬'으로 개명하는 대만 정부의 과감한 조치가 취해졌다.

제주도의 여러 오름에서 학살된 수많은 원혼이 결국 건강과 마음의 평온을 추구하는 둘레길 순례자에 의해 달래지듯이, 학살 장소의 원혼들은 자손들의 행복한 웃음소리로만 겨우 달래지는 모양이다. 그리고 지룽항 부두와 톈랴오천 부근 및 지우펀의 야시장도 다행히 오늘날 대만인의 소확행小確幸으로 가득 찬 장소로 바뀌었다.

한국과 대만 모두 일제 식민지에 수동적으로 편입되면서 제국주의의 번영과 모순을 따라 맛보았고, 일제 패망 후에는 일본보다 더 쓰라린 역사적 아픔을 치러야 했다. 이렇게 유사한 경험과 운명을 공유하는 두 나라이지만, 아이러니하게도 식민지 시기 내내 조선에 비해 일본 문화에 더디게 동화되었던 대만은 일본 식민지에서 벗어난 뒤에 비로소 자발적으로 일본 문화에 심취하게 되었다. 일제 공권력이 떠난 뒤에도 여전히 일본의 국력에 의지할 수밖에 없는 것은 대만인의 지정학적 슬픔이 아닐까, 그리고 우리 또한 일본이 아닌 그 어떤 나라에 꼭 의지해야만 하는 운명인가, 이러한 생각을 '평화의 섬' 공원의 노을을 바라보며 다시 한 번 해보았다.

민경욱

중국 푸단대학교 중국고대문학연구센터에서 중국 고전문학을 전공했으며, 현재 경기대학교 중어중문학과 부교수이다. 중국 고전소설 『삼국지연의』의 문학문헌학을 연구했으며, 최근에는 현대 작가 첸중수錢鍾書의 『관추편管錐編』 속의 정치적 풍자를 읽어내는 작업에 몰두하고 있다. 대표 논문으로 「삼국지연의 초기 텍스트 연구 - 3종 조선유일본 포함 제판본대교례諸版本對校例에 대한 분석을 중심으로」와 「『관추편』의 저술 동기와 주제에 대한 분석 시론」이 있다.

자소녀 이야기

광둥 주강 삼각주

이주해

중화민국 초기, 어느 해 여름. 주강珠江 삼각주의 작은 마을.

뽕나무 밭, 파초 수풀, 별자리처럼 점점이 찍힌 작은 못과 이리저리 뻗은 시골길. 얼기설기 흐르는 강줄기와 그 위에 놓인 아치형 돌다리.

이날은 칠석날, 이른바 결교절乞巧節이다. 길에도 배에도 죄다 여자들뿐이다. 환갑을 넘긴 여자도 있고, 한창 어여쁜 소녀도 있다. 공통점은 모두 곱게 땋은 머리를 틀어 올렸다는 것. 그리고 틀어 올린 머리 위에는 제법 솜씨 있게 만든 나무빗이 꽂혀 있다. 이 여인들을 이곳에서는 '자소녀'라고 부른다.

결교절은 여인들이 직녀에게 빌며 베 짜는 솜씨를 겨루는 날이다. 자소녀들은 마을 어귀의 사당 앞에 모여 즐거운 하루를 보내느라 한창 흥에 겹다. 구성진 노랫가락도 종일토록 끊이질 않는다.

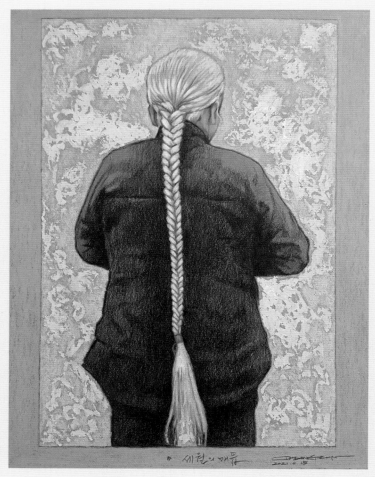

머리를 땋아 내린 자소녀. ©임동은

빙옥당 전경. ⓒ 赵颖秋攝影

독특한 문화 현상

중국에서 대부분의 강은 지대가 높은 서쪽에서 발원해 동쪽으로 흘러 들어간다 하여 '만절필동萬折必東'이라는 말이 생겨났다. 그러나 주강은 다르다. 이 강은 남해, 즉 남양으로 흘러 들어간다. 이 강이 남양으로 채 빠져나가기 전, 삼각주를 이룬 비옥한 땅에 광저우廣州, 포산佛山을 위시하여 광둥성을 대표하는 여러 도회지가 형성되었고, 이들 도회지는 지금 신중국의 눈부신 경제성장을 대표하는 도시로 자리매김하고 있다.

이처럼 현대화된 도시 저편에, 그리고 머지않은 과거에 비혼非婚을 선언한 여인들이 살고 있었으니, 사람들은 그들을 '자소녀自梳女'라고 부른다. 자소녀의 머리 모양새에는 땋은 머리를 틀어 올려 쪽을 진 것과 땋은 머리를 허리까지 늘어뜨린 것 두 종류가 있다. 전자는 기혼 여성과 다름없음을 사람들에게 알리는 것이고, 후자는 늙어 죽을 때까지 처녀로 살 것임을 천명하는 것이다.

자소녀는 특이하게도 주강 삼각주 지역에만 존재했으므로 광둥의 지리와 역사가 배태시킨 지역 특유의 문화 현상으로 보는 편이 맞을 것이다. 지금은 마지막 자소녀가 세상을 떠나 '과거' 속에 묻히고 말았지만, 순더順德에는 그들의 집단 거주지였던 '빙옥당冰玉堂'이 아직도 남아 있어 그 애환의 흔적을 더듬게 한다. 20세기 초, 주강 물줄기를 타고 남양으로 진출한 자소녀들은 홍콩, 싱가포르, 말레이시아 등지에서 제힘으로 일해 돈을 벌었고 노년 즈음에 다시 고향으로 돌아와 함께 살 거처를 마련했는데, 그곳의 이름이 바로 빙옥당이다. 사실 빙옥이라는 단어는 듣기에 편치 않다. 얼음처럼 맑고 옥처럼 정결하다니. 여인의 청백淸白을 칭송하는 듯 강요하는 듯한 이 단어가, 평생 독신을 맹세하며 고독하게 살아온 여인들의 거주지를 이르는 용어로 사용되었다는 사실에서 '전통'이라는 고정관념이 얼마나 공고한 것인가를 새삼 깨닫게 된다.

제일 먼저 열린 첩첩의 오지

중국 역사에서 광둥성이 등장하는 것은 비교적 후대의 일이다. 남쪽 끄트머리의 땅. 이곳은 장강과 황하를 중심으로 전개되던 중원의 역사에서 남만의 땅, 미개척지, 복속해야 할 곳으로 여겨져왔다. 진秦나라 이후로 한족이 이주하면서 다수의 소수민족과 소수의 한족이 한데 어우러져 사는, 일종의 다문화 지역이 되었다.

이곳의 지리적 위치를 말하자면, 중국의 남쪽 바다와 접한 끄트머리 땅이요 오령을 넘어야만 들어갈 수 있는 첩첩의 오지이다. 옛날 중원 사람들에게 광둥 땅이 얼마나 무서운 곳이었으면, 지금의 구이저우와 윈난 일대에 해당하는 검남도劍南道와 더불어 당송 시대에 가장 열악한 유배지로 꼽혀서, 이곳으로 내쳐진 자들은 피눈물을 흘리며 서럽고도 고달프게 한 고개 또 한 고개를 넘었다 한다. 현지에 당도해서도 땅에 획을 그어가며 소통해야 하는 불편함과 글 읽은 사람이 없어 정신적 교류를 누릴 수 없는 답답함, 그리고 무엇보다 덥고 습한 날씨와 풍토병과 자연재해 등으로 인해 고난의 시간을 인내해야 했다. 당나라 사람 한유韓愈는 광둥성 조주潮州 자사로 폄적되어갔는데, 악어가 아침저녁으로 출몰해 백성들의 가축을 잡아먹고 행패를 부리자 「제악어문祭鰐魚文」을 지어 '추악한 너의 무리를 이끌고 드넓은 남쪽 바다로 썩 꺼지거라'며 축문을 외웠다. 악어가 출몰하는 늪지대와 그 열악한 상황을 가히 짐작할 만하다. 광둥 땅이 기억하는 역사의 아픔도 적지 않은데, 그중 가장 처절한 것은 남송의 종말일 것이다. 원나라 군대의 압박을 받아 항주에서부터 쫓기고 쫓겨 광둥까지 내려온 남송 조정. 벽해단심碧海丹心이라 불리는 육수부陸秀夫는 겨우 여덟 살된 마지막 황제 조병趙昺을 등에 업고 애산崖山 아래 푸른 바다로 뛰어들었다. 이렇듯 선택받지 못한 땅, 쫓겨간 땅. 바로 그곳이 지금은 고층 빌딩이 즐비한 대도시로 바뀐 것이다.

지금의 중산中山, 주하이珠海, 마카오澳門, 판위番禺 일대를 옛날에는 향산현香山縣이라 불렀는데, 이곳이 명나라 때부터 커다란 변화를 맞이하게 되었으니, 그 주된 원인은 바로 서양인들의 진출이다. 16세기부터 본격화된 서양인들의 중국 진출은 광둥 땅을 그 교두보로 삼았다. 배로 마카오에 도착한 서양인들은 마카오를 기지 삼아 정착하기 시작했고, 주강 줄기를 따라 내륙으로 이동하면서 광둥 사람들의 생활에 크고 작은 영향을 미치기 시작했다. 물론 이로 인해 중서中西 간에 마찰도 적지 않았지만, 결과적으로 중국에서 가장 먼저 서양인들을 접함으로써 그들의 종교와 문물을 포함하여 생활양식 및 문화 전반을 가장 먼저 받아들인 곳이 될 수밖에 없었다. 이렇듯 다양함을 일찍 경험하고 받아들인 광둥인의 '열린 시야'가 자소녀를 탄생시킨 밑거름이 되지 않았을까 생각해본다.

더 나은 세상을 꿈꾸는 이들의 고향

광둥성 포산을 배경으로 한 영화 「황비홍黃飛鴻」을 아직도 많은 사람들이 기억하고 있을 것이다. 변발을 한 젊은 시절의 리렌제李連杰가 앙증맞은 양산을 들고 화려한 드레스를 입은 스산이十三姨와 수줍게 춤추던 장면이, 어쩐지 그의 절도 있는 무술 동작보다 더 멋지게 느껴졌다. 스산이를 통해 환등기며 사진기며 각종 서양의 문물이 소개되기도 하고, 쑨원이 등장하는 장면에서는 서양 의술이 펼쳐지기도 했다. 그런 장면들을 보면서 저 시대에 저런 게 어떻게 가능한 건지 사뭇 의심스러웠다.

광둥에서 배출한 혁명가가 얼마나 많은지를 알게 된 것은 아주 나중이었다. 아편전쟁 이후 종국으로 치닫는 중국을 재건하기 위해 강유웨이康有爲(광주廣州 남해현南海縣 출신)와 량치차오梁啓超(신회新會 출신)는 혁명을 주도했고 쑨원(향산香山 출신)은 신해혁명을 일으켜 국부가 되었다. 그보다 앞서 홍슈취안(화현花縣 출신)은 '태평천국의 난'을 일으키고 남녀평등을 주장하며 배상제회拜上帝會를 창립했다. 기울어가는 왕조 말 세상을 뒤엎기 위해, 더 나은 세상을 개척하기 위해 한평생을 온전히 바친 인물이 광둥에서 많이 나왔다는 것은 이 땅이 얼마나 진보적인 곳이었는지를 말해준다. 해양 진출보다 내륙 지향성이 강했던 중국이지만, 결국 혁명을 이끌어내고 과거를 청산한 것은 바로 일찍이 열린 세상을 경험하고 역동하는 맥을 감지했던 광둥 사람들이었으니, 중국의 근대화는 이 광둥 땅에 실로 많은 빚을 지고 있는 셈이다.

여성도 마찬가지였다. 옛날 수나라 때 이족俚族의 지도자였던 세부인洗夫人은 자신의 부락을 이끌고 수나라에 자진해서 들어가 수차례 전쟁을 치르면서 나라를 지켰고 자기 부족을 지켰다. 세부인의 중원을 향한 '투항'이 과연 칭송받을 일인가 하는 역사적 고민을 일단 뒤로하고 나면, 저 북녘의 '뮬란'처럼 이 남녘땅에도 창칼을 둘러메고 전장을 호령한 여인이 있었다는 사실만은 기념할 만하다.

광둥의 여인들이 자주적으로 삶을 결정하면서 비혼을 선언하게 된 데는 자본주의의 발달이라는 배경이 크게 작용했다. 일찍이 당나라 때부터 바다를 통한 대외무역의 거점지로 자리잡아온 광둥의 도시들은 명말 청초에 이르러 내륙 지역보다 더 빠른 속도로 자본주의를 싹틔우기 시작했다. 이와 보무를 맞추어 여성들에게도 돈 벌 기회가 생기기 시작했으니, 그것은 바로 주강 삼각주 일대의 양잠업의 발달*이었다. 비옥한 땅과 고온 다습한 날씨는 여인들이 뽕나무를 키우고 누에를 치기에 더없이 좋은 조건을 제공했다. 옛날 궁궐에서 왕비들이 친잠례를 올려 누에 치고 비단 생산하는 일이 여인들의 영역임을 천명했듯, 예로부터 양잠업은 여인들의 몫이었다. 그렇지 않아도 끊임없이 격동하던 땅 광둥에서, 누에 치고 비단 짜서 경제력을 얻은 여인들은 이제 또 다른 세상을 꿈꾸기 시작했다.

여성들의 눈을 일찌감치 뜨게 만든 것은 광둥 땅 특유의 역동성과 다문화적 특징의 소산이기도 했다. 『오문기략澳門紀略』에 따르면 광둥의 여인

---

* 보통 '비단' 하면 소주蘇州, 항주杭州를 떠올리는데, 포산 순더 일대는 일찍이 수·당 시대부터 '남국사도南國絲都'로 일컬어지며 '향운사㟃雲紗' 산지로 이름을 떨쳤다. 특히 명나라 영락 연간 이후로 향운사가 유럽, 인도, 동남아 등지로 수출되어 가장 인기 있는 중국 비단으로 자리잡으면서 이 일대의 양잠업은 전에 없는 성황을 이루게 되었다.

들 중에는 태국이나 캄보디아 등지로 이주해 현지인과 결혼한 사람이 적지 않았으며, 오문을 위시한 광둥성 각 지역에서도 중국인과 유럽인 간의 국제결혼 사례가 흔치는 않지만 종종 있었다. 이렇듯 보다 많이, 보다 빨리 근대 서양과 접한 여인들, 더구나 종일 집에서 바느질하고 글 읽는 규수가 아니라 들판에서 손발을 놀려 일하며 제힘으로 살아갈 수 있었던 여인들이었기에 결혼은 '필수'가 아니라 '선택'이 될 수 있었던 것이다. '한 지역의 물과 흙이 한 지역의 사람을 만든다[一方水土, 養一方人]'고 하지 않았던가. 광둥의 자소녀는 바로 광둥 땅이 길러낸, 광둥 땅만이 길러낼 수 있는 시공간의 산물이었다.

스스로 머리를 땋아 올린 까닭

'여자는 열 살이 되면 집 밖에 나가지 않고, 열다섯 살이 되면 비녀를 꽂으며, 스무 살이 되면 시집간다.'* 이미 케케묵은 이야기인지라 현대인의 생활과 하나도 맞지 않지만, 이 전통 예교는 꽤 오랜 세월 동안 사람들의 삶의 단계에 영향을 미쳤다. 백번 양보해서 그 나이는 지킬 수 없었다 하더라도 '시집간다'는 말은 토를 달 수조차 없는 철칙이었다. 이 법칙이 아직 유효하던 시절에 과감히 독신을 선언한다는 것은 파격 중의 파격이다.

자소녀라 불리는 이 여인들이 언제부터 생겨났는지에 대해서는 이설이 분분하여 멀리는 명말 청초로, 가까이는 19세기로 잡는다. 건륭 37년(1772) 『번우현지番禺縣志』에 따르면, '국조 100년 이래로 번우라는 읍의 이른바 정녀靜女라 불리는 여자들에 대해 지방지마다 끊임없이 기록하고 있는데,

---

* 女子十年不出, 十有伍年而笄, 二十而嫁.(『禮記·內則』)

그중 심한 자들은 서로 시집가지 않겠다고 맹세하면서 손잡고 같이 죽기도 한다'*고 했고, 『순덕현지順德縣志』에서도 '이 마을에는 같은 마을 여자와 자매의 연을 맺고 서로 사랑하며 시집가지 않으려는 처녀들이 있다'고 했다. 여기서 지칭한 '정녀'와 '처녀'들이 만약 자소녀라면, 적어도 청나라 초기부터 주강 삼각주 일대에 자소녀가 존재했음을 알 수 있다. 물론 그 존재가 세상에 널리 알려지고 인원수가 가장 많았던 것은 역시 19세기부터 20세기 초반까지이다.

앞에서 언급했듯이 주강 삼각주 일대에서 양잠업이 성행하고, 그로 인한 경제권의 획득이 자소녀의 탄생에 큰 영향을 미쳤지만 경제력만으로는 유독 이 지역에서만 자소녀가 존재했던 이유를 설명하기 어렵다. 자소녀 연구자들은 경제력 외에 여성들의 정체성 인식과 자아 각성, 그리고 주강 삼각주 일대의 소수민족인 백월족百越族 문화의 영향 등을 복합적 원인으로 꼽는다. 그곳에 일찍부터 뿌리내리고 있던 백월족 여인들에게는 결혼 후에도 남편 집으로 들어가 살지 않고 별거하는 습속이 있었는데, 이를 '불락가不落家'라고 불렀다. '마을 여인들은 친정에 갔다가 돌아오지 않는 풍습에 차츰 물들었'**고, '이런 여인들은 타이산台山, 신휘이, 순더에 가장 많았다'***. 오랜 세월 동안 한데 어우러져 살아오다 보니 소수민족의 풍속은 자연스럽게 한족에게도 영향을 미쳤고, 이에 결혼을 거부하는 것 자체를 다른 지역보다 좀 더 쉽게 받아들일 수 있었다는 것이다. 매우 설득력 있는 주장이기는 하나, 이러한 공간적 배경에서도 여인들 스스로의 깨침이 없었다면 자소녀의 탄생은 아마도 불가능했을 것이다.

전근대 시기에 여성의 지위가 얼마나 형편없었는지는 설명할 필요조차

---

* "國朝百年來, 番禺一邑其所稱貞女者, 志不絶書, 而其甚者相約不嫁, 聯袂而死."
** 胡朴安, 『中華全國風俗志』下篇, 廣東卷.(中州古籍出版社, 1990年)
*** 廈門大學 『人類學硏究』試刊號(1985년), 107쪽.

없다. 한 가지 예를 들자면, 송나라 때 유명한 사인詞人 이청조李淸照는 금
실 좋던 첫 남편과 사별하고 망나니 같은 두 번째 남편을 만나 결국 이 남
편을 관가에 고발하기에 이르렀는데, 그 대가로 자신도 옥에 들어가야 했
다. 송나라 법에 여인은 남편을 고소할 수 없으며, 고소하려면 누구의 잘
못을 막론하고 둘 다 2년간 옥살이를 해야 했기 때문이다. 남자에게 부속
품처럼 따라다녀야 했던 운명을 거역하지 못했던 한 많은 세월이 참으로
길기도 했다. 그러나 광둥 주강의 물줄기를 터전 삼아 살아간 여인들은 달
랐다. 그곳 여인들은 어려서부터 이런 노래를 불렀다.

저 숫병아리, 꼬리가 말렸네. 남의 집 며느리 노릇은 참으로 하기 어려워.
일찍 일어나 문안 인사하고서, 눈물도 마르기 전에 부엌으로 들어가네.
부엌에 호박이 있어 시아버지께 물어보네. 삶을까요? 찔까요?
시아버지는 삶으라 하고 시어머니는 찌라고 하네.
삶아도 싫다, 쩌도 싫다, 다 맘에 안 드는지
머리를 쥐어박으며 한바탕 야단을 치시네.
사흘 아침이면 후들겨 패느라 세 개의 몽둥이가 부서지고
나흘 아침이면 끓어앉느라 아홉 벌 치마가 찢어지네!*

　구박과 설움으로 점철된 결혼 생활. 어려서부터 이 노래를 불러온 주강
삼각주의 여인들은 결혼으로 인해 이런 시련과 압박을 받으니, 차라리 독
신을 선택하고 스스로 머리를 땋아 올렸던 것이다.

---

* '鸡公仔, 尾弯弯, 做人媳妇甚艰难 : 早早起身都话晏, 眼泪唔干入下间. 下间有个多瓜仔, 问过老爷煮定蒸?
老爷话煮, 安人话燕 ; 蒸蒸煮煮都唔中意, 拍起台头闹一番. 三朝打烂三条夹木棍, 四朝跪烂九条裙!' 이 노래
는 지금도 광둥 지역에서 널리 불리는 민요인데, 앞의 시작 부분은 동일하고 중간의 가사는 바뀌기도 한다.

자유 안의 또 다른 속박

　그렇게 자소녀가 되기로 결심한 여인들이 진정한 자소녀가 되기 위해
서는 치러야 할 의식이 있었다. 자소녀가 되는 날은 '결혼'하는 날과 다르
지 않으므로 먼저 깨끗한 물로 목욕을 마치고 보살 앞에서 종신토록 시집
가지 않겠다는 '불혼 서약'을 했다. 그런 다음 가장 나이 많은 자소녀가 나
서서 머리를 올려주었는데, 머리를 한 번 빗을 때마다 '팔소결八梳訣'을 하
나씩 읊으며 복을 빌고, 장수를 빌고, 마음의 고요함을 빌고, 평안을 빌었
다. 이 모든 의식은 '고파옥姑婆屋'에서 진행되었다. 모든 의식을 마친 후

자소녀 시집가는 날. ⓒ赵颖秋摄影

자소녀의 예물함. ⓒ赵颖秋摄影

자소녀는 새 옷으로 갈아입는데, 이때 집안이 넉넉한 경우라면 술상을 차려놓고 마을 사람들을 불러 '피로연'을 열기도 했다.

딸자식이 자소녀가 되겠다고 했을 때 부모의 입장은 어떠했을까? 자소녀들 중에는 '고파옥'에서 집단생활을 하는 사람도 있었지만, 여전히 부모의 집에서 생활하며 가족의 생계를 꾸려나가는 사람도 있었다. 심지어 자소녀들은 가족을 위해 자신의 몸을 아끼지 않으며 매우 헌신적으로 일했다. 그러니 부모 입장에서도 굳이 반대할 이유가 없지 않겠는가. 더구나 시집 안 가는 것 혹은 시집을 가고도 친정에서 사는 것이 현지에서 어느 정도 보편화된 현상이라면, 즉 흉거리가 아니라면, 요즘에 결혼 안 하겠다는 자식을 어찌하지 못하는 것처럼, 강요할 수는 없었을 것이다. 다만 자소녀라는 조직에 들어간 이상, 조직의 규율은 반드시 지켜야 했으며 평생 '남자'를 가까이하지 않겠다는 맹약을 지켜야 함은 물론 죽을 때에는 반드시 고파옥으로 돌아와 생을 마감해야 했다.

이처럼 자소녀는 스스로 선택한 삶, 주체적인 삶을 살아간 듯 보이지만, 이들이 감당해야 했던 실질적 문제 중 하나는 바로 죽은 뒤의 '제사'였다. 즉 누가 나에게 제삿밥을 올려줄 것인가 하는 문제였다. 제 손으로 생계를 해결하고 온 가족의 생계까지 떠맡은 자소녀들이지만, 귀신이 되어서는 누군가가 살라주는 향불이 필요했고 누군가가 차려주는 제사상이 필요했다. 기왕에 '비혼'까지 선언한 사람들이 제삿밥을 걱정한다는 것이 매우 봉건적으로 보일 수도 있지만, 이는 중국뿐만 아니라 우리나라에서도 아직 완전히 극복하지 못한 사상이라 비판할 입장이 되지 못하는 듯하다. 어찌 되었건 이 여인들은 사후 세계를 준비하기 위해 이미 죽은 남자를 찾아 영혼결혼식을 올리기도 했고, 양자 혹은 양녀를 들이기도 했다. 그렇지 못한 경우는 고파옥에 위패가 모셔져 집단 제사를 받았다. 살기보다 죽기가 더 힘겨운 삶이었다.

清净淡泊心自安

黄氏姐妹：二姐黄瑞燕　　　　黄氏姐妹：三姐黄瑞池

黄氏姐妹：五妹黄瑞云　　　　姐妹合影：黄瑞云（左）
　　　　　　　　　　　　　　　黄瑞池（右）

最困难时最支持

　　她们自爱、自俭、自洁的品德，通过长辈的口耳相传，化作一场场春雨，深深渗透进这片纯朴土地里，令其后人在充满敬意中渐渐领悟出她们看似无为实则无私，看似淡泊实则高尚的内在品格，并在回眸她们沧桑岁月中承传和弘扬着这种孝贞并重，援穷救急，利人启后，贵在人先的光风霁月和人文情怀。

빙옥당에 걸려 있는 자소녀 사진들. ©赵颖秋摄影

자소녀가 된 후에 채워진 '수계守戒'의 족쇄는 생각보다 무거워서, 스스로 이 족쇄를 깨뜨릴 경우 집단이 정한 매우 처참한 형벌에 처해졌다. 성性이라는 인간의 본성을 억눌러야 하는 집단 규율과, 그로 인해 생겨난 집단 혹은 자매간의 갈등은 '동성애' 코드까지 더해져 자소녀 소설이나 영화에서 즐겨 다루는 소재가 되었다. 『한서漢書』에 '마주 앉아 밥을 먹다[對食]'라는 용어가 보이는데, 응소應邵는 주석을 달아 '궁녀가 서로 부부가 되는 것은 대식이라 부른다'고 했으니, 이것이 아마 여성 간의 동성애에 관한 최초의 기록이지 싶다. 자소녀 중에도 둘이 마음이 맞아 금란계金蘭契를 맺고 자매가 되는 경우가 있었는데, 19세기 이후 들어 광둥의 자소녀에 대해 보고 들은 일부 지식인이 남긴 기록을 보면 유독 '금란계'를 자주 언급하면서 '동성애'적 시각에서 이들의 관계를 혐오하고 비판하곤 한다.

  '금란계'가 비록 자소녀의 존재 형태 중 일부일 뿐이라 이로써 전체를 논할 수는 없지만, 이 관계가 자소녀들을 속박했음은 부인할 수 없다. 결혼이라는 속박에서 벗어나 자유를 선택한 자소녀들은 이제 집단 내부의 규율과 금란 자매와의 맹서라는 또 다른 속박에 갇힌 것이다. 그러나 흥미롭게도 20세기의 도래와 더불어 이 속박을 과감히 깨버리는 자소녀가 등장했다. 1912년 7월 20일자 〈민생일보〉에는 '서로 금란계를 맺은 두 여자가 광저우 가우띠제高第街에 방을 얻어 살고 있었는데, 그중 한 명이 어느 가게의 점원과 바람이 나서 아이를 가지는 바람에 사건이 발생했다'는 짧은 기사가 실렸고 그 후에도 이와 흡사한 기사가 종종 발견된다. 시대가 변하면서 자소녀들이 지켜야 했던 금계禁戒도 차츰 깨지기 시작했고, 이른바 자유연애에 한 걸음 다가가고 있었음을 알 수 있다.

  20세기 들어 양잠업이 쇠퇴하고 본격적인 자유주의가 도입되자 자소녀의 존재 이유도 점차 사라졌다. 이들은 이제 주강 물줄기를 따라 남양으로 진출했다. 여전히 땋아 올린 머리를 하고서 홍콩, 싱가포르, 말레이시아,

태국 등지에서 노동을 하여 돈을 벌었고, 그 돈을 또 열심히 고국으로 부쳐왔다. 식모살이를 한 여인도 있고, 공장에서 일한 여인도 있었다. 그들 중 고국으로 돌아온 일부 자소녀들은 포산 순더에 다시금 공동의 터전을 마련하고 '빙옥당'이라는 편액을 내걸었다. 그렇게 20세기의 마지막 자소녀들이 살다 간 터전은 지금 자소녀 기념관이 되어 손님들을 맞이하고 있다.

사진으로만 본 2층 가옥 빙옥당은 어둡고 고즈넉했으며 자소녀들의 침대와 의자, 켜지지 않은 등과 여러 손때 묻은 기물이 얌전히 놓여 있었다.

이주해

대만대학교에서 중국 고전문학을 연구했으며, 지금은 이화여자대학교 한국문화연구원 연구교수로 재직 중이다. 주로 중국 고전 산문 이론 및 고대 문화 전반에 관한 연구를 진행하고 있다. 『집단감성의 계보』, 『중화미각』을 함께 쓰고 『펑즈카이 만화 고시사』를 평역했으며 『한유문집』, 『우초신지』, 『육구연집』, 『파사집』 등을 번역했다.

혼혈의 땅, 아시아의 샐러드 볼

홍콩 침사추이

임대근

금발에 선글라스, 레인코트를 걸친 킬러가 빼곡하게 들어찬 좁은 상가 틈을 비집고 다닌다. 그 뒤를 쫓는 경찰, 이어지는 총소리. 왕가위 감독의 문제작 「중경삼림重慶森林」(1994년)은 홍콩 침사추이의 명물로 소문난 '청킹맨션重慶大廈'에서 화면을 연다. 중국 도시의 거리는 다른 도시를 빌려와 제 이름을 붙이는 관습이 있다. 예를 들면 상하이의 중심부를 가로지르는 거리의 이름은 난

영화 「중경삼림」의 포스터. © IMDB

징로南京路다. 이런 예는 얼마든지 있는데, 청킹맨션은 거리가 아니라 건물에 '충칭重慶'의 이름을 빌려왔다. '청킹'은 '충칭'의 광둥어 발음이다.

왕가위는 이 건물에서 시작되는 간단치 않은 이야기로 자신의 세 번째 영화를 만들었다. 그리고 영화의 제목을 '청킹익스프레스Chungking Express' 혹은 '중경삼림'이라고 붙였다. '청킹익스프레스'는 지금은 Cke몰Cke Mall로 바뀐, 청킹맨션 안에 있는 쇼핑몰의 이름이었다.

오싹한 공포의 미로

「중경삼림」이 유명세를 돕기는 했지만, 청킹맨션은 오래전부터 침사추이의 상징이었다. 1961년 홍콩 까우롱반도 침사추이의 나단로드 중심에 세워진 청킹맨션은 홍콩인 부자들이 사는 도심형 주상복합건물이었다. A블록부터 E블록까지 다섯 개로 구획된 구조에 17층 높이의 위용을 자랑했다. 이후 세대가 두 번이나 바뀌는 풍파를 겪으면서 건물은 낡을 대로 낡아버리고 말았다. 최근에 리모델링을 했지만, 그저 겉모양만 바꾸는 데 그쳤기 때문에 내부는 오랜 세월의 흔적을 그대로 간직하고 있다.

「중경삼림」의 킬러는 마약 밀매를 대리해주던 인도인을 뒤쫓아 복잡하기 그지없는 청킹맨션을 휘젓고 다닌다. 청킹맨션 안에는 수많은 식당과 옷가게, 환전소, 전자 제품 판매점, 게스트 하우스가 뒤엉켜 있다. 홍콩인은 물론 대륙에서 건너온 중국인, 인도와 네팔, 파키스탄, 스리랑카, 방글라데시에서 온 외국인 노동자와 호객꾼, 중동과 아프리카, 유럽과 미국에서 온 일용직과 관광객이 한데 모여들어 인종 전시장이라고 할 만한 풍경을 연출한다. 무려 4,000명이 넘는 거주인과 관광객, 배낭여행자가 뒤섞여 머문다는 통계도 있을 정도이다.

소설가 성석제는 산문집 『위대한 거짓말』에서, 공교롭게도 1994년 홍콩을 방문하고 나서 이런 글을 쓴다.

리모델링 후의 청킹맨션. © wikipedia

청킹맨션. © wikipedia

청킹맨션의 게스트 하우스. © wikipedia

청킹맨션의 옛 모습. © wikimedia

침사추이의 한 골목. © wikipedia

침사추이의 나단로드. © wikipedia

싼 호텔을 찾아 전화를 해보다가 충칭重慶하우스라는 곳을 알게 됐다. 전화를 하고 택시를 타고 갔더니 택시 정류장에서 웬 50대 사내가 기다리고 있다. 우리가 투숙할 사람인가 묻고 앞장선다. 어딘지 이상한 냄새가 나서 가지 않으려고 했지만 그가 들어가는 곳의 간판은 충칭하우스가 맞다. 아래층은 상가이고 위층은 여관인 복합 건물이다. 온갖 머리색, 얼굴색이 난무한다. 인종 전시장 같다.

말 그대로다. '충칭하우스'라고 썼지만, 앞뒤 문맥을 보면 청킹맨션이 틀림없다. 왕가위의 「중경삼림」이 스크린에 오른 그해에, 소설가 성석제는 바로 이 글의 증언을 준비하고 있었다.

청킹맨션의 얽히고설킨 인종과 문화는 말 그대로 홍콩의 축소판이라 해도 과언이 아니다. 아시아, 아프리카에서 날아온 상품이 즐비한 가게와 인도식 카레, 동남아시아 음식을 파는 작은 식당이 즐비하다. 「중경삼림」을 인상적으로 본 한국인 관광객도 청킹맨션을 곧잘 찾는다. 영화가 보여 준 판타지 같은 화면의 추억을 더듬어 찾아와 마주한 현실은 약간의 반전, 당혹, 공포의 감정을 뒤섞어 불러온다. 인도에서 왔는지 중동에서 왔는지 모를 호객꾼이 다가와 완벽한 한국어 발음으로 "롤렉스? 가짜 롤렉스?"를 연신 속삭여댈 때에야 비로소 이곳이 킬러와 마약 밀매가 횡행하는 현실의 공간일 수도 있겠다는 각성이 찾아온다.

상점가로 뒤얽힌 아래층과 달리 '맨션'의 윗부분은 게스트 하우스가 다닥다닥 붙어 있다. 정말 '다닥다닥'이라는 표현이 딱 들어맞는다. 일설에 따르면 2,000개 가까운 게스트 하우스가 운영 중이라고 한다. 홍콩의 단일 건물로는 가장 많은 숫자다. 이중 삼중 철창으로 잠긴 출입문을 열고 들어가면 좁디좁은 방 안에 달랑 침대 하나와 욕실 하나가 있을 뿐이다. 사람 하나 겨우 들어가 몸을 늘 수 있는 공간은 이국적 냄새와 그다지 정갈하지 않은 설비들로 이루어져 있다. 청킹맨션의 게스트 하우스는 그렇게 홍콩에서 가장 싼 숙소로서 제값을 다하고 있다.

청킹맨션을 돌아다니다 보면 때때로 오싹한 공포가 엄습해온다. 출구를 찾을 수 없는 미로 속을 헤매는 느낌이다. 공간의 우범성은 홍콩이라는 도시가 상징적으로 자랑하는 화려한 메트로폴리스로서 관광과 쇼핑의 천국이라는 이미지를 단번에 뒤집어놓는다. 청킹맨션 역시 관광과 쇼핑 지역의 일부이지만, 거기에 더해 불안과 공포가 뒤섞이기 때문이다. 그런 점에서 홍콩 전체가 보여주는 이국의 여행지로서 가지고 있는 쾌락의 정서는 이곳에서 전복된다. 그러므로 홍콩, 혹은 관광, 혹은 쇼핑이라는 우리 시대의 판타지는 저 깊은 곳에 어두운 공포를 수반하는 일이 된다.

아닌 게 아니라 「중경삼림」이 보여주는 화면을 다시 언급하지 않더라도 청킹맨션은 충분히 어두운 일들을 만들어온 공간이다. 1988년에는 화재가 발생해 관광객이 사망하는 사건이 일어났다. 1995년에는 스리랑카 남성 관광객이 인도인 여자친구를 살해하는 사건이 벌어지기도 했다. 불법과 사기, 마약이 뒤얽힌 공간으로서 청킹맨션은 홍콩이 가진 매력의 상징을 품은 채, 이를 다시 전복적으로 이미지화하고 있다.

아편전쟁과 혼혈의 탄생

흥미롭게도 청킹맨션은 홍콩의 가장 번화한 거리에서도 한복판에 자리하고 있다. 청킹맨션이 위치한 나단로드Nathan Road, 彌敦道는 남북으로 3.6킬로미터나 뻗어 있는 침사추이의 중심 도로다. 나단로드에는 수많은 식당과 쇼핑몰이 들어서 있어서 화려한 홍콩의 면모를 유감없이 보여준다. 아편전쟁에서 패배한 청나라가 영국에 까우룽반도를 넘겨주고 나서

1861년에 처음으로 만들어진 도로가 바로 나단로드이다. 원래 이름은 로빈슨로드Robinson Road였지만 홍콩 섬에도 같은 이름이 있어 나중에 나단로드로 바꾸었다. 홍콩의 제13대 주지사인 매튜 나단Matthew Nathan의 이름에서 따왔다. (홍콩의 거리는 나단로드처럼 영국인의 이름에서 따와 붙인 경우가 많다.) 초기에는 주로 주택들이 자리잡고 있었지만 시간이 지나면서 점차 상점이 늘어났고, 마침내 오늘과 같은 모습을 갖게 되었다.

나단로드가 시작되는 남쪽 끝은 침사추이Tsim Sha Tsui, 尖沙咀이다. '침사추이'는 '尖沙咀'라는 한자의 광둥어 발음이다. 이걸 다시 영어로 표기하면 'Tsim Sha Tsui'가 되는데 홍콩 사람들은 보통 줄여서 'TST'라고 부른다. 침사추이는 '尖沙嘴'라고도 쓴다. 광둥어에서 '咀'와 '嘴'는 뜻과 발음이 같다. 이런 지명은 명나라 때부터 사용된 것으로 추정된다. 광둥 일대 주강 삼각주 지역은 예로부터 교통의 요충지로 항구가 발달해 있었다. 침사추이라는 말을 그대로 옮기면 '입처럼 뾰족 튀어나온 모래'라는 뜻인데, 이곳 지형이 앞쪽 바다를 향해 반도처럼 툭 나와 있어서 이런 이름을 얻은 것으로 보인다.

지금은 이곳에 거주하는 홍콩인에게나 스쳐 지나가는 관광객에게나 모두 쇼핑의 거리로 여겨지고 있지만, 교통의 요충이라는 지리적 특성 때문에 180년 전에는 치열한 전투의 현장이었고, 그 전쟁 탓에 침사추이는 오늘날과 같은 혼혈의 땅, 아시아의 샐러드 볼이 되었다. 서양의 제국이 처음으로 중국을 침략하여 일으킨 전쟁, 바로 아편전쟁이 이 일대에서 발발했다. 1840년의 일이었다.

중국과 영국이 교역을 시작한 이래로, 중국은 영국에 차를 팔았고 영국은 중국에 면화와 모직물을 주로 팔았다. 하지만 영국의 무역적자는 나날이 심해졌다. 은으로 차를 사와야 하는데 은이 모자라는 상황에까지 이르렀다. 영국은 은 대신 아편opium으로 찻값을 대신했다. 아편은 침사추이

아편을 소탕하는 임칙서. © openmuseum.tw

를 비롯해 광둥 일대는 물론 중국 동부 해안을 타고 빠르게 상륙했다. 중국 대륙이 온통 아편쟁이들의 소굴이 된 것만 같았다. 사태의 심각성을 눈치챈 도광 황제는 임칙서林則徐를 흠차대신으로 파견해 광둥 지역의 아편을 뿌리 뽑도록 했다. 임칙서는 영국 상선이 가져온 아편을 불사르거나 석회를 발라 바다에 버렸다. 이에 흥분한 영국 상인들은 본국에 이런 사정을 보고했고, 영국은 군함을 이끌고 중국에 도착했다.

영국쯤이야 우습게 보던 청나라는 전세가 기울자 급히 강화講和를 추진하기 시작했고, 결국 1842년에 난징조약을 체결했다. 협상 과정에서 영국은 상하이를 할양하라고 요구했다. 하지만 중국이 보기에 상하이를 열어주면 지리적인 특성상 대륙의 허리를 빼앗기는 결과가 되기 때문에 이는 도저히 받아들일 수 없는 제안이었다. 중국은 상하이 대신 홍콩을 할양하고 다섯 항구, 즉 광저우, 샤먼, 푸저우, 닝보, 상하이를 개항하면서 개항지에 영사관을 설치하거나 조계를 허용하기로 했다.

홍콩은 그렇게 영국 땅이 되었다. 처음부터 지금처럼 넓은 땅을 가져간

건 아니었다. 원래는 홍콩 섬Hong Kong Island만 할양했다. 하지만 섬만 소유해서는 중국 대륙으로 진출하기가 힘들었다. 게다가 아편전쟁이 끝나고 조약을 체결했는데도 중국은 개방에 소극적이었다. 1856년, 영국은 '애로호 사건'을 꾸몄다. 광저우 근처의 주강에 정박해 있던 영국 해적선에서 청나라 관리들이 선원을 체포했다. 영국은 이 사건을 빌미로 두 번째 아편전쟁을 일으켰고, 톈진조약(1858년)과 베이징조약(1860년)을 잇달아 체결한 뒤 1860년에 까우룽반도를 할양받았다.

'까우룽'은 아홉 마리 용[九龍]이라는 뜻이다. 반도를 둘러싸고 아홉 개의 산봉우리가 펼쳐져 있어 얻게 된 이름이다. 나단로드를 중심으로 침사추이와 야우마테이油麻池, 몽콕旺角 지역, 그러니까 야우침몽 일대를 아우른다. 까우룽의 아홉 마리 용은 마치 중국과 영국, 홍콩, 나아가 전 세계인이 저마다의 목적으로 홍콩에 눈독을 들이는 모습을 빼닮아 있다. 역사의 부침을 겪은 까우룽은 근대의 세계를 관통하면서 자신이 주인임을 뽐내고 싶거나 어떤 이유로든 홍콩을 품고 싶은 욕망이 이글거리는 곳으로 다시 태어나게 되었다.

홍콩 땅을 더 넓혀가고 싶었던 영국은 거듭 욕심을 부렸다. 1898년에는 까우룽반도 외곽과 그 북부의 신계新界, New Territories 지역까지 빌려갔다. 그런데 영국은 바로 이때 두고두고 후회할 일을 저지르고 말았다. 신계를 빌리면서 계약 시한을 99년 동안이라고 못박은 것이다. 1898년부터 꼭 99년이 지난 1997년 영국은 눈물을 머금고 홍콩을 중국에 돌려주어야 했다.

홍콩은 혼혈아였다. 중국과 영국의 혼혈이었고 동양과 서양의 혼혈이었다. 100년이 넘는 세월 동안 중국도 아니고, 그렇다고 영국도 아닌 이중적 정체성을 가지고 살았던 홍콩, 중국이었지만 영국에 조금 더 기울어 있던 정체성으로 살아왔던 홍콩은 이제 다시 중국으로 좀 더 기울어 살아야 하는 정체성을 요구받고 있다.

중국 대륙이라는 용광로 속으로

영국의 식민지였으나 동시에 선진사회의 자유와 민주의 가치를 누리며 살아왔던 홍콩인은 홍콩의 중국 반환 이후 새로운 조국을 받아들여야 하는 갈등에 직면했다. 윤리적이고 사회적이며 문화적이고 정치적인 갈등은 아직도 홍콩인을 괴롭히고 있다. 영국은 그런 문제를 회피하고 싶어 했다. 1982년 영국의 마거릿 대처 총리가 중국을 방문했을 때 중국 쪽에서 홍콩 문제를 꺼내들자 영국은 당혹스러워했다.

중국의 요구를 무작정 거스를 수 없었던 영국은 이듬해부터 2년 넘게 중국과 협의를 이어갔다. 협상의 물꼬를 튼 건 덩샤오핑의 '일국양제一國兩制' 선언이었다. 중국과 홍콩은 나라는 하나이지만 제도는 둘이라는 말이었다. 그러니 홍콩이 가지고 있는 자치의 제도를 그대로 유지하겠다는 것이었다. 일국양제와 '항인항치港人港治'(홍콩인에 의한 홍콩 통치)의 정신을 바탕으로 홍콩 반환 협정이 체결되었다. 물론 단서 조항은 있었다. 향후 50년 동안만 그렇다고 했다. 2046년은 바로 그 마지막 해가 된다. 왕가위가 나중에 다시 「2046」이라는 영화를 만든 까닭도 결국 홍콩의 운명에 대한 명징한 비유를 위해서였다.

1997년 7월 1일 0시를 기해 홍콩 총독부 건물에서는 영국 국기인 유니언 잭이 내려오고 중국의 오성홍기가 올라가는 역사적인 의식이 치러졌다. 중국 땅이었으나 영국에 의해 발견되고, 영국에 의해 자라나고, 다시 중국의 품으로 돌아가는 동안 150년이 넘는 시간이 걸렸다. 그 시간 동안 영국의 관습이 젖어든 몸으로 돌아가 사는 일은 쉽지 않은 '분투'를 요구했다. 게다가 중국은 당초 약속했던 '일국양제'라는 원칙을 슬금슬금 되물리는 일들을 시작했다.

2014년 홍콩 섬 센트럴에는 우산을 펼쳐든 시민들이 모여들기 시작했다. '점중占中, Occupy Central', '센트럴을 점령하라'는 구호가 함께 따라왔다. 중국 정부가 홍콩의 행정장관 선거에서 반중국파 인사를 배제하고 친중국파만 후보가 될 수 있도록 교묘하게 규정을 바꾸자 홍콩의 대학생이 연대하여 동맹휴업을 벌이고, 뒤이어 센트럴을 점령하기 시작했다. 금융과 관광, 쇼핑의 천국이라는 홍콩 섬 센트럴은 최루탄이 난무했고 이를 막아내려 우산을 펼쳐든 시민으로 가득했다. 홍콩에서는 참으로 보기 드문 광경이었다. 그렇게 홍콩은 다시 혼혈의 아픔을 온몸으로 체험하고 있었다. 그해의 시위는 이른바 '우산혁명'으로 기록되었다.

2019년 홍콩 시민은 다시 뿔이 났다. 해외로 도주한 범죄인을 인도하는 법률을 제정하겠다는 당국의 시도 때문이었다. 이른바 '송환법'이었다. 언뜻 보면 타당한 논리일지 모르지만, 홍콩 사람들은 죄 없는 자신들을 막무가내로 잡아다가 대륙에서 사법재판을 받게 하려 한다고 믿었다. 게다가 대륙의 사법 체계는 그동안 살아왔던 영국의 땅과 사뭇 다른 사회주의 체제 아래서 작동하므로 두렵기 그지없었다. 비판 언론 〈빈과일보蘋果日報〉의 발행인 지미라이黎智英가 구속되고 청년 지도자 조슈아 웡黃之鋒이 체포되었다. 우여곡절 끝에 송환법은 철회되었으나 민주화를 향한 홍콩인의 가슴은 더욱 뜨거워졌다.

2020년 중국은 기습적으로 '국가안전법'을 제정했다. 홍콩의 국가안보를 수호하기 위해서 법률을 집행하는 기관을 대륙의 전국인민대표대회로 못박아버렸다. 홍콩인들은 말 그대로 '일국양제'의 훼손이라고 생각했다. 2019년 '송환법' 사건과 '국가안전법' 사태를 겪으면서 시위대는 이제 홍콩 섬, 센트럴에만 머물지 않았다. 침사추이와 까우룽반도 곳곳을 '점령'했다. 침사추이의 경찰서 앞에서는 체포된 시민을 석방하라는 시위가 연일 계속되었다.

홍콩, 홍콩 섬, 까우룽반도, 침사추이, 나단로드, 청킹맨션은 그렇게 새

홍콩 우산혁명(2014년). © SnappyGoat

로운 얼굴로 우리 모두에게 떠올랐다. 영국과 중국 사이의 혼혈의 정체성을 갖고 태어났으니, 그렇게 태어난 자신의 신세를 스스로 바꿀 수도 없지 않느냐며 힘겨워하던 시절, 정치도 사회도 나 몰라라 하고 그저 유흥과 소비에 몰두할 뿐이라던 선택이 결국 중국의 힘자랑에 맞설 수밖에 없는 정치적 선택으로 바뀌게 되었다.

그러나 어찌 감당할 수 있으랴. 혼혈의 땅, 아시아의 샐러드 볼의 운명은 결국 중국으로 귀결되는 마침표를 찍어야만 할 테니까 말이다. 2046년이면 다가올 그 시간을 차분히 기다리지 못해 힘을 쓰기 시작한 중국과, 그에 맞서기엔 역부족일 수밖에 없는 운명을 잘 알면서도 어쩔 수 없이 센트럴로, 침사추이로 나서야만 하는 홍콩인의 처지는 이제 점차 혼혈로 얼룩진 피의 색깔을 빼내고, 샐러드 볼을 뒤섞어 중국 대륙이라는 용광로 속으로 들어가야만 하는 불가피한 자리에 놓이게 되었다.

임대근

한국외국어대학교에서 중국 영화를 연구했으며, 현재 한국외국어대학교 인제니움칼리지 교수이다. 중화권 영화와 아시아 대중문화의 초국적 교류, 문화콘텐츠의 담론화, 문화정체성과 스토리텔링 등에 관심을 갖고 연구, 강의, 번역을 수행하고 있다. 최근 지은 책으로『문화콘텐츠 연구』가 있고, 함께 지은 책으로『한류, 다음』,『세계의 영화, 영화의 세계』,『한국영화의 역사와 미래』,『중국학교』등이 있다. 옮긴 책으로『대만 원주민 작가 단편소설집 : 생강로드』,『수신기 : 신화란 무엇인가』등이 있다.

낯선 도시에서 조선인을 만나다

마카오 성 안토니오 성당

최형섭

난하이南海 연안에 위치한 마카오는 광저우, 홍콩과 함께 주강 삼각주 트라이앵글을 형성하고 있는 대표적인 도시이다. 홍콩보다는 훨씬 작아 서울의 은평구나 관악구 정도의 면적이다. 원래는 마카오반도와 남쪽의 타이파Taipa, 콜로안Coloane 두 개의 섬으로 이루어져 있었다. 그런데 간척 공사를 통해 두 섬이 하나로 연결되었다. 오늘

마카오와 그 인근 지역.

날 세계 최대 규모의 카지노와 호텔이 들어서 있는 코타이Cotai라 부르는 지역이 그 매립지이다. 마카오반도와 하나로 연결된 섬 사이에는 세 개의

다리가 놓여 있어 배를 타지 않고도 쉽게 오갈 수 있다.

마카오 여행은 크게 구도심인 반도 여행과 신도시인 섬 여행으로 구분된다. 코타이 지역에는 2007년 베네치아 호텔을 시작으로 갤럭시, 스튜디오 시티, 시티 오브 드림즈, 파리지앵 등 최고급 호텔이 들어서 카지노, 쇼핑, 공연 등을 즐길 수 있다. 반면 마카오반도는 동서 문명이 조화롭게 융화되어 있는, 신도시와는 색다른 매력을 느낄 수 있는 곳이다. 이곳의 주요 건축물과 광장은 2005년 '마카오 역사 중심 지구'라는 명칭으로 유네스코 세계문화유산에 등재되었다.

영화와 드라마 속의 마카오

지금까지 마카오를 배경으로 하는 국내외의 많은 드라마와 영화가 있었다. 한국 드라마 「궁」(2006년)에서는 콜로안 지역의 성 프란치스코 하비에르 성당이 나오고, 「꽃보다 남자」(2009년)에서는 성 바울 성당과 함께 베네치아 호텔의 실내 수로에서 주인공들이 곤돌라를 타는 장면이 시청자들의 관심을 끌었다. 한편 홍콩 왕자웨이 감독의 「2046」(2004년)과 펑하오샹 감독의 「이사벨라 Isabella」(2006년)에서는 펠리시다데 거리가 중요한 배경으로 등장한다. 특히 「이사벨라」는 1999년 12월 20일 마카오가 중국에 반환되기 바로 직전의 여름을 시대적 배경으로 범죄 조직과 경찰, 공무원의 부패 문제를 다루고 있다. 또 다른 영화 「라스트 프러포즈」(2008년)는 최고급 MGM 그랜드 호텔을 배경으로, 마카오 최고의 카지노 재벌 스탠리 호 Stanley Ho의 실제 러브스토리를 영화화한 것으로 유명하다. 이러한 드라마와 영화는 호화로운 리조트와 허름한 뒷골목, 유럽풍의 다양한 건축물 등 고급과 동서 문화가 융합되어 있는 마카오의 다채로운 매력을 잘 보여주고 있다.

한국 영화 「도둑들」(2012년)도 '마카오' 하면 떠오르는 영화 중 하나이다. 이 영화는 다음과 같은 재미있는 프롤로그로 시작된다. '예수가 십자가에 못 박히던 그날, 옆 십자가에 같이 매달린 건 도둑이었다. 도둑은 오래된 직업이다. 사람들이 재물을 모으는 순간부터 도둑은 함께 있어왔다.' 이 영화는 하룻밤에 88억 원을 땄다는 전설의 마카오박의 계획 아래 열

영화 「도둑들」의 포스터.

명의 한·중 도둑이 의기투합하여, 마카오 카지노에 숨겨진 2,000만 달러짜리 옐로 다이아몬드를 훔치는 내용이다. 각자 이익을 독점하기 위한 나름의 계획을 가진 도둑들의 이야기는 관객들의 주의를 집중시킨다. '태양의 눈물'이라는 다이아몬드의 이름은 카지노의 한탕주의에 대한 경고, 만족을 모르는 욕망 속에 내재된 저주를 연상시킨다. 다이아몬드가 숨겨져 있는 카지노는 아시아 최대 규모의 아름답고 화려한 대형 카지노 리조트인 시티 오브 드림즈이다. 이와 대조적으로 이 영화의 포스터는 허름한 펠리시다데 거리를 배경으로 열 명의 도둑이 폼을 잡고 걷는 모습이 담겨 있다. 세나도 광장에서 멀지 않은 이 '행복의 거리'는 하얀 건물에 붉은색으로 대문과 창문이 칠해져 있는 것이 인상적이다. 현재는 간식 가게와 맛집들이 들어서 있지만, 예전에는 여인들이 웃음을 팔던 유명한 홍등가였다. 동치(1862~1874년) 연간 포르투갈 총독의 계획 아래 상인 왕녹王祿·왕체王棣

부자父子가 돈을 투자하여 이 유흥가를 조성했다. 위쪽은 기원妓院과 찻집, 아래쪽은 아편굴과 술집이 밀집되어 있었다. 1932년 홍콩에서 매춘이 금지된 후 1940년대까지 이곳은 최고의 호황을 누렸다. 성과 속의 공존이라고 해야 할까? 이 속된 일탈과 향락의 거리에서 10분도 채 걸리지 않는 곳에 거룩하고 신성한 공간인 성 아우구스티누스, 성 도미니크 등 여러 개의 성당이 있다.

성 안토니오 성당

지금으로부터 180여 년 전인 1837년, 유럽의 분위기가 충만한 이 이국적인 도시를 찾은 조선인들이 있었다. 그들이 도착한 날은 6월 7일, 음력으로는 공교롭게도 5월 5일 단오날로 무척이나 무덥게 느껴졌을 것이다. 그들도 어쩌면 앞서 언급한 성당을 비롯해 크지 않은 도시 이곳저곳을 둘러보았을지 모른다. 그들이 누구였는가에 대한 단서는 안토니오 성당과 길 건너편의 카몽이스 공원에서 찾을 수 있다.

카몽이스 Camoes(1524~1580년)는 영국의 셰익스피어에 비견되는 포르투갈 최고의 국민 시인으로, 군인이었던 시절 마카

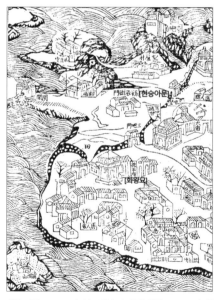

현승아문縣丞衙門이라는 정부 관서 밖 화왕묘花王廟가 성 안토니오 성당이다(『오문기략』).

카몽이스 공원 북쪽에 김대건 신부의 동상이 있다. ©남연정

오에 머문 적이 있었다. 카몽이스 공원의 북쪽에는 두루마기에 갓을 쓰고
왼쪽 가슴에 성경을 댄 채 오른손을 펴서 축복하는 한국 최초의 천주교 사
제인 김대건 신부의 동상이 세워져 있다. 이 동상은 한국 천주교 주교회의
에서 1985년에 건립한 것이다. 동상 받침대 사면에는 그의 약력이 한글,
중국어, 포르투갈어, 영어로 기록되어 있어 다문화가 혼재된 이 도시의 성
격을 잘 보여준다.

　카몽이스 공원의 남쪽에는 개신교 최초의 중국 선교사였던 모리슨R.
Morrison(1782~1834년) 등이 묻힌 묘지가 있고, 그곳에서 조금 걸어 나와 길을
건너면 성 안토니오 성당이 있다. 이 성당에는 김대건 신부의 목상이 모셔
져 있고, 제대祭臺 아래에는 김대건 신부의 유해 일부가 묻혀 있으며, 매주

성 안토니오 성당 내부의 모습. 왼쪽이 김대건 신부, 중앙이 성 안토니오 상이다. ⓒ남연정

한국어 미사도 올려지고 있다.

　16세기 당시 이 지역은 포르투갈인 최초의 정착지였다. 예수회 선교사들은 마카오의 랜드마크 중 하나인 성 바울 성당 외에도 여러 개의 성당을 건축했다. 그중 성 안토니오 성당은 고성古城의 가장 북쪽, 세나도 광장 인근의 주교좌主敎座 대성당은 중앙, 성 로렌스 성당은 가장 남쪽에 위치해 있었다. 성 안토니오 성당은 1558~1660년경 마카오에서 최초로 건축된 성당 중 하나로, 일찍이 예수회 본부로도 사용된 적이 있다. 몇 차례의 소실과 재건이 이루어졌고, 오늘날의 모습은 1875년의 중건과 1930년의 개조를 거친 것이다.

　성당의 명칭인 성 안토니오Santo António de Pádua(1195~1231년)라는 인물을 언

마카오의 성 안토니오 성당은 화왕당花王堂이라고도 불렸다. ⓒ송진영

급할 때면 언제나 '파도바'라는 수식어가 붙는다. 파도바는 이탈리아 동북부의 베네치아에서 멀지 않은 곳에 위치한 도시로, 그가 선종한 곳이다. 파도바라는 수식어 때문에 이탈리아인으로 오해할 수도 있지만, 사실 그는 포르투갈 리스본 출신의 프란치스코회 수사였다. 리스본에 있는 그의 생가 터에는 그를 기념하는 성당이 건립되어 있고, 지금도 그가 선종한 6월 13일을 전후해 축제가 열린다. 그는 전 세계적으로 존경과 사랑을 받는 성인으로, 가톨릭 문화 전통이 있는 세계 각지에서 동일한 이름의 성당, 지명 등을 발견할 수 있다. 성화나 조각에서 그는 보통 아기 예수, 흰 백합, 책과 같이 표현된다. 그는 잃어버린 물건의 수호성인으로 유명하지만, 포르투갈과 스페인에서는 결혼의 성인으로도 알려져 있다. 마카오에 정착한 포르투갈인이 대부분 성 안토니오 성당에서 결혼식을 올린 것은 그들의 문화 전통에서 보면 너무나 당연한 일이었다. 대항해시대에 남미로 가

리스본의 성 안토니오 성당. 리스본은 성 안토니오의 출생지이자 동방 항로의 출항지였다. © wikimedia

는 출항지는 스페인의 카디즈Cadiz, 동방 항로의 출발지는 포르투갈의 리스본이었다. 그 옛날 마카오를 찾았던 유럽인들은 자신들의 출항지를 기억하며 이 성당에 더욱 특별한 애정을 느끼지 않았을까?

성 안토니오의 본명은 페르난도Fernando로, 원래 부유한 귀족 집안 출신이었다. 안토니오는 아우구스티누스회에서 프란치스코회로 옮기면서 가지게 된 수도명이었다. 그는 열다섯 살에 아우구스티누스 수도회에 가입한 후 신학 공부와 선교, 수도 생활을 위해 계속 거처를 옮겨다녔다. 하지만 건강이 좋지 않아 수도 생활을 하는 데 어려움을 겪었고, 결국 서른여섯이라는 젊은 나이에 사망했다. 그는 짧은 인생을 살았지만 해박한 지식을 가진 탁월한 설교가로 명성을 날렸고, 성 프란치스코(1182~1226년)로부터 인정을 받아 회원들에 대한 교육을 전담하기도 했다. 또한 매우 이례적으로 선종한 이듬해에 교황으로부터 성인으로 추존되었다.

20대 젊은 나이의 순교자

젊은 시절 질병으로 인한 고난과 긴 타향살이, 스물다섯이라는 젊은 나이에 순교한 점 등 김대건(1821~1846년) 신부의 삶도 성 안토니오와 닮은 점이 있다. 1835년 조선에 들어온 최초의 프랑스 사제인 모방Maubant (1803~1839년) 신부는 조선인 사제의 필요성을 느끼고 충청도 출신의 신학생 세 명을 선발했다. 최방제(1820~1837년), 최양업(1821~1861년)이 먼저 선발되었고 김대건은 뒤늦게 합류했다.

지금 인천국제공항에서 마카오까지 네 시간이 채 걸리지 않는다. 하지만 이들이 1836년 12월 3일 한양을 출발해 만주를 거쳐 마카오에 도착한 것은 이듬해 6월 7일이었다. 원래는 말레이시아의 페낭 신학교에 가기로 되어 있었지만, 마카오에 있는 파리외방선교회 극동대표부에 임시로 신학교 과정이 개설되어 그곳에서 라틴어, 프랑스어, 철학, 신학 등을 배웠다. 그의 마카오 생활은 녹록지 않았을 것으로 짐작된다. 학업에 대한 부담, 입에 맞지 않는 음식, 무더운 날씨, 잦은 병치레 등으로 어려움을 겪었다. 게다가 아편 문제로 민란이 일어나 두 번이나 마닐라로 피신해야 했다. 당시 그는 10대 중후반의 감수성이 예민한 때였는데, 1837년 11월에는 친구 최방제의 죽음을 곁에서 지켜봐야 했다.

1842년 2월 그는 프랑스 세실(1787~1873년) 함장의 통역관으로 선발되어 5년 정도 머물렀던 마카오를 떠나게 된다. 그가 남긴 서신을 보면 학업이나 병치레로 힘들었다는 간단한 기록 외에 도시 경관이나 구체적인 생활에 관한 내용은 거의 찾아볼 수 없다. 이후 그는 세실 함장을 따라 마닐라를 거쳐 난징으로 갔다. 그는 1842년 8월 29일에 조인된 난징조약 체결 장면을 가장 가까이서 목도한 유일한 조선인일 것이다. 그의 편지 여러 곳에서 당시의 상황을 기록하고 있는데, 다음은 1842년 9월 상하이에서 마카오의 리부아 신부에게 보낸 편지 내용 중 일부이다.

이 배를 가져온 다음에 세실 함장은 부관 뒤프레 씨와 프랑스 왕 필립의 사절, 지리학자와 저, 그리고 약 스무 명의 선원을 대동하고 16일 동안 항해한 후 강화조약이 조인되던 바로 그날 남경에 도착하여 조인식에 참석하고, 네 명의 중국인 고관을 전부 만났습니다. 그 이튿날은 남경탑과 교외를 관광하였는데, 한 사람을 제외하고는 모든 영국인에게 성안 시가지에 들어가는 것이 금지되어 있었습니다. 영국군이 앞에 말한 진강부鎭江府를 점령하는 데 150여 명의 군인을 잃었으며 도시 전체가 파괴되고 악취가 가득하였습니다. 이 도시의 중국 고관은 영국군이 승리한 것을 보고 집으로 돌아가 아내와 자녀들을 모아놓고 집에 불을 질러 모두 함께 타 죽었다고 합니다.

_『이 빈 들에 당신의 영광이』, 60~61쪽

이후 그는 요동을 거쳐 만주의 교우촌에서 신학 공부를 하며 입국을 시도하지만 번번이 좌절을 겪다가 1845년 1월이 되어서야 한양에 들어오게 된다. 그해 8월 우여곡절 끝에 뱃길로 다시 상하이에 도착한 그는 조선대목구장(1843~1853년)을 지낸 페레올Ferréol(1808~1853년) 주교로부터 조선인 최초로 사제 서품을 받았다. 하지만 이듬해 9월 그는 20대 중반의 젊은 나이에 날개를 제대로 펼쳐보지도 못한 채 한양에서 순교했다. 그에 관해서는 『조선왕조실록』에서도 네 건의 기록을 찾을 수 있는데, 대부분 헌종 12년(1846년) 그가 사형 판결을 받았던 해의 기록이다.

헌종이 물었다. "김대건 사건은 어떻게 처리할 것인가?" 영의정 권돈인權敦仁이 대답했다. "김대건 일은 조금이라도 너그럽게 용서해서는 안 됩니다. 자신이 사교邪敎를 믿을 뿐더러 민심을 현혹하고 있습니다. 그가 행한 짓을 따져보면 오로지 백성들을 미혹 선동하여 혼란을 일으키려는 계책에서 나온 것입니다. 단지 사악한 주장만이 문제가 아닙니다. 그는 본래 조선인이면서 본국을 배반하고 다른 나라 국경을 침범하였습니다."

후에 김대건이란 자가 있어 서양으로 달아나 그들의 학설을 배우고 10년 후에 돌아왔다. 엄히 조사하여 그를 참수 효시하니 간악한 무리가 숨을 죽이고 백성들도 안정을 찾았다.

1984년 김대건 신부는 교황 요한 바오로 2세에 의해 성인으로 추대되었다. 그리고 2019년 11월 유네스코에서는 그의 탄생 200주년을 맞이하여 2021년 세계기념인물로 그를 선정했다. 세계기념인물 신청 과정에서 프랑스와 필리핀 등으로부터 지지 선언을 확보할 수 있었던 것은 앞서 언급한 그의 삶의 행적과 무관하지 않다. 마카오에서 발견한 조선인의 흔적은 반가우면서도 가슴 저미는 안타까움과 슬픔을 느끼게 한다.

마카오의 과거와 미래

마카오는 비교적 이른 시기인 16세기 중반부터 동서 문명을 연결하는 중요한 거점 도시 역할을 해왔다. 과연 언제부터 이 도시가 포르투갈의 조차지가 되었을까? 그 정확한 연도에 대해서는 여러 이설이 있지만, 대략 1557년을 전후하여 포르투갈인들은 장기간 거주할 목적으로 도시를 건설하기 시작했다. 그들이 이곳에 거주권을 얻게 된 계기에 대해서도 이설이 있다. 일부 예수회 선교사들은 포르투갈인들이 해적을 물리치는 데 협조한 대가로 중국 정부로부터 받은 선물이라고 기록하고 있다. 또 다른 견해에 따르면 포르투갈인들이 그 지역을 관할하는 광둥성 관리에게 뇌물을 주어 처음에 임시적으로 거주 허가를 받았고, 1573년경부터는 이것이 정부에 납부하는 지조地租로 바뀌었다. 관리들에게 뇌물로 주는 비공식적인 금액을 제외하고, 공식적으로 관청에 납부하는 금액은 1849년까지 백은 500냥이었다. 오늘날의 관점에서 바라보면 약간 어이없는 상황일 수 있지만, 마카오는 그렇게 포르투갈의 조차지가 되었다. 이는 무력을 앞세워 강제로 침탈한 것까지는 아니라 하더라도, 서구 제국주의 열강의 침략사라는 관점에서 자유로울 수는 없을 것이다. 하지만 이에 대한 판단을 잠시 유보하고 결과만 놓고 본다면, 당시 거의 버려졌던 오지에 도시가 건설되었고, 이 도시는 유럽과 아시아를 잇는 중요한 교두보 역할을 했다. 포르투갈의 리스본, 인도의 고아, 인도네시아의 말레카, 중국의 마카오, 필리핀의 마닐라, 일본의 나가사키는 동서 문명 교류의 주요 거점 도시였다. 그러다가 난징조약 체결로 홍콩과 상하이가 점차 부상하면서 상대적으로 마카오가 가지고 있던 위상과 역할은 축소되었다. 조선 선교를 전담한 파리외방선교회만 보더라도 극동대표부를 1847년 마카오에서 홍콩으로 옮겼고, 1864년에는 상하이에도 대표부를 설치했다.

2019년 12월 20일은 포르투갈령 마카오가 중국에 반환된 20주년이 되는 해로, 시진핑 국가주석도 기념행사에 참석했다. 2019년 11월 29일부터 방영된 「마카오 사람들澳門人家」이라는 드라마는 중국에서 큰 인기를 끌었다. 중요한 역사적 사건을 기념하여 영화나 드라마를 제작·방영하는 것은 중국에서 흔한 일이다. 이 드라마는 마카오 반환 20주년을 기념하여 CCTV에서 방영한 것으로, 마카오의 옛 거리에서 대대로 빵집을 운영해 온 량형梁恒 집안의 3대에 걸친 일화를 그리고 있다. 대략 1980년 중반부터 오늘날까지 30여 년이 흐르는 동안, 분열되고 파탄에 이르렀던 가정이 회복되고 경제적인 여건도 좋아져 행복을 되찾게 된다는 내용이다.

덩샤오핑이 개혁개방정책을 추진하던 초기인 1980년 주하이, 선전, 산터우, 샤먼 네 도시가 경제특구로 지정되었다. 이어 일국양제의 논리로 1984년에는 홍콩 반환 협정, 1987년에는 마카오 반환 협정이 체결되었다. 홍콩과 마찬가지로 마카오는 반환 후 2049년까지 50년간 현 체제를 보장받게 되었다. 홍콩을 염두에 두고 선전이 경제특구로 지정된 것이라면, 마카오를 염두에 두고 주하이가 지정된 것으로 볼 수 있다. 지리적으로 마카오는 주하이시 샹저우구香洲區가 둘러싸고 있는데, 반도 북쪽은 대륙과 연결되는 관문이 있고 서쪽에는 헝친다오橫琴島가 위치해 있다. 1992년 말 주하이가 국가첨단기술산업개발구로 지정된 후, 시진핑 정권 들어서 새롭게 조성된 헝친신구는 새로운 시대 개혁개방의 상징이 되었다. 2018년 10월 세계 최장 해상 대교인 강주아오대교가 개통되면서, 홍콩국제공항이 있는 란타우 섬에서 해저터널과 교량으로 마카오반도를 거쳐 주하이까지 연결되었다. 홍콩과 마카오 사이의 거리는 예전의 세 시간 반에서 30분으로 단축되었다. 홍콩과 마카오는 이제 더 이상 서구 자본주의를 대변하는 고립되고 폐쇄된 공간이 아니라 내륙의 주요 도시와 유기적으로 긴밀하게 연결된 하나의 거대한 주강 삼각주 벨트로 묶이게 된 것이다. 카지노 사업을 중심으로 복합휴양관광도시를 표방하는 마카오도 첨단 산업도시로 부상하고 있는 주하이와 하나로 연결되어 앞으로 더 큰 시너지 효과를 거둘 것으로 기대해볼 만하다. 한편 이런 경제적인 측면 외에, 반환 이후 친정부적인 성향을 띤 마카오는 끊임없이 민주화 시위를 벌이는 홍콩과 다른 길을 걸어왔다. 2047년과 2049년, 홍콩과 마카오 두 도시가 과연 어떤 모습으로 변해 있을지 기대와 염려가 교차된다.

최형섭

서울대학교 중어중문학과를 졸업한 뒤 동 대학원에서 연구했다. 현재 서울대학교 기초교육원 강의교수로 재직 중이다. 명·청 시대의 소설을 전공했고 지은 책으로 『개인의식의 성장과 중국소설』, 옮긴 책으로 『서유기』, 『무성희』, 『지역문화와 국가의식』 등이 있다.

14

움직이는 누각, 시대를 그리다

후베이 황학루

이현서

작은 배낭 하나를 왼쪽 어깨에 걸쳐 메고 한커우漢口 기차역에서 내렸다. 후텁지근한 공기가 온몸을 에워싸니 숨이 턱턱 막힌다. 우한武漢이 중국의 '3대 화로火爐'라 일컬어지는 곳임을 단박에 실감한다. 덥고 습한 이 불가마 날씨에는 차차 적응하기로 하고 택시를 탄다. 오늘 목적지는 우한 장강의 남쪽 산꼭대기에 우뚝 솟아 있는 황학루黃鶴樓. 오랜만에 다시 찾아왔다.

1990년대 초만 해도 황학루 건너편에 위치한 20층 높이의 청천晴川호텔이 우한에서 가장 높았다. 그런데 지금은 59층 높이의 가려광장佳麗廣場부터 우한중심대하武漢中心大廈라는 88층 빌딩까지, 지나는 곳마다 독특하고 화려한 고층 건물이 곳곳에 즐비하다. 게다가 건설 중인 녹지중심센터는 무려 131층이나 된다.

중국의 근현대사에서 신해혁명, 북벌 전쟁, 국공합작 같은 중요한 사건마다 우한은 그 중심에 있었다. '혁명의 도시'라 불릴 만큼 크고 작은 분쟁

장강대교를 사이에 두고 고층 빌딩과 마주 보고 있는 황학루. © shutterstock

속에서 늘 불안했던 우한의 옛 시간 위에 자리잡은 지금의 현대식 초고층 빌딩과 활기찬 거리 풍경은 무척 낯설게 느껴진다. 하지만 이것이 '아시아 혁신 4대 핫플레이스' 도시라는 이름으로 전 세계의 주목을 받고 있는 우한의 현재 모습이다.

지금 이 빌딩숲을 지나 장강대교 끝자락에서 2,300여 년 전 초나라 땅에 말없이 서 있는 황학루를 만나러 간다.

금빛 학으로 은혜를 갚다

하나의 선이 관통하고, 두 강이 교차해 흐른다. 삼진이 정립해 있어 사해 가 호응한다. 오방 사람이 잡거하며, 육로가 훤히 내다보인다. 북두칠성이 높이 비추니 팔방이 영롱하다. 아홉 성으로 두루 통하며, 열 손가락이 마음과 닿아 있다.

중국 역사학자 이중톈易中天은 자신의 저서 『독성기讀城記』에서 우한의 지리적 특징을 위와 같이 묘사했다. '하나의 선'은 베이징에서 광저우까지 중국 대륙의 중앙을 관통하는 경광철로京廣鐵路를 가리킨다. '두 강'이란 장강長江과 한수漢水를 말하는데, 두 강이 교차하는 곳에 우창武昌, 한커우漢口, 한양漢陽이 솥의 세 발처럼 위치해 있다. '우한'이란 이름은 바로 우창의 '우', 한커우와 한양의 '한'을 따서 부른 것이다.

아홉 성으로 두루 통하는 요충지에 위치한 우한은 교통이 편리해 수로와 육로가 발달하게 되었고, 자연스럽게 상업 무역도 번성했다. 10리에 걸쳐 돛이 늘어서 있고 가게마다 밝혀놓은 수만 개의 등불로 우한은 밤마다 불야성을 이루었다. 특이하게도 거주민 대부분은 외지인으로 토박이가 거의 없었는데, 그중에 9할이 상인, 1할이 주민이었다고 하니, 오방 사람들이 모여 시끌 벅적하게 북적거렸을 우

흰 구름과 금빛 학이 그려져 있는 황학루 본당의 「백운황학도白雲黃鶴圖」. © shutterstock

한의 모습은 쉽게 상상이 된다.

황학루는 이런 우한을 대표하는 랜드마크다. 후난성湖南省의 악양루岳陽樓, 장시성江西省의 등왕각滕王閣과 더불어 중국 강남의 가장 아름다운 3대 누각으로 손꼽히는 건축물이며 1,800년 동안 소실과 중건을 반복하면서 그 모습을 지켜온 역사적 보고이기도 하다.

황학루는 올라가는 초입에서부터 나오는 곳까지 온통 금빛 학으로 꾸며져 있지만, 대부분의 관광객은 본당에 들어서자마자 예상치 못하고 맞닥뜨리는 커다란 금빛 학 모자이크 벽화에 순간 압도당한다. 높이가 9미터, 너비가 6미터나 되는 금빛 학 벽화는 한눈에 담기조차 힘들다. 황학루에 첫발을 내디딜 때부터 금빛 학은 우리에게 강렬한 인상을 남긴다.

그렇다면 황학루와 금빛 학은 무슨 인연이 있을까? 그 인연의 발자국을 따라가다 보면 황학루와 금빛 학의 전설을 만나게 된다.

옛날에 신씨라는 사람이 술을 팔아 업으로 삼았다. 하루는 남루한 차림의 몸집 큰 사내가 와서 술을 달라고 했다. 신씨는 감히 거절하지 못하고 큰 사발에 술을 부어주었다. 이렇게 하길 반년이 되었는데도 신씨는 싫은 내색 한 번 하지 않았다. 하루는 이 사내가 신씨에게 말했다. "그동안 술 신세를 졌으나 술값 한 푼 제대로 갚질 못했소." 그러더니 그는 바구니에 담겨 있는 귤껍질로 벽에다 노랗게 학 한 마리를 그렸다. 자리에 앉아 있던 손님들이 보고서 박수를 치며 노래를 부르자 갑자기 금빛 학이 노랫소리에 맞춰 춤을 추기 시작했다. 많은 사람들이 돈을 내고 이 광경을 감상하러 왔다. 10년이 지나 신씨는 큰 부자가 되었다. 어느 날 갑자기 금빛 학을 그려주었던 그 사내가 돌아왔다. 신씨가 그 남자에게 감사 인사를 하며 말했다. "예전처럼 선생을 대접하고자 합니다." 사내가 웃으며 대답했다. "제가 그것 때문에 왔겠습니까." 사내가 피리를 꺼내 불자 잠시 후 구

름이 하늘에서 내려오고 벽에 그려져 있던 금빛 학이 사내 앞으로 날아왔
다. 사내는 학을 타고 하늘로 올라갔다. 신씨는 이것을 기념하기 위해 누
각을 세우고 황학루라 이름 지었다.

사실 황학루는 223년 동오의 손권이 촉나라 유비와의 전쟁을 대비하기
위해 장강 가의 황곡기黃鵠磯에 세운 망루였다. '곡鵠' 자는 '학鶴' 자와 통
용되어 쓰였기 때문에 사람들은 황곡기 위에 세워진 이 누대를 황학루라
고 부르기 시작했다. 황학루라고 부르게 된 기원에 대해 이러한 해석이 훨
씬 설득력이 있는데도 사람들은 신선과 금빛 학의 이야기에 더욱 흥미를
느꼈다. 선계에서 신선들과 벗하고 산다 하여 선학仙鶴, 선금仙禽으로 여
겨지던 학을 소재로 삼아 함부로 사용할 수 없었던 금빛으로 고귀함을 더
하는 데 그치지 않고 신선과 함께 사라지는 결말로 마무리한 위 이야기는
신성한 학의 이미지를 각인시키기에 충분했다. 게다가 이야기 속의 금빛
학은 선의를 베푼 신씨에게 신세진 은혜를 갚을 줄 아는 존재이기도 하지
않는가. 그래서일까, 우한 사람들은 다른 지역 사람들보다 은혜와 원수를
확실히 구분 짓는 특징을 가졌다고 하는데, 금빛 학으로 은혜를 갚은 이야
기가 단순히 황학루의 존재를 한층 더 격상시키고 싶었던 사람들의 소망
만 담고 있는 건 아닐지도 모르겠다.

이백이 붓을 내던지다

당나라 최고의 시인 이백이 황학루에 오른다. 말로만 듣던 수려한 풍광
이 눈앞에 펼쳐진다. 멀리 유유히 흐르는 장강을 바라보니 번뇌로 가득했
던 가슴 또한 시원하게 뻥 뚫리는 듯하다. 자신도 모르는 사이에 시인의

최호의 시를 발견하고 이백이 붓을 꺾은 자리에 세워진 각필정. ⓒ shutterstock

마음에 시흥이 차오르기 시작한다. 여기까지 와서 붓 한 번 안 잡고 내려 갈 순 없지. 이백은 흥분된 마음으로 먹을 갈았다.

그러나 풍광이 아름다우면 아름다울수록 글로 표현하기란 더 어려운 법. 붓을 들고 한참 시상을 떠올리던 이백은 우연히 한쪽 벽에 새겨진 시구를 발견한다. 시구를 한참 쳐다보던 이백은 말없이 생각에 잠기다 이내 고개를 절레절레 흔든다. 힘차게 먹을 갈던 흥분이 금세 사라진다. 결국 이백은 들고 있던 붓을 바닥에 내던져버리고 황학루를 내려왔다. 훗날 사람들은 이백이 붓을 던진 바로 그 길목에 정자 하나를 세우고 붓을 꺾었다는 뜻으로 '각필정擱筆亭'이라 명명했다.

이백이 본 것은 바로 최호崔顥(704~754년)가 쓴 「황학루」라는 시였다. 시선詩仙이라 불리는 천재 시인 이백의 붓을 꺾게 만들었던 당나라 시인 최호의 시를 감상해보자.

최호가 쓴 「황학루」가 벽에 새겨져 있다. © shutterstock

황학루[黃鶴樓]

옛사람은 이미 황학을 타고 훌쩍 떠나고,

이곳에는 덩그러니 황학루만 남아 있네.

황학은 한 번 떠나 다시 돌아오지 아니하고,

흰 구름만 천년 동안 하릴 없이 떠도는구나.

맑은 날 강에는 한양의 나무 또렷하고,

향기로운 풀은 앵무섬을 덮고 있구나.

해는 저무는데 내 고향 어디메뇨,

물안개 자욱한 강을 바라보며 시름에 젖네.

황학루에 올라 물안개가 피어오르는 장강을 굽어보던 최호는 문득 고향이 그리워졌다. 타지에서 고향을 생각하니 자신의 처량한 신세가 더욱 서글프기 짝이 없었던 모양이다. 이 시는 눈앞에 펼쳐진 풍광을 빌려 자신의 감정을 자연스럽게 드러낸 걸작으로 평가받고 있다. 남송 때 시인 엄우 嚴羽는 '당나라 사람들이 지은 칠언율시 가운데 당연히 최호의 「황학루」가 최고'라고 극찬했다. 이 시를 짓기 전까지 최호는 이름이 크게 알려지지도, 시를 많이 짓지도 않았지만 황학루에 올라 읊은 이 칠언율시 한 편으로 불후의 명작을 남긴 시인이 되었다. 최호의 시 앞에서 붓마저 꺾어버렸던 이백은 속상한 마음을 다음과 같이 표현했다.

손으로는 황학루를 부숴버리고,
발로는 앵무주를 차 엎고 싶네.
눈앞에 절경이 펼쳐져 있어도 말로 표현할 수가 없는데,
최호의 시가 머리 위에 걸려 있네.

『당재자전唐才子傳』에 실려 있는 이 일화는 후대 사람들이 만들어낸 이야기라는 주장도 있지만, 우리에게 사실 여부는 중요하지 않다. 어쨌거나 이백은 최호의 시가 황학루를 노래한 걸작임을 중의적으로 인정할 수밖에 없었던 듯하다.

최호의 시는 우리나라의 대표적인 판소리 「심청가」에서도 그대로 빌려 쓰고 있다. '황학루에 당도하니 일모향관 하처시요, 연파강상 사인수는 최호의 유적이라.' 여기서 노래한 '일모향관하처시, 연파강상사인수日暮鄕關何處是, 煙波江上使人愁'는 바로 최호의 시 가운데 마지막 두 구절이다. 최호의 시가 바다 건너 이웃 나라의 노랫말에까지 등장하니 그 영향이 어느 정도였는지 가히 짐작이 간다.

문인들의 성지

천하 절경에는 빼어난 산수를 감상하는 누대가 없을 수 없고, 아름다운 산수와 누대를 보면서 시 한 수 읊지 않은 시인은 없다. 이백의 '각필'과 최호의 시로 유명해진 황학루는 문장가들에게 반드시 가봐야 하는 유람의 성지로, 환영과 석별의 정을 나누는 연회의 명소로 더욱 이름을 알리게 되었다.

이백을 비롯해 왕유, 백거이, 송지문, 포조, 육유, 양신, 장거정, 이지 등 역대의 내로라하는 시인들은 모두 황학루를 찾았으니, 당시 황학루는 문인들이 찾는 핫플레이스였다고 해도 과언이 아니다. 이름 있는 문인이 황학루에 올라 황학루를 노래한 시는 1,000여 편에 달하고, 지금까지 기록으로 전해지는 것만 400여 편이 넘는다. 황학루 내부에는 그중 열세 명의 문인이 남긴 그림과 시를 전시해놓고 있다. '천하강산제일루天下江山第一樓'로 불리던 황학루에서 그들은 무엇을 노래하고 싶었을까?

문인들의 핫플레이스였던 황학루 전경. © shutterstock

자신이 표현하고 싶었던 감정을 군더더기 없이 읊어낸 최호의 시를 보고 상심했던 이백은 훗날 수차례 황학루를 찾아 황학루를 소재로 여러 편의 시를 지었다. 그중 광릉으로 떠나는 맹호연을 황학루에서 떠나보내면서 지은 것은 가장 많이 소개되는 시이다.

광릉으로 떠나는 맹호연을 황학루에서 떠나보내다
[黃鶴樓送孟浩然之廣陵]

옛 친구 황학루에서 이별하고,
꽃 피는 춘삼월에 양주로 가는구나.
외로운 돛단배 멀리 푸른 하늘로 사라지니,
오직 하늘 끝으로 장강만 흐르는구나.

어느 때보다 태평성세였던 개원 연간, 봄볕이 따사롭게 내리쬐는 춘삼월에 이백은 황학루에서 벗을 떠나보내는 이별의 슬픔을 노래했다. 봄기운 완연한 황학루의 풍경은 멀리 장강으로 점점이 사라지는 돛단배와 대조를 이루며 두 시인의 이별을 더욱 가슴 저리게 만들었으리라.

황학루를 찾아 마음을 읊은 건 비단 중국 문인들만이 아니었다. 목은 이색이 '붓을 대면 구름과 연기처럼 뭉게뭉게 시가 피어나온다'고 칭찬했던 고려 후기의 문신 김구용金九容도 황학루에 올라 감회를 노래했다.

우창[武昌]

황학루 앞 강물은 솟구치듯 세차게 이는데,
강 따라 발 드리운 주막은 몇천 채인가.

추렴한 돈으로 술을 사와 회포를 푸노라니,

푸르른 대별산엔 해가 이미 기울었구나.

 1384년에 행례사行禮使가 되어 명나라에 갔던 김구용은 친원파親元派와
의 갈등으로 난징으로 압송되었다가 다시 다리웨이大理衛에 유배되었다.
그가 다섯 달 넘는 유배길에서 지은 시 45수 중 한 수가 바로 「우창」이다.
우창은 지금의 우한이다.

 세차게 흐르는 장강의 물결과 화려한 불빛에 북적이는 주막을 바라보
는 나그네의 마음은 되레 울적하기만 하다. 지치고 쓸쓸한 마음을 술로 달
래보지만 유배지로 향하는 자신의 초라한 처지는 그저 푸른 대별산 뒤로
기우는 석양과 다를 바 없이 느껴진다. 아름다운 자연경관으로도, 향기로
운 술로도 달랠 수 없는 고국에 대한 그리움과 앞날에 대한 불안한 마음이
이 시에 고스란히 투영되어 있다.

우리 시대의 황학루를 짓는다

 누각의 맨 꼭대기에 올라 아래를 내려다보니 저 멀리 우한 시내가 한눈
에 들어온다. 황학루 앞에는 세계에서 세 번째로 길다는 장강이 1,600미터
가 넘는 너비를 자랑하며 잔잔하게 흐른다. 쪽빛처럼 맑고 푸른 강을 상상
했건만, 직접 와보니 탁하디 탁한 흙탕물이다. 어쩌면 수천 년 동안 일어
난 크고 작은 역사를 모두 목도하며 말없이 흘렀을 이 강에는 뿌연 황토색
이 오히려 어울리는지도 모른다. 장강을 지나며 슬픔과 억울함과 그리움
으로 흘렀을 이름 모를 사람들의 눈물을 생각하더라도 영롱한 비취색을
띠는 것이 더 이상할 터이다.

장강 위로는 그 넓은 강을 가로질러 육지와 이어져 있는 장강대교가 웅장함을 뽐내며 펼쳐져 있고, 그 끝에 시대를 뛰어넘은 듯 낯선 현대식 빌딩이 우뚝 서 있다. 황학루에서 건너편 시내를 바라보고 있노라니 마치 2,300여 년 전 초나라 땅을 밟고 서서 망원경으로 미래의 모습을 미리 훔쳐보고 있는 착각에 빠진다. 두 개의 타임라인을 동시에 드나드는 듯 묘한 느낌이다.

황학루는 처음부터 풍광을 감상하기 위해 지어진 누대가 아니었다. 군사적인 목적으로 세워진 황학루는 1,800년 가까운 시간 동안 전란과 화재로 여러 차례 훼손되었다가 중건되기를 반복했다. 명나라와 청나라 두 시대에만 일곱 번 훼손되고 10여 차례나 다시 지어졌다는 말을 들으니 갑자기 황학루에서 강한 생명력이 느껴진다.

흥미로운 것은 중건과 재건 과정을 거치면서 황학루는 시대마다 제각기 다른 모습이었다는 점이다. 이미 그 규모를 갖추었던 당나라 때 황학루는 깔끔하고 우아한 사합원四合院의 양식이었던 반면, 송나라 때는 2층 건물을 3층으로 개축하고 지붕에 금빛 유리기와를 얹어 매우 웅장하고 화려한 모습이었다. 또한 원나라 때 황학루는 매우 독특한 구조로 변형되었다. 중심 건물은 남방 건축양식으로 짓고 그 앞에 북방의 건축 특색이 묻어나는 전망대를 설치했는데, 이 두 건물 사이에 다리를 놓아 연결시켰다. 이러한 구조는 이민족이 세운 원나라의 통치자가 남방과 북방의 문화를 조화롭게 녹여내고자 한 노력으로 해석되기도 한다. 그 후 명나라 때의 황학루는 누각과 난간을 설치하여 중국 전통 원림園林의 격식을 갖추었는데, 구조적인 면에서 한층 성숙된 모습이었다.

마지막으로 청나라 때인 1868년에 황학루는 네모난 지붕과 가운데를 송곳처럼 뾰족하게 모아 올린 십자찬첨식十字攢尖式 목조건축물로 중건되었는데, 1884년에 인근 민가에서 발생한 화재로 다시 한 번 소실되었다.

처마 끝 추녀의 각도가 하늘로 치켜 올라가 있는 황학루의 익각. © shutterstock

황학루가 마지막 화재로 훼손된 지 약 100년이 지난 1981년에 우한시 정부가 중건을 결정한다. 이때까지 실물로 확인할 수 있는 황학루는 존재하지 않았다.

지금 우리가 만날 수 있는 황학루는 1985년에 완공한 것인데, 장강대교가 하필 황학루를 지나가도록 설계되었기 때문에 어쩔 수 없이 원래 위치에서 1,000미터가량 떨어진 자리에 지어졌다. 본래의 터가 아닌 곳으로 옮겨서까지 사라진 누각을 중건한 것은 절대 흔한 일이 아니다. 그렇게 세워진 황학루는 역대 황학루 중에서 가장 웅장하다. 겉에서 보기엔 5층 건물이지만 내부가 복층 구조라서 사실은 9층이다. 청대 황학루의 구조를 기초로 2개 층을 더 올려 장중하고 중후한 멋까지 느끼게 한다. 사용된 기둥만 72개다. 층층마다 마치 하늘로 날아오르려는 선학을 연상시키는 듯 처마 끝 추녀의 각도가 하늘을 향해 높이 치켜 올라가 있다. 이것을 익각翼角이라 하는데, 황학루의 익각은 모두 용의 머리에 물고기 꼬리를 한 치문鴟吻

용의 머리에 물고기 꼬리를 한 황학루의 치문 장식. © shutterstock

으로 장식되어 있다. 치문은 용의 아들로 물의 성질을 가지고 있다고 전해
진다. 치문으로 장식한 추녀에는 더 이상 황학루가 화재를 당하지 않기를
바라는 사람들의 간절한 바람이 고스란히 담겨 있다.

　침략자를 경계하기 위해 지어진 망루가 후대에 시인 묵객의 성지가 되
고 문학의 요람으로 발전하기까지 원래의 모습을 바꾸어가며 다시 지어
지기를 수차례. 그럼에도 황학루가 그 명성을 잃지 않고 지금까지 우한의
랜드마크로 당당히 입지를 굳히고 있는 이유는 무엇일까. 시대마다 다른
모습으로 존재했던 황학루를 여전히 하나의 황학루로 인정하고 있는 저
들의 모습이 낯설게 느껴지는 것은 왜일까.

　간혹 문화재의 복원이냐 중건이냐를 놓고 신랄한 논쟁을 벌일 때가 있
다. 누군가는 문화재를 복원, 중건 혹은 재건하는 것은 원래의 그것이 지닌
영혼을 말살하는 것이라고까지 여길 수도 있다. 그럴 때마다 완벽한 복원
이 가능한 것인지, 원래의 모습으로 복원하지 못하면 그것의 의미는 사라

지는 것인지 반문하게 된다. 어차피 훼손된 것에 손을 대기로 했다면 우리 시대의 황학루를 짓는다는 저들의 모습 역시 시사하는 바가 있지 않을까. 오늘날 변화를 맞닥뜨리는 것은 비단 문화재만 겪는 일은 아니지 않은가.

변화를 마주하는 저들의 융통성과 포용의 정신이 없었다면 1,000년 전 시인 묵객이 앞다투어 찾았던 저 절경이 지금을 사는 우리에게까지 허락되지 않았을 것이다. 이런저런 생각을 하며 오늘은 황학루 꼭대기에 올라 한 글자도 뱉어내지 못했던 이백의 고뇌를 온전히 헤아려보련다.

이현서

중국 베이징대학교에서 중국 고대문학을 연구하고, 현재 경인여자대학교 글로벌관광서비스과 조교수로 있다. 춘추전국시대를 배경으로 한 열국지 계열의 문학작품을 연구하고 있으며, 고대 병법서와 중국문화사에도 깊은 관심을 가지고 있다. 옮기고 쓴 책으로 『도설천하 손자병법』, 『손자병법』, 『중화미각』, 『삼국지사전』과 『송원화본』 등이 있다.

무협은 살아 있다

숭산 소림사

김명신

악인을 쾌도난마처럼 명쾌하게 응징하는 무협은 정의의 사도이자 대중의 영웅으로 추앙받는다. 무협은 현실에서 거의 찾아볼 수 없기 때문에 지금도 존재하고 있는지 의심스럽게 여겨진다. 무협은 이제 사라져버린 존재가 된 것인가, 아니면 우리가 알아채지 못하는 곳에서 여전히 활동하고 있는 것인가? 이 점을 알아보기 위해 중국 무협의 활동 무대로 유명한 숭산嵩山 소림사少林寺를 찾아 그 발자취를 탐문해보기로 하겠다.

중국 5대 명산 중 하나인 숭산에 현재 유네스코 세계문화유산으로 등재되어 있는 소림사가 자리잡고 있다. 숭산은 해발 1,512미터로 엄청나게 높지는 않지만, 울퉁불퉁한 암석의 경관과 맑은 공기는 사람들에게 깊은 인상을 준다. 중국 선종禪宗 불교의 근원이자 중국 무술 쿵푸의 발상지로도 유명한 소림사는 지금까지 무협 정신이 살아 있음을 알려주는 징표이다. 우선 호국불교의 상징인 소림사의 유래에 대해 살펴보자.

울퉁불퉁한 암석의 경관을 자랑하는 숭산은 중국의 5대 명산 중 하나이다. 깎아지른 듯한 산등성이의 절경은 저절로 감탄을 자아낸다. © visualhunt

호국불교의 대명사

세계 4대 문명의 발상지 중 하나인 중국 황하 하류에는 허난성河南省이 위치하고 있다. 이곳은 기원전 21세기부터 20여 개의 왕조가 세워졌고, 수많은 제왕이 도읍지로 삼았다. 중국의 8대 고도 중 네 곳인 낙양洛陽, 개봉開封, 안양安陽, 정주鄭州가 허난성에 속해 있으며, 허난성 중서부 등봉시登封市에서 수려한 절경을 자랑하는 숭산을 찾아볼 수 있다.

서한西漢 시기에 무제武帝 유철劉徹이 숭산을 유람하고 나서 숭고현崇高縣을 설치했는데, 수나라 대업大業 초년(605)에 숭양현嵩陽縣으로 개칭했다. 696년 무측천武則天은 숭산에 오르며 숭양현을 등봉현登封縣으로 개칭하고 양성현陽城縣을 고성현告成縣으로 만들었다. 이후 금나라 때 두 개의 현

소림사는 중국 소승불교의 발상지이자 집단의 결집력을 드러내는 무술을 보유하고 있다. 소림무승들이 문 앞에서 권법과 봉술 등을 쓰는 자세를 취하고 있다. ⓒ flickr

을 등봉현으로 합병했으며 1994년 현급시로 승격되었다.

숭산에는 무협인들이 추앙하는 소림사가 우뚝하니 장엄한 모습을 자랑하며 자리잡고 있다. 숭산의 소실산少室山 북쪽에 있는 소림사는 495년 북위北魏의 효문제孝文帝가 소승불교小乘佛敎를 전파한 인도의 고승 발타跋陀의 업적을 기념하기 위해 건립했다고 한다. 우리에게 널리 알려진 달마대사達摩大師는 그보다 30여 년 뒤인 527년 효명제孝明帝 때 소림사를 방문해 선종을 전수하고 이후에 혜가慧可와의 만남이 이루어진다. 당나라 때 소림사의 곤승棍僧 열세 명이 태종太宗의 목숨을 구한 이래로 소림사는 호국불교의 대명사가 되었고 그 후 청나라의 강희康熙·옹정雍正·건륭乾隆 황제의 총애를 받아 건축물을 개축하고 편액과 시사詩詞를 하사받으면서 더욱 번영하게 된다. 1928년 소림사는 전쟁과 방화로 인해 피해를 입어 쇠락

했다가 1982년 이연걸李連杰이 주연한 영화「소림사」가 개봉되면서 사람들의 주목을 받고 다시 융성의 길을 걷게 된다.

천하무적 백팔나한진

불교는 외국에서 들어온 종교였지만 당나라 이후로 중국에서 뿌리를 내리고 명실상부하게 민중을 위한 호국불교로서 이름을 날리게 된다. 소위 외가권外家拳의 하나로 일컬어지는 소림사의 무술은 험준한 산속에서 달마대사가 승려들의 신체를 단련하고 호신을 위한 목적으로 시작되었다.

'천하공부출소림天下功夫出少林'이라는 말이 있다. 이는 모든 무술이 소림사에서 나온 것으로 간주하고 있고, 그것이 다양하고 천하무적임을 드러낸다. 그만큼 다채로운 모습을 드러내는 소림무술은 개별과 집단 형태로 분류할 수 있다.

소림무술의 기원은 소림오권少林五拳인데 용권龍拳, 호권虎拳, 표권豹拳, 사권蛇拳, 학권鶴拳이 있다. 이 권법들은 각각 용, 호랑이, 표범, 뱀, 학의 동작과 특징을 본뜨고 예로부터 전래된 권술과 합쳐서 만들어낸 것이다. 용권은 신神을 단련하고 호권은 호랑이처럼 단단하게 골骨을 단련하며, 표권은 힘力을 단련하고 사권은 기氣를 단련하며, 학권은 정精을 단련하는 것이 목적이다. 다시 말하자면 소림오권은 내공을 쌓고 체력을 기르는 건강 체조의 형태에서 시작하여 발전한 무술이다.

당나라의 곤승 열세 명 이래로 널리 유행하게 된 곤술棍術은 명나라의 유대유俞大猷(1503~1579년) 장군에 의해 완성되었다. 유대유는 자가 지보志輔이고 호는 허강虛江이며 진강晉江(현재의 복건福建 천주泉州) 사람이다. 그는 왜구를 토벌하는 데 큰 공을 세운 장군이자 가정嘉靖 40년(1561)에 곤술 전문서인『검경劍經』을 저술했다.

하루는 유대유 장군이 소림사를 방문했다가 승려들의 십팔나한진十八羅
漢陣 및 곤술을 보게 된다. 그는 혼자서 승려 열여덟 명이 에워싸고 있는 나
한진 속으로 들어가 순식간에 승려들을 제압했다. 그 후 유대유 장군은 승
려 두 명을 불러 계속 곤술을 가르쳤는데, 그들이 소림사로 돌아가 좀 더
진보된 곤술을 전수했고 나중에 왜적을 물리치는 데 크게 공헌했다고 알
려진다. 이렇게 곤술은 상당히 맹위를 떨치는 소림사의 대표적인 무술이
되었으며 세계적으로 널리 알려진 이소룡李小龍의 쌍절곤雙節棍도 여기에
서 파생되었을 가능성이 있다.

집단의 결집력을 보이는 나한진은 대단히 독특한 소림사의 진법이다.
무림 역사상 한 번도 무너진 적이 없다고 알려졌다. 수많은 무림 고수가
소림사의 무술을 탐내서 장경각藏經閣에 보관된 무공 비급들을 훔치려 했
지만 나한진으로 인해 목적을 이룰 수 없었다. 나한진은 108명으로 구성
된 백팔나한진百八羅漢陣과 열여덟 명으로 구성된 십팔나한진十八羅漢陣이
있다. 백팔나한진은 십팔나한진 여섯 개를 동시에 운용한 것으로 천하무
적이다. 소림사에서는 항상 각대 제자들 중 무예가 가장 뛰어난 제자 열여
덟 명을 모아 십팔나한을 이루는데, 이 십팔나한 여럿이 백팔나한진을 구
성하여 장경각을 지키고 있다.

이와 같이 한 것은 무엇 때문이더냐?

십팔나한이 장경각을 엄중히 지키는 이유는 수만 권의 불경과 무술인
들이 탐내는 무공비서가 보관되어 있기 때문이다. 장경각은 원나라 때 지
어졌고 달마면벽석達摩面壁石과 법기, 명나라의 대장경 등이 보존되어 있었

장경각은 불경과 무공비서를 소장하고 있어서 삼엄하게 수호되는 곳이다. 무협 소설에 자주 등장하는 장소이기도 하다. © unsplash

는데 1928년에 전쟁으로 인해 소실되었다. 건물은 1993년에 복원되었고 그 안에 길이 7미터, 무게 16.5톤이나 되는 백옥와불白玉臥佛이 들어 있다.

무협 소설에는 무술인들이 장경각에 몰래 침입하는 장면이 자주 나온다. 그들은 무공 비급을 훔쳐 복수를 실현하거나 무공 실력을 고강하게 만들려는 목적을 가지고 있다. 십팔나한이 삼엄하게 수호하고 있는 장경각에 무단 침입하기란 악인이 천당에 들어가는 것보다 어려운 일이다. 그렇게나 어렵다는 점 때문에 사람들을 더욱 매혹시키고, 시도하고자 하는 욕망을 느끼게 하는지도 모른다.

십팔나한과 소림무승들이 자주 찾는 장소로 천불전千佛殿이 있는데 소림사에서 가장 큰 건물이다. '비로각毗盧閣', '비로전毗盧殿', '천불각千佛閣'

이라고도 하는데, 전각 내에는 오백나한五百羅漢의 커다란 벽화가 있다. 명나라 때 지어졌으나 여러 차례 수리하는 바람에 본래의 모습을 찾아보기는 힘들다. 대개 불교 사원들은 황색 기와를 사용하는데 여기는 녹색 기와를 사용한 게 특징이다. 처마 아래에 걸린 편액에는 '서방성인西方聖人'이라는 네 글자가 쓰여 있는데, 청나라 건륭 황제의 친필이라고 한다.

벽화 중에 현재 495나한이 남아 있고 482나한은 선명하게 보존되어 있다. 전각 안을 살펴보면 바닥에 돌을 깔았는데 곳곳에 움푹 꺼진 곳이 여러 군데다. 이것들은 지반이 내려앉은 것이 아니라 승려들이 무공을 연마하다가 생긴 것이라고 한다. 당시 승려들의 치열한 무술 수련 상황을 미루어 짐작할 수 있다.

소림무술과 깊이 연관된 곳으로 백의전白衣殿이 있다. 천불전 동쪽에 있는데 '추보전錘譜殿', '관음전觀音殿'이라고도 한다. 청나라 초기에 세워졌는데, 전각 안에 백의대사白衣大士 또는 백의관음보살白衣觀音菩薩의 상이 있고 청나라 말기에 제작한 「무승연무도武僧演武圖」(「나한수박상羅漢手搏像」, 「소림추(권)보少林錘(拳)譜」)가 남아 있어 소림무술의 일면을 살펴볼 수 있다.

불법佛法의 전파와 전설에 관한 장소가 입설정立雪亭이다. '초조전初祖殿' 또는 '달마정達摩庭'이라고도 한다. 본래 초조전의 좌우에 있던 정자를 가리켰지만 두 개의 정자가 불타고 나서 초조전을 입설정이라 부르게 되었다. 달마대사와 혜가의 인연을 기념하기 위해 지은 곳이다. 현재 남아 있는 건물은 명나라 때 지어졌는데, 안에는 청나라 건륭 황제가 친필로 쓴 '설인심주雪印心珠'라는 편액이 걸려 있다. '설인심주'는 '눈 속에 마음의 구슬을 새겼다'라는 의미다.

이곳은 혜가의 '단비구법斷臂求法'에 관한 전설로 유명하다. 신광神光 화상은 9년간 면벽 수행을 하고 있는 달마대사를 찾아가 가르침을 구한다. 지금까지 수많은 사람들이 달마대사에게 제자로 받아들여달라고 간청했

탑림은 소림사 승려들의 사리탑인데, 다양한 형상으로 구성되었고 숲을 형성하고 있으며 중국 영화의 촬영이 자주 이루어지고 있다. ⓒ visualhunt

으나 어느 누구에게도 응낙하지 않았다. 사미승은 달마대사에게 신광 화상이 찾아왔다고 전했지만 아무런 반응이 없었다. 신광은 문밖에서 아침부터 저녁까지 줄곧 서 있었다. 하루는 함박눈이 펑펑 내리고 눈이 무릎까지 찼는데도 입실할 수 없었다. 신광은 도를 구하는 정성을 나타내기 위해 자신의 왼팔을 잘랐다. 그랬더니 달마대사가 그에게 물었다. "이와 같이 한 것은 무엇 때문이더냐?" "저에게 감로수와 같은 문을 열어서 널리 중생을 구제하도록 해주십시오." 이리하여 달마대사는 그의 정성에 탄복하여 방에 들어오도록 허락하고 그에게 도를 전해주고 '혜가慧可'라는 법명을 내려주었다고 한다.

　소림사의 승려들은 험준한 산세 속에서 생활하고 수련하며 지냈다. 그들이 해탈하여 성불하게 되면 사리탑을 세우게 되었고 점점 많아져서 숲처럼 보일 정도가 되었다. 그리하여 '탑림塔林'이라고 이름 지어졌는데, 소림사에서 가장 유명한 지역이자 중국 영화의 촬영지로 자주 활용된다. 이곳은 소림사에서 서쪽으로 약 250미터 떨어져 있으며 면적은 1만 4,000여 제곱미터에 달한다. 당나라 때부터 청나라 때까지의 석탑이 230여 개가 세워져 있고 각각 다양한 모양과 형태로 건축되었다. 역대 고승들의 사리탑으로 성과나 덕망이 높을수록 탑의 층수와 높이가 올라갔다. 이 탑들은 형상이 매우 다양하게 구성되었고 명문의 내용도 풍부하여 중국 불교사, 고대 건축, 필법, 조각 연구에 귀한 자료가 된다.

소림사의 건축물들은 소림인의 발자취를 보여주어 현재와 미래를 미루어 짐작할 수 있는 지표가 된다. 작품 속에 언급되는 소림사의 모습은 어떠할까? 무협 소설에 나와 있는 묘사를 통해 알아본다.

정의를 행하는 정통 무협의 상징

저녁을 알리는 북소리가 몇 번 울리고 난 뒤 적막하고 고요한 가운데 웅장하고 거대한 소실봉少室峰이 드러났다. 어두컴컴한 야색夜色은 소실봉 아래 울창한 송림을 은폐하고 있었다. 갑자기 검은 복면을 하고 등에는 장검을 둘러메고 간편한 복장을 한 야행인夜行人이 튀어나왔다. 그는 걸음을 잠시 멈추고 주위를 한 차례 살핀 후 소실봉의 북쪽에 위치한 오유봉五乳峰 쪽으로 쏜살같이 달려갔다. 순식간에 몇 리나 되는 먼 길을 달려 한 웅장한 절 앞에 당도했다. 고개를 들어보니 문 위에 있는 현판에는 황금색으로 커다랗게 소림사라고 쓰여 있는데, 저절로 오싹한 한기가 느껴졌다. …… 그 야행인은 비록 복면으로 얼굴을 가리고 있었으나 무섭고 초조한 자태를 감추지 못하고 끊임없이 두 손을 비벼대면서 대단히 불안해했다. 갑자기 그가 손동작을 멈추고 등 뒤의 장검을 한번 만져본 다음 몸을 훌쩍 날려 붉은 담 위에 올라섰다. …… 그는 담에서 몸을 날려 땅에 내려서며 '청정삼점수蜻蜓三點水'라는 경공제종신법輕功提縱身法으로 연이어 세 번 도약하여 오륙 장이나 되는 넓은 앞마당을 뛰어 건넌 후 힘차게 두 손을 털어내고 몸을 일장 삼척이나 되는 높이로 솟구쳐 지붕 위에 가볍게 내려섰다.

숭산 소림사의 웅장한 면모를 두드러지게 표현하면서 야심한 밤 소림사에 침입한 서원평徐元平의 행적을 생생하게 그리고 있다. 서원평은 와룡생臥龍生의 『옥채맹玉釵盟』에 등장하는 주인공이다. 그는 소림사에 보존되어 있는 『달마역근경達摩易筋經』을 훔쳐 고강한 무공을 습득한 후에 불구대천의 원수를 갚고자 했다. 도중에 파란만장한 우여곡절을 겪지만 다행히도 혜공대사慧空大師에게서 평생의 공력을 주입받고 『달마역근경』의 구결을 전수받아 나한진을 격파하고 소림사를 유유히 빠져나간 뒤 강호 세계로 진출하여 은원에 얽힌 다양한 경험을 하게 된다. 한국에는 1960년대에 '군협지群俠誌' 또는 '군웅지群雄志'라는 제목으로 번역되어 널리 유행했다. 소림사를 배경으로 한 흥미진진한 무협 이야기를 엮어낸 작품으로 대단히 유명하다.

소림사를 배경으로 하는 무협 소설은 지금까지 계속 창작되었고 앞으로도 창작될 것이다. 소림사는 현재 영화, 애니메이션, 게임 등에도 꾸준히 등장한다. 왜 그럴까? 그만큼 많은 사람들을 매혹시킬 수 있는 소재라는 뜻이다. 소림사는 악인을 응징하고 정의를 대표하는 정통 무협의 상징이기 때문이다. 특히 무협 영화에서는 소림사가 어떤 이미지로 활용되는지 알아보자.

다양하게 변주되는 무협 이야기

소림사는 정통 무술의 본산지이자 정의로움을 상징하는 존재이다. 소림사는 문화적으로도 상당한 가치가 있는데 단순히 소림무술에만 국한된다고 볼 수 없다. 특히 소림무술과 소림사에 관한 영화는 지금까지 엄청난 숫자로 제작되었다. 실제 역사를 바탕으로 한 작품부터 복수와 환상, 추리와 멜로를 결합한 내용에 이르기까지 다양한 작품이 대거 쏟아져 나왔다. 앞서 언급한 이연걸의 「소림사」는 수나라를 배경으로 한 역사 무협이었지만 최근의 「소림사 무림탐정」 시리즈는 다른 방식으로 서사를 전개한다. 환상과 추리를 곁들인데다 송나라의 수도 개봉의 독특한 풍격과 함께 퇴폐적인 느낌까지 자아내고 있다.

> 금과 비취의 화려한 빛깔은 눈을 어지럽히고, 화려한 비단은 향기로운 냄새를 흩날리네. 홍등가는 최신 유행가와 교태 부리는 웃음으로 시끌시끌하고, 찻집과 술집에는 악기들의 연주 소리 가득…… 온 세상의 진기한 것들 모두 시장으로 모여 교역이 되고, 천하의 진미 또한 모두 주방에 있다네.

송나라의 유로遺老인 맹원로孟元老는 『동경몽화록東京夢華錄』의 서문에서 당시 개봉의 광경을 생생하게 표현하고 있다. 송나라는 시장경제가 발달하기 시작한 시기로 시끌벅적한 시장, 술집, 찻집은 번화한 시대 상황을 보여준다. 개봉은 송나라 인종 때의 판관 포청천包靑天과 연관된 도시이기도 하다. 드라마 「판관 포청천」 1993년판이 우리나라에서 방영되었는데, 명쾌하게 판결하는 포청천과 호쾌한 무술을 보여주는 전소展昭의 활약으로 선풍적인 인기를 끌었다. 특히 "여봐라! 작두를~ 열어라~"라는 포청천의 명은 시청자들에게 카타르시스를 느끼게 했다. 영화「소림사 무림탐정」도 송나라 개봉을 중심으로 발생하는 여러 사건을 10부로 나누어 만들었다. 원제목은 '협승탐안전기俠僧探案傳奇'인데 소림사의 속가제자와 개봉부의 포졸이 공조하여 사건을 명쾌하게 해결하는 흥미진진한 이야기의 세계이다. 복잡하고 잔혹한 사건 속에는 술, 여자, 재물, 호기豪氣의 욕망이 스며들어 있고 폭력과 어둠을 드러내지만 끝에는 가느다란 희망이 보인다.

「소림사 무림탐정-대흥도방」은 유괴와 도박을 중심으로 내용이 전개된다. 해도海濤가 감독하고 한삭韓朔은 이소백李少白 역을 맡고, 유관성劉冠成은 적팔방狄八方 역을 맡았으며 2015년에 개봉되었다. 개봉에서 수많은 아이들이 실종되고 도박장 대흥도방大興賭坊과 연관되었다는 소문이 돈다. 개봉부 포졸 적팔방은 소림사 속가제자 이소백에게 수사해달라고 요청한다. 대흥도방의 주인 한천우韓天佑는 이소백을 극진히 대접하고 예전에 도박왕 제갈경諸葛卿에게 패배하고 외아들 한성아韓星兒도 유괴를 당했다고 털어놓는다. 이소백은 한천우가 묘사한 용모와 도박술을 가진 청청靑靑이라는 미모의 여자를 발견한다. 얼마 되지 않아 한천우가 습격을 당해 부상을 입자 이소백이 한천우를 대신해 청청과 도박을 하게 된다. 이소백이 도박에서 이기고 한성아를 구출하지만 의외의 반전이 일어난다. 한성아가 갑자기 비수를 들고 청청을 죽이려고 달려든 것이다. 알고 보니 부상당한 척했던 한천우가 유괴 사건의 주모자였는데 청청에게 제갈경을 흉내 내게 했다가 그녀를 죽여 증거를 인멸하려 한 것이었다. 이소백은 청청을 구출하고 나서 한성아가 한천우의 아들이 아니고 제갈경도 왕년에 한천우에게 져서 도박장의 호위가 되었음을 알게 된다. 이러한 추리무협 영화의 묘미는 범인을 추정해가는 조마조마한 과정과 예상을 뒤집는 반전에 있다.

영화 속에서 소림사는 승려가 불교를 전파하고 참선하는 장소일 뿐만 아니라 그 외의 다양한 이미지로 변용되고 있다. 황제를 보필하는 충성스러운 곤승으로부터 정의를 실현하는 무술의 고수를 배출하고 살인 사건을 추리하고 해결하는 무림탐정에 이르기까지 전방위적으로 관여하는 모습을 보인다. 앞으로도 소림사를 소재로 하는 영화는 또 다른 이미지와 내용으로 표현될 가능성이 있다. 사람들의 관심이 지속되는 한 소림사는 정의로운 무협인의 터전으로 끊임없이 새로이 등장할 것이다.

오늘날 소림사는 무협인을 지속적으로 양성하고 대중에게 그들의 위용을 널리 알리는 작업을 활발히 진행하고 있다. 소림사는 여전히 스스로를 무협의 산실이자 무협 정신을 증명하는 존재로서 자리매김하고 있으며 앞으로도 그러할 것임에 틀림없다.

김명신

고려대학교에서 중국 고전소설을 연구했으며, 현재 한양대학교 창의융합교육원에서 강의하고 있다. 지금까지 중국 소설의 판본, 서사, 문화와 관련된 연구를 진행하고 있으며, 한·중 소설의 비교에도 지대한 관심을 가지고 있다. 최근에는 중국 서사에 관련된 주요 인물의 특징과 이미지의 변용에 주목하여 애니메이션, 영화 등에 재현된 형상을 중심으로 살펴보고 있다. 옮기고 쓴 책으로 『중국 통속소설의 유입과 수용』, 『새롭게 다시 쓰는 중국어 이야기』, 『아녀영웅전』, 『빛이 된 아이』, 『풍속통의』, 『중화미각』 등이 있다.

석벽에 새긴 욕망

뤄양 용문석굴

전주현

서울의 강가에는 아파트가 즐비하다. 그 아파트들을 짓게 한 것은 한강의 아름다운 풍경을 밤낮으로 바라보고 싶어 하는 사람들의 욕망이었다. 중국 허난성 뤄양의 강가에는 셀 수 없을 만큼 많은 석굴사원이 이어져 있다. 이수伊水를 사이에 둔 양쪽 절벽에 2,000여 개의 동굴을 뚫어 그 내부를 10만여 개의 불상으로 채웠고, 외부의 석벽에도 강 건너에서 한눈에 보일 정도로 거대한 불상들을 조각했다. 지금으로부터 1,500년 전의 중국인들은 어떠한 욕망을 이 불상들에 투영했던 것일까? 처음 이곳에 불상군을 조성했던 북위의 효문제, 그리고 이 불상군을 대표하는 노사나대불과 밀접하게 관련된 당대의 측천무후와 함께 천하의 중심으로 자리했던 고대 뤄양의 모습을 상상해본다.

용문석굴을 대표하는 봉선사동의 불상들. © iStock.com/BigGabig

천하를 제패하려면

시안에서 동쪽으로 약 370킬로미터, 그러니까 중국의 고속철도를 타고 1시간 20분 정도를 가면 도착하게 되는 곳이 바로 뤄양이다. 뤄양은 중국의 다른 도시들에 비해 우리에게 다소 낯선 도시이다. 정치적으로 중요한 사건이 있었던 곳도 아니고 경제적으로 우리와 교류가 많은 곳도 아니기 때문이다. 혹 소설 『삼국지』를 읽은 사람이라면 동탁이 불태웠던 도시 정도로는 기억하고 있을 수도 있다. 현재의 뤄양시는 인구가 약 700만 명으로 중국 허난성에서 성도 정저우에 이어 두 번째로 큰 규모이지만, 중국 전체에서는 중소 도시로 여겨지고 있다. 흔히들 중국에서 말하는 1선, 2선 등의 도시 등급표로 따지자면 50위권 밖의 3선 도시에 불과한 것이다.

지금의 뤄양은 이렇게 존재감이 크지 않은 도시라고 할 수 있지만, 사실 중국의 오랜 역사 속에서는 이른바 '천하의 중심'이라 불리며 누구든 이 땅을 차지하고자 탐냈던 요지 중의 요지였다. 또한 산과 물, 평야를 고루 끼고 있는 풍요로운 지리 환경으로 중국 고대 왕조의 수도로 여러 차례 낙점되어 수천 년의 역사를 품어온 고도古都가 바로 이 뤄양이다.

사실 당나라 이전의 중국에서는 방어 기능이 수도의 가장 중요한 요소였기 때문에 뤄양보다 시안이 수도로 선호되곤 했다. 시안은 사면이 자연의 방어벽에 둘러싸인 천연 요새로 외부의 침입을 막기에 유리했기 때문이다. 하지만 식량과 물자는 자급하기 어려워 외부에서 들여오지 않을 수 없었다. 반면 뤄양은 도시 북쪽으로 흐르고 있는 황하를 비롯해 낙수洛水와 이수 등 다섯 개의 물길이 뤄양을 돌아 흐르고 있어 교통의 편리함이 시안과 비교할 수 없었다. 뤄양이라는 도시가 수천 년 전부터 발전할 수 있었던 원동력은 무엇보다 배를 이용한 물자의 유입과 교류의 탁월함에 있었다. 수도 시안에서 소비될 물자 조달의 중요한 통로가 뤄양이었고, 뤄양을 차지하지 못한다면 시안이 수도로 제대로 기능하기 어려웠다. 시안이 심장이라면 뤄양은 심장에 피를 공급해주는 동맥이었다. 그래서 고대 중국에서 천하를 제패하려면 뤄양 땅을 차지하는 것이 그 무엇보다 중요했다.

한자 학습서인 『천자문』에는 '배망면락背邙面洛'이라는 문장이 있다. '망산을 뒤에 두고 낙수를 바라본다'는 이 문장은 뤄양의 입지를 설명하는 동시에 풍수지리의 우월함을 나타내는 말이다. 일찍이 풍수가 아주 훌륭하다고 알려졌던 망산에는 주나라 때부터 수십 개의 역대 제왕들의 능을 비롯해 진나라의 재상 여불위, 당대 시인 두보 등 수많은 명사들이 묻혀 있다. 그래서 중국에서는 '사는 것은 쑤저우와 항저우에서, 묻히는 것은 망산에서'라는 이야기가 있을 정도이다. 망산에 묻히기를 바라는 사람이 너무 많아 후대에는 돈이 많아도 그곳에 묏자리를 사기 힘들 정도였다. 이

망산이 바로 우리도 많이 사용했던 '북망산 간다'라는 속담에 나오는 북망산이다.

뤄양이 가장 번영한 시기는 북위 시대에서 수·당대로 이어지는 400여 년간이고, 그 시기의 영화를 보여주는 대표적인 유산이 바로 뤄양의 서남쪽 용문에 만들어졌던 용문석굴이다. 북위의 효문제가 494년에 뤄양으로 천도하면서 함께 시작되었던 석굴 조성은 당나라 말기까지 왕성하게 이어졌다. 2,000여 개의 석굴을 뚫어 그 안에 수많은 불상을 조각했고, 강을 마주한 절벽에도 대형 불상을 세웠다. 이렇게 이루어진 거대 불상군은 중국의 3대 석굴사원 중 하나가 되어 1,500년이 지난 지금도 그 위용을 떨치고 있다.

아름다운 강변에 자리한 석굴

뤄양에 간다면 이것을 보려고 가는 것일 수도 있고, 뤄양에 갔는데 이것을 보지 않고 돌아온다면 헛걸음을 한 것이나 마찬가지일 수도 있다. 이것은 바로 뤄양뿐 아니라 중국의 주요 문화유산 중 하나인 용문석굴이다. 둔황의 막고굴, 다퉁의 운강석굴과 함께 중국의 3대 석굴로 불리며, 2000년 유네스코 세계문화유산으로도 등재되었다. 용문석굴은 북위의 효문제가 시작한 이후 동위, 서위, 북제, 수, 당대에서 송대에 이르기까지 수백 년간 끊이지 않고 지속적으로 조성된 석굴군이다. 북위 시기와 당나라 때 만들어진 것이 전체의 90퍼센트로 대부분을 차지하고 있어 이 시기에 가장 번영했음을 알 수 있다.

용문은 옛적에 '이궐伊闕'이라 불리다가 수·당 시기 이후에 '용문'으로 불리게 되었다. '이궐'이라는 이름은 이곳의 산봉우리가 이수를 사이에 두

고 양쪽으로 높이 솟아 있어 마치 대궐의 문과도 같다고 하여 이수의 '이伊'
와 대궐의 '궐闕'을 따서 붙인 것이었다. 그 후에 이수가 동쪽으로 흘러가
는 물길의 모양이 웅장하고도 구불구불한 것이 마치 한 마리의 긴 용이 문
을 통과해 지나가는 것과도 같이 보인다고 하여 '용문'이 되었다. 이궐의
양쪽에 있는 산의 이름은 하나는 '용문산'이라 하고 다른 하나는 '향산'이
라고 한다. 용문산에는 당연히 용문석굴이 있고, 향산에는 당대의 대문호
인 백거이가 묻혀 있는 '백원'이 있다. 백거이는 '뤄양성의 사방에는 산수

고즈넉하고 경건한 이수 강변에 자리한 용문석굴. ©iStock.com/swisshippo

가 뛰어난데 용문이 으뜸이고, 용문의 열 개의 절은 보고 노닐기 아주 좋은데, 향산이 그 으뜸이다'라고 칭찬했을 정도로 용문의 자연 풍광을 사랑했다.

이렇게 아름다운 이수 강변에 자리한 석굴군은 외부로 노출된 봉선사동의 노사나대불을 위시한 큰 불상들이 중심을 잡아주며 그 분위기를 더욱 돋운다. 용문에 이르러 잔잔해진 물살과 함께 강물을 사이에 둔 양쪽의 석굴과 불상들은 고즈넉하면서도 경건한 느낌을 주기에 부족함이 없다.

효문제의 야망과 꿈

북위의 7대 황제 효문제(탁발굉)는 정권을 장악한 후 수도를 지금의 산시성山西省 북쪽에 위치했던 평성에서 허난성 뤄양으로 옮겼다. 뤄양 천도는 당시 북위의 영역에서 볼 때 남쪽으로 치우친 지역으로 수도를 옮긴 것이었다. 이런 천도의 감행은 천하의 중심으로 인식되는 뤄양의 점령을 대내외에 보여주는 동시에 남쪽에 있는 주변 국가들을 모두 합병하여 대제국을 건설하려는 야망을 드러낸 상징적인 이벤트였다고 할 수 있다.

당시의 북위는 중국 땅에 있는 여러 나라 중 하나에 불과했다. 북위의 지배계층은 심지어 중국 땅의 지배를 주도해온 한족漢族이 아니라 선비족鮮卑族이라는 이민족이어서 한족의 입장에서 보면 오랑캐의 지배를 받는 셈이었다. 하지만 효문제는 자신의 나라가 오랑캐에 그치는 것이 아니라 중국 전체를 지배하는 민족이 되기를 원했다. 그러기 위해서는 북쪽에 치우쳐 있는 나라의 영토를 남쪽으로 더욱더 확장해야 했다. 그 교두보로 오랫동안 중국의 중심이라 여겨졌던 중원 땅 뤄양을 수도로 삼는 것은 한족에게 보여주는 상징적 의미이자 남쪽으로 영토를 확장하는 데 훨씬 유리한 것이기도 했다.

효문제는 내부의 적지 않은 반대에도 불구하고 뤄양 천도를 강행했다. 그리고 북위 수도로서의 무게감을 더하기 위해 이전의 수도 평성의 외곽에 있던 운강석굴과 같은 역할을 할 수 있는 용문석굴을 뤄양 외곽에 조성하기 시작한다. 중국의 3대 석굴 중 하나인 운강석굴도 북위 시대에 만들어진 것으로, 불교에 우호적이었던 북위 왕조가 크게 개입하여 지어진 것이었다. 불교문화는 위진남북조 시대에 중국에 들어와 대대적으로 유행했고 북위 시기에 더욱 발전했다. 북위 왕조가 소수의 유목 민족으로 절대다수인 한족을 지배하기 위해, 불교의 교리로 백성들을 교화시키는 정책

효문제가 풍태후를 기리며 만든 고양동. © iStock.com/gyn9038

을 사용했기 때문이다. 그리고 그 일환으로 운강에 대규모의 석굴사원을
지은 데 이어, 뤄양의 서남쪽에 있는 이궐에도 석굴사원을 개착하게 된다.
용문석굴의 첫 사원은 고양동古陽洞으로, 바로 자신을 키워준 풍태후를 기
리는 사원이었다.

어린 나이에 황태자가 된 효문제는 그의 조모 격인 풍태후에 의해 키워
졌다. 북위에는 황태자로 결정되면 외척의 개입을 막기 위해 그 황태자의
어머니를 죽이는 자귀모사子貴母死의 전통이 있었다. 효문제의 어머니도
예외는 아니어서 효문제가 황태자로 봉해진 두 살 때(469년) 사형되었다.
과연 이 황태자의 어머니들은 자신의 아들이 나라의 황권을 쥐게 된 것이
기뻤을지, 아니면 그것은 곧 자신의 죽음을 의미했기에 그냥 보통의 황족
으로 살아가기를 더 원했을지 알 수 없는 일이다. 풍태후 역시 살아남았다
는 것은 황제의 친어미가 아니었다는 것이니, 효문제와 풍태후는 실질적
으로 혈연관계가 아니었던 셈이다. 효문제는 471년에 아버지인 헌문제가

중국의 3대 석굴 중 하나인 운강석굴. © iStock.com/flocu

죽자 다섯 살의 나이로 갑작스럽게 즉위하게 되었기 때문에 당시 북위를 실제로 이끌어나간 것은 풍태후였다. 외척을 막기 위해 어머니들을 죽였지만, 결국 아들이 없었던 풍태후가 오히려 살아남아 나라의 정권을 장악하게 된 것은 역사의 아이러니가 아닐 수 없다. 효문제는 490년 풍태후가 사망하고 나서야 비로소 친정에 나설 수 있었다.

효문제는 풍태후가 사망한 후 직접 나라를 다스리면서 뤄양 천도와 한화漢化 정책을 감행하는데, 두 정책 모두 선비족 귀족들의 반발이 만만치 않았다. 그래서 뤄양으로 천도한 후 세운 용문석굴사원의 첫 주인을 풍태후로 삼았던 것은 용문석굴을 통해 뤄양의 정통성을 자연스럽게 확보하려 한 의도가 내포되어 있었다. 선비족에게는 물설고 낯선 뤄양으로의 이주도 쉽지 않은 일이었지만, 무엇보다 한화 정책에 대한 반발이 컸다. 한화 정책이란 황제인 효문제 자신을 포함해 모든 선비족의 성씨를 중국식으로 바꾸고, 복장도 중국의 복식을 받아들이며 언어까지 한족의 중국어를 사용하도록 강제한 것이었다. 이러한 개혁은 그들이 유지해온 정체성을 모조리 부정하는 것이었을 테니 이런 일이 지금 일어난다고 해도 순조롭지는 않을 것이다. 결국 오래지 않아 반란이 일어나고, 이로 인해 황실의 힘이 크게 약화되면서 북위는 동위와 서위로 분열되고 만다.

이 시기 용문에 조성되었던 불상들은 근엄하고 강건하며 튼실했던 운강석굴의 불상에 비해 단정하고 갸름하고 마른 몸이다. 그래서 종교적인 위엄보다는 인간적인 느낌이 많이 나는 중국화된 불상이라고도 이야기한다. 석굴 내부의 벽면에도 크고 작은 수많은 불상이 가득 새겨져 있다. 용문의 석질은 단단한 석회암으로, 운강의 사암砂巖에 비해 세밀한 표현이 가능한 대신 깎아내는 데 많은 공이 들었다. 산을 깎는 기초 작업에만 6년이 소요되어 원래 계획보다 규모가 축소되었고, 결국 일부는 당대에 이르러서야 완성되었다. 용문석굴에는 조각상이 얼굴 부분만 잘려 도둑맞거나 내벽의 부조 그림이 통째로 떼어져 약탈당한 것이 많다. 그만큼 아름다운 조각이었기 때문이지만, 또 그렇게 떼어내도 부스러지지 않는 단단한 석회암 재질이어서 가능했던 것이다.

무측천이 사랑한 도시

당나라의 측천무후는 수천 년의 중국 역사에서 유일한 여황제이다. 우리에게는 측천무후라는 이름으로 더 잘 알려졌지만, '측천무후'는 황후로서의 그녀를 나타내는 이름이라는 점을 생각한다면 '무측천武則天'이라고 부르는 편이 15년간 황제로 군림했던 그녀의 위상에 더 어울리는 호칭일 것이다.

무측천은 부유한 상인 출신이면서 당나라의 개국공신이었던 아버지와 고위 귀족 혈통의 어머니 사이에서 태어났다. 부친이 사망한 후 집안에서 입지가 약해지고 있던 그녀는 황궁의 입궁 조서를 받게 되면서 재인才人이라는 낮은 품계로 입궐하게 된다. 무측천은 태종의 후궁으로 들어왔지만, 정작 태종에게는 사랑을 받지 못했다. 대신 후궁에서 여러 행정적인 일을 도맡으면서 그녀의 정치 능력을 펼치기 시작한다. 그녀의 정치에 대한 욕망은 이때부터 시작되었는지도 모른다. 그러나 태종이 사망하면서 그녀의 야망은 꽃도 피워보지 못하고 사라질 위기에 처한다. 당시의 관습에 따라 그녀는 다른 후궁들과 함께 비구니가 되어 감업사로 출가하게 되었기 때문이다. 하지만 그녀는 자신의 야망을 포기하지 않고 태종이 사망하기 전부터 관계를 맺어온 고종에게 돌아갈 기회를 엿보았다. 그리고 마침내 태종의 1주기에 감업사로 분향하러 온 고종과의 재회에 성공하게 되고, 당시의 왕황후와 소숙비 사이의 다툼을 기회 삼아 고종의 후궁이 되어 환궁을 이루어냈다. 또 친자식마저 희생시키면서 황후의 지위를 얻어낼 정도로 그녀의 권력욕은 거침없었고, 그녀는 이후 고종의 굳건한 정치적 동반자로서 황실을 장악해갔다.

무측천과 용문석굴의 인연 역시 그녀의 야망과 깊이 관련되어 있다. 권력을 꿈꾸었던 무측천에겐 자신을 지지하는 세력이 필수 불가결했는데, 유교에 기반을 둔 기존 세력은 여성의 권력 장악을 인정하지 않아 새로운 지지 세력이 필요했다. 그래서 무측천은 상대적으로 여성에게 우호적인 불교에 힘을 실어주기로 하고, 그들을 다방면으로 후원했다. 그중 하나가 용문석굴사원 건축을 후원하는 것이었다. 지금도 남아 있는 봉선사동에 관한 기록에는 '황후 무씨가 지분전 2만 관을 내놓았다'라고 되어 있다. '지분전'은 말 그대로는 '화장품 값'이라는 뜻이지만, 전통적으로 부녀자의 개인적인 저축을 가리키는 말로도 쓰이므로 무측천이 불상을 조성하는 데 개인 재산을 내놓았다는 뜻이다. 2만 관은 당시 봉선사동 불상을

측천무후의 얼굴을 본떠 만들었다는 봉선사동의 노사나대불. © iStock.com/chuyu

전부 조성할 수 있는 금액은 아니었지만, 황후가 먼저 나서자 다른 이들도 너도나도 기부에 참여하여 지지부진하던 봉선사동 공사가 이후로는 매우 빠르게 공정을 마치게 되었다. 무측천은 봉선사동이 완공되자 문무백관을 이끌고 경축 행사에 직접 참여했을 정도로 적극적인 후원자였으며, 당대 용문석굴 번영의 주역이었다.

또 한편으로 봉선사동의 중심이자 용문석굴을 대표하는 불상인 노사나대불의 얼굴이 무측천의 얼굴을 본떠 만들었다는 전설이 전해 내려온다. 불상의 모델로 실존 인물, 특히 권력자의 모습을 본뜨는 일이 불가능하지는 않지만, 더 이상의 자세한 기록이 없어 증거는 미약하다. 그만큼 무측천이 이 불상에 쏟은 관심이 지대했음을 보여주는 방증일 것이다.

노사나대불이 자리한 봉선사동은 명칭은 동굴이라고 말하지만 사실 동굴의 모습은 찾아보기 힘들고 외부로 노출된 절벽처럼 보이는 곳이다. 절벽 앞에는 대불상이 하나 있고 양옆 벽에 이 불상을 보좌하는 여러 개의 부조 불상이 조각되어 있다. 이 대불상이 바로 용문석굴을 대표하는 노사나대불이다. 전체 높이는 17.4미터, 얼굴 길이만 4미터, 귀의 길이만 1.9미터에 이르는 대형 불상으로 후덕하고 입체적인 얼굴에 은은한 미소를 띠고 있다. 앞선 북위 시대의 살집 없는 불상과 달리, 몸체가 풍만하고 부드럽고 둥글어 각진 부분 없이 매끄러운 곡선으로 이루어진 것에서 변화된 당대 불상의 특징을 잘 보여주고 있다. 이 불상에는 과학적인 비밀도 숨어 있다. 사암처럼 풍화가 쉽지 않은 대신 물에 약한 석회암의 특질을 극복하는 장치를 마련한 것이다. 불상의 머리 뒤쪽 부분에 산등성이에서 내려오는 물이 흘러 들어갈 수 있는 구멍을 파놓음으로써 불상으로 유입되는 물을 최소화했다. 또 석벽과 석굴의 곳곳에는 산 위에서 흘러 내려오는 물이 흘러갈 물길을 만들어두어 조각에 직접적인 영향을 미치지 못하도록 했다. 용문석굴의 석회암 불상들이 1,000년이 넘는 세월 동안 빗물 등에 크게 손상되지 않고 원형에 가까운 상태로 보존될 수 있었던 비결이 여기에 있었다.

무측천은 용문석굴사원을 후원하는 것에 그치지 않고 불교를 더욱 적극적으로 이용했다. 불교 연구회를 조직해 경전에 여자도 집정할 수 있다는 기록이 있는지 찾도록 하여 자신이 황제가 될 수 있는 근거를 마련하려 한다. 그리고 결국 『대운경大雲經』이라는 경전에서 '부처님이 천녀 정광에게 보살, 즉 여자의 몸으로 변하여 나라를 통치하라고 하셨다'는 기록을 발견한다. 무측천은 거기에 '측천은 미륵불의 화신이며 장차 황제가 되었다가 결국에는 부처로 돌아가리라'는 내용의 해설을 덧붙이도록 하고 고승들이 이를 신자들에게 강론하게 하여 백성들의 여론을 자기편으로 끌어들이는 고도의 여론 조작 수법을 사용했다.

무측천은 권력에 대한 욕심만 있었던 것이 아니라 실제로 정치적 역량이 뛰어났다. 황후가 된 직후부터 고종의 정치적 동반자였고, 조정에서 그녀의 영향력은 날이 갈수록 커져갔다. 그녀가 황제로 재임하며 실력 위주의 인재 등용을 하여 과거제를 정착시킨 점이나, 그로 인해 귀족 관료 세력을 약화시켜 황제의 권한을 강화시킨 것은 이후 당나라 번영의 기반이 되었다. 또 이 시기는 인구가 두 배 가까이 증가하고 많은 양곡이 비축되어 경제적으로 매우 풍족했다. 그래서 당 현종 시기의 태평성대인 '개원지치開元之治'도 무측천의 개혁이 있었기에 가능했을 것이라고 평가하곤 한다.

무측천의 치세는 대부분 뤄양에서 이루어졌고, 그녀의 뤄양에 대한 사랑도 뤄양의 곳곳에서 찾아볼 수 있다. 생애의 많은 시기를 뤄양에서 머물렀으며, 뤄양으로 수도를 옮기기도 했다. 용문석굴의 개착에 기여했을 뿐 아니라 고대 제왕들이 정사를 돌보던 이상적 장소인 명당明堂을 뤄양에 재건하여 자신의 권력의 정통성을 확보하려 했다. 또 그녀가 스스로 황제가 되어 주나라를 세우면서 뤄양의 이름을 신의 도시라는 의미의 신도神都로 바꾸는 등 뤄양에는 무측천의 흔적이 지금도 아주 많이 남아 있다.

효문제, 그리고 측천무후와 함께했던 뤄양의 영화는 이후 송나라의 수도가 뤄양에서 먼 변경(현 카이펑)으로 옮겨지면서 마감되고, 뤄양은 점점 역사의 중심에서 멀어지게 된다. 그 쇠락 속에서도 용문의 이 석굴사원이 1,500년이 지난 지금까지도 살아남을 수 있었던 것은 효문제와 측천무후, 그리고 용문의 부처에게 소망을 빌었던 수많은 불자들, 그들의 욕망과 기원의 마음이 남아 있기 때문이었을 것이다.

전주현

이화여자대학교 철학과와 중문학과를 졸업하고 동 대학원과 중국 푸단대학교에서 중국 고전문학을 연구했다. 현재는 이화여자대학교와 수원대학교 등에서 중국 고전 문화와 대중문화 등을 강의하면서 중국의 이미지와 문화에 관심을 가지고 연구하고 있다.

수은이 흐르는 지하 왕궁

시안 진시황릉

송정화

장이머우와 공리가 주연한 영화 「진용」의 포스터. (1990년 개봉) © shutterstock

시안 西安이라는 도시가 처음으로 내 마음속에 들어오게 된 계기는 대학 시절에 보았던 청샤오둥 程小東 감독의 영화 「진용 秦俑」이었다. 청샤오둥 감독이 만든 「천녀유혼」, 「동방불패」도 재미있게 보았던 터라 「진용」도 기대가 컸는데 생각보다 괜찮은 작품이었다. 장이머우 감독과 대륙의 여신 공리의 시공을 초월한 슬픈 사랑 이야기는 내게 애잔한 감동을 주었다. 특히 공리가 불 속으로 뛰어드는 장면이 클로즈업되면서 흘러나오는 「불로 몸을 사르고 焚身以火」라는 주제가는 영화가 끝나고도 내 귓가에 한참을 맴돌았다. 이 영화는 허구지만 진시황의 지하 궁전이며 분서갱유,

현재도 발굴 중인 거대한 규모의 병마용갱. © shutterstock

서복徐福의 불사약 이야기 등 실제 역사적인 소재를 영화 곳곳에 배치하고 있어서 영화를 보고 나면 진나라의 역사를 한 번 훑은 것 같은 느낌을 받는다. 중반부터 전개되는 현세의 코믹한 스토리가 영화의 몰입을 다소 방해하기도 하지만, 스크린에 생생하게 재현된 진시황릉은 시안이라는 도시를 내게 선명하게 각인시켰다.

황제를 호위하는 지하 군대

중국 여행 책자를 보다 보면 시안에 대해 이런 말이 빼놓지 않고 나온다. '중국의 100년을 보려면 상하이, 600년을 보려면 베이징, 3,000년을 보려면 시안에 가봐야 한다.' 3,000년의 역사라니, 그 시간이 얼마나 긴지 가늠조차 힘들다. 시안은 기원전 11세기의 주나라부터 시작하여 진, 서한, 신,

병마용갱에서 출토된 병사들. © shutterstock

현대에 복원된 아방궁. © shutterstock

동한, 서진, 전조, 전진, 후진, 서위, 북주, 수, 당에 이르기까지 무려 13개 왕조의 수도였다. 명실공히 시안은 중화 문명의 중심지였고 고대 문명의 전통을 가장 잘 간직한 도시였다.

3,000년 고도인 시안이 세계적으로 유명세를 타기 시작한 것은 1974년에 병마용이 발굴되면서부터였다. 지금의 산시성 시안의 여산驪山 근처에서 농민들이 우물을 파다가 우연히 진흙 인형(병마용)과 화살촉, 진흙 벽돌 등을 발견했고, 이후 1974년에 1호 갱을 시작으로 4호 갱의 병마용까지 발굴되면서 신비한 지하 도시는 차츰 세상 밖으로 나오게 되었다. 고고학계의 추정에 따르면 진시황릉에는 모두 7,000여 개의 병마용, 100대의 전차, 100필의 말이 묻혀 있다고 한다. 약 180센티미터의 키와 건장한 체격을 갖춘 무사武士용은 지하에서도 진시황을 호위하는 황제 군단의 위용을 보여준다. 이들의 투구와 갑옷, 신발 모양이 조금씩 다르고, 채색의 흔적도 남아 있어서 당시 병마용 제작이 실제 계급을 고려한 상당히 정교한 작업이었음을 알 수 있다.

진시황릉은 함양에 있었던 진시황의 실제 궁전을 복제한 것이다. 현재까지 진시황릉이 모두 발굴된 것은 아니어서 그 규모를 정확히 알 수는 없지만 대체적인 구조는 다음과 같다.

진시황릉은 진시황이 생전에 살았던 궁과 사람, 그리고 기물들로 채워져 있다. 가장 중요한 진시황의 관은 황릉의 중심인 봉분 아래에 위치하고 있고, 내성과 외성의 두 겹의 성벽이 관을 보호하고 있다. 내성에는 황제를 모시는 관리들의 진흙 인형이 묻혀 있고, 내성과 외성 사이의 공간에서는 광대와 무희들의 진흙 인형도 발견되었다. 외성의 공간으로 가면 황실에서 사육했던 동물과 악사들의 진흙 인형이 있고 외성 밖으로는 말들도 발견되었다. 진시황의 지상 왕궁과 사람들을 고스란히 재현한 지하 궁전은 사후 세계가 현세와 연결되어 있다고 믿었던 고대 중국인의 세계관을 반영하고 있다. 진시황릉으로부터 서쪽으로 좀 더 간 곳에서는 능을 짓다가 사망했거나 살해된 인부들의 유해도 발견되었다. 진시황은 능의 위치가 외부에 발각될 것을 우려하여 능을 완성함과 동시에 인부들을 모조리 살해했다.

지하 궁전의 발굴 작업은 여전히 진행 중이지만 현재까지 출토된 유물로 미뤄볼 때 전체 면적이 대략 56.25제곱킬로미터에 이르고, 이는 베이징의 자금성과 맞먹는 규모. 지금도 자금성을 마음먹고 살펴보려면 며칠이 걸리는데, 기원전 3세기에 진시황은 왜 이렇게 거대한 지하 궁전을 만들었을까? 진시황은 과연 어떤 사람이었을까?

고독한 야만의 통치자

역사 기록을 보면 진시황(기원전 259~기원전 210년)의 탄생은 베일에 싸여 있다. 승상 여불위呂不韋의 첩의 아들이라는 설이 있고, 진나라 장양왕의 아들이라는 설도 있다. 장양왕이 사망하자 진시황은 열세 살의 나이로 보위에 올랐고 중신들의 감시 속에서 어린 시절을 외롭게 보냈다. 그래서인지 진시황이 성장해 통치권을 갖게 되자 제일 먼저 한 일이 가신과 측근을 처단하는 것이었다. 그는 주위의 누구도 믿지 않았고 오로지 자신만 믿었다. 그는 지독히도 고독한 군주였다.

전국시대 말기에 이르면 주나라 천자의 권위는 땅에 떨어졌고 제후국들 간에 패권 다툼이 벌어졌다. 그러나 진나라가 여섯 개의 제후국을 병합할 줄은 아무도 예상하지 못했다. 진나라는 유목 민족 계통이었고 이름도 '견구犬丘'라고 불릴 만큼 야만의 족속으로 여겨졌기 때문이다. 말을 사육하는 기술이 뛰어나서 진나라 땅에 책봉되고 점차 중원의 세련된 문화를 흡수해갔지만, 자존심 높은 화하華夏의 제후국들은 진나라를 결코 자신들과 동등한 나라로 인정하지 않았다. 6국의 진나라 따돌리기를 잘 보여주는 사건이 있다. 기원전 632년에 진晉나라의 문공은 진秦나라 등과 연합하여 다른 5개국의 연합군을 성복이라는 곳에서 크게 이겨 초나라의 중원 진출을 저지한다. 전투가 끝나고 승전국뿐 아니라 패전국들까지 한자리에 모였는데 진나라는 이 자리에 초대받지 못했다. 주나라는 진나라를 제후국으로 책봉하고 인정했지만 주를 제외한 다른 나라들은 진나라를 인

시안의 거대한 진시황 석상. ©장세정

정하지 않았다. 이러한 차별 대우는 진나라가 정통의 화하 계통이 아니어서였다. 당시에는 같은 중국이라도 문화의 유무에 따라 정통의 화하와 오랑캐인 융적戎狄으로 구분했다. 그러나 진시황은 이에 굴하지 않고 군사력을 키워 초나라를 시작으로 한, 조, 위, 연, 제를 차례로 병합했고, 기원전 221년에는 중국 역사상 최초로 통일 제국을 세웠다.

비정통과 야만의 혈통 덕분인지 진시황은 개혁을 할 때도 거침이 없었다. 우선 자신을 부르는 호칭부터 바꿨다. 그는 어떻게 하면 자신을 제후왕들보다 높은 지위로 격상시킬 수 있을까 고민했고, 황제라는 새로운 호칭을 고안해냈다. '황제'는 화하의 최고 조상 격인 삼황三皇의 '황皇'과 하

늘신인 천제天帝의 '제帝'를 결합한 호칭이다. 황제의 호칭은 자신의 공덕이 기존의 왕들과 비교될 수 없을 만큼 뛰어나고 삼황과 천제의 수준에까지 미친다는 자부심의 표현이었다. 또한 황제 앞에 '시始' 자를 붙여서 진정한 통치자는 바로 자신으로부터 시작됨을 널리 알렸다.

그는 통치 시스템에 있어서도 기존의 봉건제를 폐지하고 군현제를 도입해 나라 전체를 직접 통치하는 중앙 통제 시스템으로 바꿨다. 제후 왕이각 지역의 살림을 관장하는 것이 봉건제라면, 군현제는 중앙에서 파견된관리에 의해 운영되는 체계였다. 진시황은 제후 왕들 사이에서 속수무책으로 무너졌던 주 왕실의 최후를 보면서 믿을 것은 오로지 자신뿐이고 천하에는 단 한 명의 통치자만 존재해야 한다고 다짐했다.

제국의 중심, 우주의 중심

1988년부터 시안의 문화재가 대대적으로 발굴되면서 진나라의 거대한궁궐 유적지가 세상에 알려지게 되었고, 동시에 수도였던 함양의 위용도 빛을 발하게 되었다. 당시에 발굴된 건축물들을 보면 난방 시설뿐 아니라 위생시설도 갖춰져 있었고 곳곳에 대형 벽화가 걸려 있을 정도로 호화로웠다.

진시황은 제후국들을 병합하자마자 수도인 함양을 통일 제국의 명성에 걸맞게 재건하기 시작했다. 기원전 220년, 진시황은 함양을 가로질러흐르는 위수의 남쪽에 궁궐을 지었고 '극묘極廟'라고 이름 붙였다. 극묘의'극極'은 우주의 중심을 상징하는 북극성의 극을 가리켰다. 진시황의 극묘는 수도 함양이 곧 천하의 중심이자 우주의 중심임을 의미했다.

진시황은 웅대한 건축물을 지어 자신이 지상 최고의 권력자일 뿐 아니라 하늘의 대리자임을 보여주고자 했다. 사마천의 『사기』에 따르면 기원전 212년에 진시황은 황제의 정원이자 사냥터였던 상림원上林苑에 대규모의 궁궐을 세운다. 아방궁阿房宮으로 불린 이 궁궐은 앞쪽 공간에만 1만 명을 수용할 수 있었고 남쪽으로는 남산까지 복도로 길게 이어져 있었다. 아방궁은 위수渭水 북쪽의 다른 궁들과도 모두 복도로 연결되어 있었다. 진시황은 촘촘히 연결된 복도를 통해 땅을 밟지 않고도 궁궐을 오갈 수 있었다. 아방궁은 결국 미완성으로 남았고 그의 꿈도 미완으로 남았지만 그는 지상에서 유일무이한 천상의 도시를 탄생시켰다.

또한 진시황은 다른 나라를 점령할 때마다 그곳의 궁궐을 그대로 복제해 함양에 똑같이 지었다. 당시 함양에는 6국의 궁궐을 포함해 모두 270여 개의 궁이 있었고, 이는 마치 건축박물관을 연상케 했다. 고대 역사에서 영웅적인 군주들은 자신의 통치 능력을 과시하기 위해 상징적으로 박물관을 세우곤 했다. 이 경우 박물관에 채워지는 것은 대부분 전쟁에서 약탈한 기물이었다. 그러나 진시황의 스케일은 달랐다. 그는 소소한 기물이 아니라 점령국의 궁궐을 마치 수집을 하듯 함양으로 옮겨왔다.

진시황이 생각하기에 진나라의 수도인 함양은 우주뿐 아니라 제국의 중심이어야 했다. 그래서 피정복국의 유력한 가문 12만 호를 복제 궁전이 세워진 함양으로 이주시켰다. 이러한 이주 정책에는 함양이야말로 제국의 심장임을 보여주려는 의도가 깔려 있었고, 진나라의 심장부 안에 정복민을 두고 철저하게 감시하려는 정치적인 판단도 들어가 있었다. 기원전 3세기의 함양은 진시황이 만든 우주와 중화제국의 축소판이었다.

영원을 꿈꾸다

진시황이 진나라를 통치할 때 유일하게 기준으로 삼은 사상은 법가였다. 그는 법가야말로 자신의 통일 제국을 유지하는 데 가장 적합한 사상이라고 생각했다. 법가에서는 군주가 신하뿐 아니라 아내와 자식도 믿어서는 안 되고 남에게 속마음을 드러내지 않으며, 권력을 위해서라면 형벌도 적절히 사용할 것을 강조했다. 진시황은 법가의 가르침에 따라 주위와 거리를 두고 자신을 신격화했으며 백성을 가혹한 형벌로 다스렸다. 그리고 하늘궁전을 지어서 아무도 자신의 거취를 알아챌 수 없도록 하늘 위에 연결된 복도로 다니면서 외부와 차단된 공간 안에서 지냈다. 만약 자신과 다른 생각을 지닌 자가 나타나면 용납하지 않았고 가차 없이 제거했다. 절대 권력을 위해서 그에게 이러한 조치는 당연한 것이었고 정당한 명분을 지녔다. 법가에서는 모든 판단의 기준을 최고의 권력자인 군주에게 두었으므로, 군주가 그르다고 결정하면 그것은 곧 죄가 되었다. 분서갱유라는 초유의 사상 통일 작업도 진시황의 통치 이념 아래서는 충분히 가능한 일이었다.

그러나 무소불위의 진시황도 나이가 들면서 몸과 마음이 쇠약해졌고 어떻게 하면 병들지 않고 영원히 살 수 있을까를 고심하게 되었다. 고대 중국의 예법에 따르면 왕은 보위에 오르자마자 자신의 능묘 건설을 계획해야 했다. 진시황도 이 예법에 따라 즉위하자마자 능묘를 세울 터를 물색했고, 최종적으로 여산을 능묘 터로 결정했다. 여산은 지금 시안의 동쪽에서 20킬로미터 떨어져 있는 곳으로, 산세가 높고 울창하며 옥과 황금이 많이 나서 아름다운 산, 즉 '여산麗山'으로도 불렸다. 이곳에는 지금도 당나라 현종이 양귀비와 사랑을 속삭이던 별장인 화청궁이 있다.

진시황은 무려 72만 명의 백성을 징집해 30년이 넘는 시간 동안 능묘를 건설했다. 진나라의 민가民歌를 보면 진시황릉을 짓는 데 쓰였던 돌 하나가 집채만 해서 돌을 나르는 행렬이 위수의 물길을 막을 정도였다고 한다. 그러나 진시황은 완성된 능을 보지 못한 채 마흔아홉 살에 사망했고, 정작

진시황릉은 아들인 진이세秦二世 때에 이르러 완성되었다. 이때는 착공을 하고 장장 38년의 세월이 흐른 뒤였다. 진시황릉은 원래 높이가 115.5미터였는데 2,000년이 넘는 세월의 풍파를 거치면서 현재는 76미터로 줄어들었다. 지금은 이집트의 피라미드를 세계 최고의 무덤이라고 하지만, 아직도 발굴되지 않은 진시황릉의 규모를 감안한다면 언젠가 그 순위가 뒤집힐지도 모르겠다.

진시황은 전국을 돌아다니며 순행하는 것을 좋아했다. 진나라의 강역을 둘러보고 6국의 유명한 산에 올라 자신의 공을 새긴 공덕비 세우는 것을 낙으로 삼았다. 기원전 219년에도 진시황은 여느 때처럼 순행을 나갔고 제齊나라의 태산에 올라 제사를 드렸다. 당시 제나라에는 유명한 방사가 많았다. 방사란 도교의 다양한 술수를 연구하고 실현하는 사람을 가리킨다. 그중에서도 특히 유명한 방사였던 서복은 선약을 먹으면 죽지 않고 신선이 될 수 있다고 주장했고, 이는 진시황의 마음을 단번에 사로잡았다. 서복은 자신이 선약을 구해 올 수 있다고 호언장담했다. 진시황은 서복에게 남자아이와 여자아이 수천 명을 주고 바다로 나가 불사약을 구해 오도록 했다. 진시황은 서복 외에도 노생 등 여러 방사를 만났고, 이들에게도 무한한 신뢰와 후원을 보냈다. 기원전 210년에 진시황은 한동안 바다로 떠났다가 소식이 끊겼던 서복과 재회한다. 그러나 진시황의 아낌없는 재정 보조에도 불구하고 서복은 불사약을 구해 오지 못했고 이런저런 핑계를 대며 선약을 구할 기회를 한 번 더 요청했다. 그리고 도피하듯 다시 바다로 떠났다. 이번에도 진시황은 서복에게 남자아이와 여자아이 3,000명, 다섯 가지 곡식의 종자, 장인들을 딸려 보내주었다. 그러나 서복은 이후로 다시는 돌아오지 않았다. 그의 마지막 행선지에 대해서는 여러 가지 이설이 있다. 일본으로 갔다는 얘기도 있고 우리나라의 제주도에 정착했다는 설도 있다. 객관적으로 보면 이것은 사기꾼인 방사가 감언이설로 진시황을 등쳐먹은 사건이었다. 그러나 도교를 광신한 진시황에게 무엇이 진실이고 아닌지는 전혀 중요하지 않았다. 그에게 중요한 것은 영원한 생명이 있다는 믿음이었고, 그래서 끝까지 불사약을 포기하지 않았다.

진시황의 간절했던 불사의 소망은 진시황릉에 고스란히 담겨 있다. 진시황릉은 지상으로는 우뚝 솟은 거대한 봉분만 보이지만, 지하로 들어가면 각각의 쓰임이 다른 갱들이 연결된 복합적인 구조로 되어 있다. 황릉 안에는 하늘과 강, 호수, 바다가 조성되어 있고 산책의 여유를 즐길 정원도 있으며, 관리들은 황제의 명을 기다리며 대기하고 있다. 황제의 마구간과 동물원은 준마와 진기한 동물들로 가득하다. 사관飤官은 요리한 음식을 단지와 소반에 담아 황제에게 올리고, 황제의 군대는 무기로 무장한 채 출동 준비를 하고 있다. 진시황릉은 그야말로 함양궁의 축소판이었다.

무엇보다 고고학자들의 관심을 끈 것은 진시황릉의 바닥에 수은으로 된 물이 흘렀다는 사실이다. 중국사회과학원의 조사 결과에 따르면 진시황릉의 지하에는 지금도 평균치의 거의 여덟 배가 넘는 수은이 묻혀 있다

진시황릉 내부에서 발굴된 병마용과 말들. © shutterstock

고 한다. 진시황은 왜 강력한 독성 물질인 수은의 강을 만들었을까?

　동서양을 막론하고 죽음은 인간에게 피할 수 없는 운명이었다. 그런데 유일하게 도교에서는 수련을 통해 죽음을 극복할 수 있고, 궁극적으로는 신의 영역에까지 이를 수 있다고 주장했다. 도교에서 수은은 변하지 않는 불사의 생명을 상징했고, 방사들은 수은과 황을 합성한 황화수은으로 단약을 만들어 왕과 귀족에게 바치거나 팔았다. 물론 당시에 도교의 불로장생술을 진심으로 믿었던 사람도 있었을 것이다. 그러나 대부분의 방사들은 연단술을 축재와 출세의 도구로 여겼다. 의학 지식도 의료 기구도 변변치 않았던 고대에 죽음은 훨씬 더 큰 공포로 느껴졌을 것이고, 도교는 사람의 그런 나약한 마음을 파고들었다. 인류의 역사에서 종교적인 믿음은 종종 이성적인 과학을 넘어섰고, 진시황도 예외는 아니었다. 수은의 불변성을 믿었던 진시황은 지하 궁전에 수은으로 된 강과 바다를 만들었고, 자신도 수은처럼 영원불멸할 것을 꿈꿨다.

그러나 아이러니하게도 진시황은 마흔아홉 살에 사망했고, 그의 제국도 한나라에 패망하면서 15년 만에 막을 내렸다. 그는 경제적인 부와 막강한 군사력을 바탕으로 통일 제국의 위업을 달성했지만 아방궁, 진시황릉, 만리장성 등 대규모의 토목공사에 백성을 동원했고 가혹한 세금을 물렸으며, 분서갱유를 자행했다. 진나라는 그렇게 민심을 잃어갔고 15년 만에 허무하게 사라졌다. 진나라의 멸망은 자유로운 소통과 지적인 성찰이 사라진 제국이 얼마나 쉽게 무너질 수 있는지를 우리에게 잘 보여준다.

시안의 거리를 걷다 보면 곳곳이 다 유적이다. 시안에서 영웅의 꿈과 투쟁, 그리고 좌절이 깃든 유적들을 만나다 보면 문득 내가 중국 역사의 한가운데에 있음에 벅찬 감동을 느끼게 된다. 찬란했던 도시의 영광도, 나약한 인간의 집착과 욕망도 모두 시안이라는 공간 속에 조용히 공존하고 있다.

송정화

이화여자대학교 중어중문학과를 졸업하고 고려대학교와 중국 푸단대학교에서 연구했다. 캘리포니아대학교(버클리) 동아시아연구소 연구원을 거쳐 현재 이화여자대학교와 고려대학교에서 강사로 재직 중이다. 중국의 신화와 소설 등 서사문학 전반에 관심이 많고, 최근에는 중국의 지리서와 그림에 나타난 중원 중심적인 시각을 분석하는 연구를 진행하고 있다. 지은 책으로 『중국 여신 연구』 등이 있고 옮긴 책으로 『전통시기 중국의 안과 밖』 등이 있다.

전쟁의 포화 속에 불꽃처럼

충칭 산성보도

이윤희

충칭重慶은 중국 서남부 쓰촨성 동부에 위치한 거대한 면적의 도시이다. 우리나라 국토 면적의 80퍼센트에 해당하는 넓은 땅을 가진 이 도시는 1997년 중국 국무원 직할시로 승격되면서 '충칭직할시'의 이름 아래 이 지역을 아우르게 되었다. 중국 서부의 유일한 직할시이자 드넓은 영역이라는 특징만으로도 중요한 도시로 손꼽힐 수 있으나, 중국의 해안선을 따라 나열된 도시들에 비하면 덜 조명된 지역이라 할 수 있다. 베이징과 톈진, 칭다오와 다롄, 항저우와 쑤저우, 난징과 상하이, 선전 등 화려한 도시들과 달리 중심부에서 먼 변방의 도시라는 인상, 충칭에 대한 이런 느낌은 외국인은 물론 중국인들 사이에서도 낯설지 않다. 중국의 핵심부와 동떨어진 주변적 위상의 땅 충칭은 사실 상고시대부터 이미 중심 아닌 주변, 골자 아닌 지엽, 중화 아닌 오랑캐의 땅이라는 정체성의 연원을 갖고 있는 곳이었다. 이곳은 아주 머나먼 옛날부터 중원의 민족인 한족과 다른 파족巴族 혈통의 민족이 터를 잡고 고유한 문화를 형성하며 생존해온 강토라는 근원을 지닌 땅이라고 할 수 있다.

그런데 오랜 역사 속에서 늘 변방의 자리에 있던 충칭이 단 한 차례 온 중국의 이목을 집중시키며 나라 전역의 물자와 인재를 한 몸 안에 끌어들인 시기가 있었다. 20세기 초반, 중일전쟁의 포화 속에서 충칭은 짧지만 굵게 문화의 중심지로 피어나게 된다. 1937년 7월 베이징에서 울린 총성을 시작으로 연안을 타고 파죽지세로 내려오는 일본군을 피해, 국민당 정부는 내륙 깊은 곳에 있는 변방 도시 충칭을 전시 임시 수도로 선포하고 천도하기에 이르렀던 것이다. 이렇게 충칭은 파족의 왕국이었던 파국巴國 시절부터 3,000년이 넘는 기나긴 역사 중 오직 8년, 전 중국의 정치, 경제, 문화의 한가운데에 자리하는 불꽃같은 시기를 맞이하게 되었다.

오랑캐의 땅, 파투

고대 파국의 기원은 지금으로부터 3,000~4,000년 전 중원 땅을 하夏나라가 다스리던 시기까지 거슬러 올라갈 수 있다. 하나라 이후 상商나라까지 파국을 '파방巴方', '파전巴甸' 등으로 불렀다는 기록이 있는데 '방方'과 '전甸'은 '변경', '교외의 곳'이라는 뜻을 담고 있다. 혹자는 파국의 시작을 주周나라 초기 기원전 11세기 무렵으로 보기도 한다. 종합하건대 고대 중원의 첫 왕조인 하나라 시기부터 쓰촨 일대에는 하, 은, 주 등 중원의 민족과 다른 혈통의 파족이 통치하는 왕국이 존재했다. 당시 파국의 강역은 오늘날 충칭에 해당하는 쓰촨 동부뿐 아니라 후베이 서북부와 구이저우 북부 일대에까지 널리 미쳐 있었다. '파巴'라는 명칭은 오늘날까지 충칭을 일컫는 대칭으로 쓰이며, 여기에 충칭 일대 가릉강嘉陵江의 옛 이름 투수渝水의 '투渝'를 덧붙인 '파투巴渝'는 충칭의 또 다른 이름으로 널리 사용되고 있다. '투'는 충칭직할시의 공식 약칭이기도 하다.

중국은 고대 왕조 주나라 시기에 이미 후대에 여러 왕조를 거치는 가운데서도 굳건히 전승된 중국의 정통 사관 '화이지변華夷之辨'의 개념을 구축하게 된다. 황하 중하류 유역의 중원 땅은 총명하고 예지를 갖춘 사람이 거처하는 곳, 만물과 재화가 모여드는 곳, 성현의 교화를 추진하는 곳, 인의와 도덕을 실행하는 곳, 그러므로 먼 변방의 나라들이 우러르고 만이蠻夷가 그 행위 준칙을 모방하는 곳이었다. 이곳이 바로 '화華'이다. '화'를 중심으로 두고 그 바깥은 모두 '만'과 '이', 즉 오랑캐의 땅이었다. 이처럼 중원의 문명 '화'와 구별되는 야만의 오랑캐 중에 바로 '파투'가 있었다. '파투'는 화이지변의 구분에서 '남만南蠻'에 속한 지역이었다. 고대에 형성된 화와 이의 구분은 아득히 긴 3,000년의 시간이 흐르는 동안에도 좀처럼 경계가 흐려지지 않았다.

그런데 시각을 달리해 파투 땅의 입장에서 '화이지변'을 보자면, 애당초 중원의 문명에 속하지 않았기에 독자적 '파투 문화'를 형성하고 발전시킬 수 있었다. 오늘날 '파투 문화'란 파투 사람들의 고유한 기질과 성격을 주로 이른다. 파투 땅은 '3척 넓이 평지가 없다'는 말이 나올 정도로 산세가 가파른 지형이다. 이곳에서 생존하려면 분투하지 않을 수 없었기에 파투 사람들은 굳셈과 강인함, 전쟁을 두려워하지 않는 용맹함으로 명성을 얻어왔다. 또한 불같은 성격으로도 유명하다. 중원 민족이 칭송하는 '은회隱晦'의 미덕, 즉 감정과 생각을 직설적으로 드러내지 않고 잘 다잡아 속에 두는 처세법과는 상반되는 성정이다. 충칭은 인근의 청두나 다른 성에 비해 저명한 문인이 드물다. 상대적으로 무장은 매우 많이 길러내어 20세기 전반 국민당과 공산당의 대결 구도 당시 각각 40명에 가까운 장군을 배출했을 정도이다. '충칭 놈의 돌팔매는 매섭고 청두 녀석의 주둥이는 교활하다'는 세간의 평가도 충칭인의 상무적尚武的 기상을 잘 대변하고 있다.

고대의 파국은 기원전 316년 진나라에 의해 멸망함으로써 왕국으로서의 운명을 마감한다. 진나라는 이곳에 파군巴郡을 설치했고, 이후 한나라와 위진남북조, 수나라, 북송 시기를 거치면서 '강주江州', '파주巴州', '투주渝州', '공주恭州' 등 여러 이름으로 불렸다. 12세기 송나라 때 공주부를 중경부重慶府라 변경하면서 처음으로 '충칭重慶'이라는 명칭을 얻게 되다. '이중의 기쁨과 즐거움'이라는 의미로 남송 효종의 아들 조접종趙接踵이 황제 집안끼리의 평화적 정권 교체 내선內禪을 기념하며 붙인 이름이었다.

중원의 시각에서 오랑캐라 부르던 파투, 중앙 왕조 치하의 일개 지방으로 지내오던 파투, 중화 문명에서 동떨어진 변방의 땅 파투. 그러나 20세기 전반 이곳이 하루아침에 전 중국의 중심으로 부상하는 역사적 사건이 발생하게 된다. 그것은 바로 1937년 7월 7일 발발한 중일전쟁이었다. 난징에 있던 국민정부는 연안을 따라 순식간에 남진하는 일본의 포화를 피해 내륙으로 이동해 충칭을 전시 임시 수도로 선포했으며, 정치와 행정의 중심이 이전하면서 문화의 중심도 이전되었다. 이렇게 충칭은 단숨에 전 중국의 중심지로 떠오르면서 보잘것없던 땅이 동란 중 오히려 만개하는 역사의 아이러니를 보여주게 되었다.

자욱한 안개가 언덕길을 휘감은 유랑민의 집결지

전시 상황에서 정치 중심의 이전을 따라 주요 대학과 교육기관, 문화 기구가 충칭으로 옮겨왔으며, 다시 이를 따라 수많은 지식인, 문화인이 파투 땅으로 모여들었다. 중국의 대표적 현대 작가 라오서의 4막극 「누가 먼저 충칭에 도착하는가誰先到了重慶?」(1942년)에는 일본군에 함락된 베이징을

1937년 11월, 충칭에 도착한 린썬林森(가운데 모자 쓴 사람). 당시 그는 장제스를 대신해 국민정부 주석을 맡고 있었다.

전시 수도 충칭에서 행사 중인 쿵샹시孔祥熙(한가운데에 안경 쓴 사람). 장제스의 손위 동서인 그는 당시 국민정부 행정원장이자 재정부장, 중앙은행 총재를 겸한 정부 수뇌였다.

떠나 충칭으로 가려는 청년들의 정황과 고뇌가 묘사되어 있다. 푸단復旦대학을 비롯해 국립중앙대학, 중앙정치학원, 국립희극전과학교國立戱劇專科學校 등 40여 개의 고등교육기관이 전시 수도 충칭에서 강의를 이어나갔다. 〈중앙일보〉, 〈신화일보〉, 〈신민보〉, 〈국민공보〉, 〈대공보〉, 〈군중주보〉

등 신문과 〈항전문예〉, 〈문예진지〉, 〈칠월〉, 〈문학월간〉 등 주요 문학 간행물도 충칭에서 발행되었다. 이 시기 충칭에서는 1,000여 종에 달하는 신문과 간행물이 발행되었고 상무인서관, 중화서국, 세계서국, 생활서점, 독서생활출판사, 작가서옥 등 130여 개의 주요 출판사도 충칭에서 전시 8년의 시간을 보내게 되었다. 궈모뤄, 마오둔, 바진, 라오서, 차오위, 예성타오, 빙신, 후펑, 장톈이, 량스추, 린위탕, 펑즈카이, 샤오훙, 루링 등 중국 현대문학의 주요 작가 130여 명 역시 일본 점령지를 떠나 충칭으로 모여들었다. 이곳은 전시라는 비상 상황에서 사상 처음 문화의 중심지로 부상했으며 전 중국의 이목은 지금껏 주목하지 않았던 서남 땅 변방의 산성山城 충칭으로 집중되었다.

많은 문화인들은 베이징과 상하이 등 익숙한 대도시를 떠나 낯선 타향

전시 수도 충칭에 마련된 국립중앙대학 교정과 학생들.

충칭에서 전시의 시간을 보내야 했다. 그곳은 비록 전방 아닌 후방이었으나 전쟁의 불안하고 두려운 순간을 아예 피할 수는 없었다. 뿐만 아니라 전쟁 전에 구축한 아늑한 삶의 보금자리, 그곳의 주인이라는 지위에서 순식간에 고단한 유랑자의 신분으로 추락해 열악한 생존의 조건과 맞닥뜨리게 되었다. 예성타오는 전쟁 전 이미 문단과 문화계에 드높은 명망을 구축한 인물이었다. 신문학의 중요 작가이자 당시 대표적 출판사인 개명서점開明書店의 주요 인사였던 그는 불과 전쟁 2년 전인 1935년 쑤저우에 새 집을 갓 지은 터였다. 아름다운 정원에 꽃나무를 심고 노모부터 여동생, 아들딸은 물론 예비 며느리까지 여덟 대식구가 머무는 보금자리였다. 역시 신문학 작가이자 삽화가로 문화계의 명사였던 펑즈카이도 고향집에서 인생의 황금기를 구가하고 있었다. 그는 저장의 고향집 뒤에 '연연당緣緣堂'을 직접 설계해 지었다. 1933년의 일이었다. 이후 고즈넉하고 우아한

정취의 연연당에서 수필과 삽화 창작에 몰두했다. 하지만 전쟁이 발발하자 이 모든 것을 뒤로한 채 열 명이 넘는 식솔을 이끌고 고단한 피난길에 올라야 했다. 그와 가족은 장시와 후난의 창사, 광시의 구이린으로 이어진 3,000킬로미터의 장정을 거쳐 1942년 충칭에 도착하게 된다. 이렇게 충칭은 전시 유랑민의 집결지가 되었다.

모든 것을 버리고 충칭에 도착한 이들은 사회 하층민과 같

펑즈카이의 그림 속 충칭의 계단 길. 인력거꾼과 손님이 같이 인력거를 들고 계단 길을 오르고 있다.

은 신산스러운 생활고를 피할 수 없었다. 아무리 후방이라 해도 폭격과 방공 사이렌, 정전의 공포 등을 완전히 비껴갈 수 없는 것 역시 가혹한 충칭의 현실이었다. 생존이 위협받는 전시의 고통은 충칭이 그들에게 준 첫인상인 '산성'과 '무도霧都', 즉 자욱한 안개가 도시를 오르내리는 수많은 언덕길을 휘감은 이미지와 불가분의 관계였다.

하루아침에 타올랐듯 하루아침에 사그라지고

산세를 타고 세워진 충칭은 '대문을 나서면 바로 언덕과 둔덕을 오르게 된다'는 말에서 알 수 있듯 독특한 지형 위에 형성된 도시이다. 오늘날 충칭의 '산성보도山城步道'는 바로 충칭을 가로지르는 수많은 계단 길 중 도시 핵심부의 일부 구간을 관광 명소로 지정해 생겨난 장소이다. 충칭시의 한가운데에는 작은 반도 형태의 땅덩어리 투중渝中반도가 있다. 양자강과 가릉강이 서로 다른 방향에서 흘러오다 만나는 지점에서 두 갈래 강줄기 사이로 'ㄱ' 자 모양의 작은 반도가 만들어진 곳이다. 이곳은 충칭 전역에서 가장 중심부라 할 수 있다. 산성보도는 바로 이 투중반도에 있다. 충칭의 핵심부에 위치하며 충칭의 상징인 돌계단 골목길을 음미하며 걸을 수 있는 구간이다.

유랑민의 집결지 충칭에 이른 작가들에게 언덕길 돌계단과 안개는 베이징과 저장, 상하이와 쑤저우에서 전혀 볼 수 없었던 충칭만의 특색이었다. 나아가 이는 다만 낯선 자연지리적 특징으로 드러났을 뿐 아니라 전시에 처해 난생처음 열악하고 두려운 생존조건을 경험하는 작가 자신을 포함한 인간과 사물을 낯설게 다시 통찰하는 지점들과도 연결되어 있었다. 산성보도는 역사상 처음으로 문화의 중심지로 피어나며 작가의 기록 속

충칭의 지형 특성을 잘 보여주는 충칭 대한민국 임시정부 청사 내부의 계단 길. ⓒ 김유림

에 보존된 충칭의 특징을 가장 잘 대표하는 장소이다.

현대 여성작가 샤오훙은 중일전쟁이 발발하기 전부터 이미 유랑민 신세였다. 중국의 북방인 하얼빈에서 태어난 그녀는 1931년 만주사변이 일어나자 고향을 떠나 상하이에 이르렀다. 짧지만 굽이굽이 사연 많은 그녀의 삶은 영화 「황금시대」(2014년)에도 잘 나타나 있다. 샤오훙은 남성작가와 다른 감수성과 관찰력으로 주변의 약하고 상처받은 생명의 아픈 곳을 도려내어 글로 풀어나간 작가였다. 중일전쟁으로 다시 한 번 정착지를 떠나 낯선 땅에 도착한 그녀의 눈에 비친 충칭의 첫인상은 바로 자욱한 겨울 안개와 그것에 휘감긴 묵직한 언덕길 계단이었다. 그리고 일본의 폭격을 피하라고 울리는 방공 사이렌과 폭격에 나뒹구는 조각난 시체, 거기서 흐르는 피와 뇌수는 샤오훙의 산문에서 오히려 담담하게 묘사되어 있다. 머

산성보도 시작점의 돌기둥.

리 위를 빙빙 돌며 폭탄을 투하하는 비행기 아래서 극도의 공포를 경험했기 때문일까. 나뒹구는 목숨은 충칭의 안개, 돌계단과 더불어 낯설고 슬프게 그려질 뿐 적기를 향한 분노와 격앙의 감정이 개입되지 않았다.

바진의 장편소설 『한야寒夜』의 주인공 원쉬엔 역시 적응하기 어려운 전시 상황에서 생활고에 시달린다. 그는 안온하고 행복했던 고향을 떠나 충칭에 입성한 뒤 출판사에 겨우 취직하지만 폐병을 앓다가 죽고 마는데, 긴 소설 내내 반복적으로 묘사되는 그 창백한 얼굴과 식은땀, 기침 소리는 충칭의 안개처럼 전시의 우울한 상황을 반영하는 표상과도 같다. 전쟁이 초래한 역사의 아이러니로 문화의 구심점이 된 충칭, 그러나 이 시기 충칭의 실체는 찬란한 문화의 휘황함보다는 유랑과 피난의 스산함과 어수선함, 생존의 공포로 우울한 공간이었던 것이다.

공습이 시작되자 충칭의 부두로 피난 나온 사람들.

　안개에 감긴 계단 길을 힘겹게 올라야만 살아갈 수 있는 충칭은 난생처음 여기에 온 이들에게 끝까지 낯설었다. 그러므로 모두들 충칭으로 모여들었으나 이들은 언제라도 충칭을 떠날 준비가 되어 있었으며 떠나고 싶어 했다. 원쉬엔의 아내 수성 역시 충칭을 떠나는 문제로 끝없이 갈등했으며, 결국 병든 남편과 어린 아들, 늙은 시어머니를 충칭에 남겨두고 란저우로 떠나는 길을 선택하게 된다. 집안의 생계를 위해 떠난다는 명목이 이 떠남의 이유 전부는 결코 아니었다.

　1945년 8월 15일, 일본이 항복을 선언하자마자 그 많던 문화계의 명사들은 하루아침에 충칭을 벗어나 원래 그들이 속해 있던 대도시로 떠나간다. 터진 둑의 물처럼 순식간에 수많은 전시 유랑민이 빠져나가고, 충칭은 하루아침에 전시 속 문화의 중심지로 불꽃처럼 타올랐듯 다시 하루아침에 사그라져 변방의 도시로 환원되었다. 이렇게 중심에서 변방으로 돌아온 충칭에 남은 것은 묵묵히 그 자리를 지키는 계단 길을 밟으며 여전히 살아가는 충칭 사람들이었다.

충칭인의 땀방울이 스며든 곳

오늘날 충칭은 다른 직할시에 비해 원주민의 비율이 높은 도시이다. 베이징의 원주민은 11퍼센트 남짓, 상하이는 35퍼센트, 톈진은 45퍼센트인데 비해 충칭의 원주민은 65퍼센트로 월등히 높은 수치를 보여준다. 파투땅 사람들 고유의 특성이 유지될 수 있는 요인 중 하나라고 할 수 있다. 산성과 안개, 그리고 파투 문화는 충칭을 그 어느 도시와도 같지 않은 특별한 도시로 만드는 요소일 것이다. 산성보도는 이런 충칭의 특징이 가장 잘 녹아 있는 공간이다.

산성보도는 또한 충칭에 뿌리를 두고 살아가는 사람들의 삶과 불가분의 관계이다. 삶을 꾸려나가기 위해 대문을 나서는 즉시 오르락내리락 계단을 밟아야만 하는 특이한 지형의 땅에 사는 사람들, 24층 아파트이지만 산세를 따라 지어져 각 층의 출입구 자체가 승강기 구실을 하는 주거 환경에 사는 사람들, 5층 입구로 들어가도

산성보도를 걷다 보면 벽면에 새겨진 옛 충칭의 계단 길 사진을 만날 수 있다.

다른 쪽 출구로 나오면 1층이 되고, 3층으로 들어가도 8층으로 나올 수 있는 특이한 지형의 산성에 사는 사람들이 바로 충청인이다. 이처럼 가파른 산성에 사는 충청 사람들은 학교에 가기 위해, 양식을 구하기 위해, 돈을 벌기 위해, 누군가를 만나기 위해, 삶의 매 순간 집을 나서 길에 발을 내딛을 때면 피할 수 없이 계단 길을 오르내려야 했다. 이들이 걸어 올라야 했던 수많은 계단 길에는 충청인 삶의 애환이 녹아들어 있다.

2016년 영화 「휘궈영웅」에는 인생의 중요한 순간을 계단 길 위에서 맞이하는 인물들의 이야기가 담겨 있다. 영화의 마지막 하이라이트는 주인공 류보가 은행 강도와 추격전을 벌이다가 결투하는 긴 장면인데, 이때 배경이 되는 장소 역시 비 내리는 충청의 계단 길이다. 추격전과 결투를 벌이는 공간 배경으로 산성 충청의 특징이 여실히 표현되어 있다. 충청인들은 살아가는 모든 순간을 이렇듯 계단 길 위에서 맞이하고 있으며, 계단 길은 그들의 발아래 묵묵히 밟히며 충청인 삶의 무게를 견뎌오고 있는 것이다. 전 중국의 구심점으로 피어났던 시기이건, 순식간에 변방의 땅으로 되돌아온 순간이건 상관없이, 살기 위해 흘린 충청인의 땀방울이 스며들어 있는 계단 길은 그 자체로 의미 있는 역사의 증인으로 남아 있을 것이다.

이윤희

서울대학교에서 중국 현대문학을 연구했으며, 현재 가톨릭대학교와 서울대학교에서 강의하고 있다. 현대문학의 여러 장르 중 특히 소설 읽기를 좋아한다. 소설의 이야기를 통해 경제사나 사회사, 정치사에서 언급하지 않거나 소홀히 취급한 역사의 접힌 면을 발견하고, 이를 통해 중국을 다시 바라보는 연구의 지향점을 간직하고 있다. 지은 책으로 『문학으로 '현대 지나' 인식하기』, 『중화미각』 등이 있고 옮긴 책으로 『인간 루쉰』 등이 있다.

지친 시인을 품은 풍요의 땅

청두 두보초당

송진영

한국 영화 「호우시절」의 주인공은 청두成都 출장길 비행기에서 내리자마자 두보초당杜甫草堂을 찾았다가 그곳에서 유학 시절 마음에 담았던 친구와 우연히 재회한다. 옛 촉나라의 수도였던 만큼 명소가 즐비한 청두에서 감독이 남녀가 만나는 장소로 두보초당을 선택한 이유는 단순히 시인의 옛집이 자아내는 낭만 때문이었을까?

사실 두보초당은 우리나라 사람 같은 외국인보다 중국 자국민들에게 더 인기 있는 관광지이다. 중국인이라면 누구나 존경하는 역대 최고의 시인 두보와 관련된 곳이기 때문이다. 그래서인지 청두시와 청두 시민들은 조금의 주저함도 없이 이 지역 특유의 문화인 천부天府문화의 상징으로 두보초당을 꼽는다. 하지만 정작 두보는 청두 출신도, 쓰촨 사람도 아니었다. 두보가 청두의 초당에서 살았던 기간은 3년 남짓, 촉 땅에 머물렀던 기간을 모두 합해도 5년 반 정도밖에 되지 않는다. 그러나 평생 곤궁하게 살면서 가슴에 품었던 큰 뜻을 펴보지 못하고 유랑한 두보가 말년에 처음으로 가족들과 마음 편히 지내면서 소소한 기쁨을 누릴 수 있었던 곳, 지친 몸과 마음을 추스르고 한적하면서 담백한 전원생활의 정취를 노래할 수 있었던 곳이 청두였다.

타지인 두보가 가장 행복하게 살았던 도시, 지역을 대표하는 상징으로 타지인을 첫손에 꼽는 청두, 이 도시가 갖고 있는 여유로움과 포용력을 보여주는 이 장면에서 출발해 천년 고도 청두의 매력을 찾아본다.

천혜의 천부지국

오래전부터 중국인들에게 청두는 풍요로운 고장으로 알려져 있다. 청두 주변에는 농사짓기 좋은 평야가 광활하게 펼쳐져 있고 금사강金沙江, 민강岷江, 타강沱江, 가릉강嘉陵江 등 장강의 여러 지류가 지나면서 농업에 꼭 필요한 물을 풍부하게 제공해주었다. 뿐만 아니라 온대와 아열대의 온화하고 다습한 기후는 농업, 수산업, 임업 등이 모두 발달할 수 있는 천혜의 환경을 조성했으니 그야말로 이곳은 굶주림을 모르는 풍요로운 땅이었다. 그래서 하늘의 은혜를 입은 곳이라는 타지인들의 부러움을 샀고, 하늘나라 창고처럼 물산이 풍부하다는 뜻에서 천부라는 별칭을 얻게 된 것이다.

특히 쌀과 소금 등 생활에 필수적인 물자가 풍부했기 때문에 이를 바탕으로 경제적 자립이 가능했고, 차와 비단 등을 교역하는 남방 실크로드의 시발점이 되었다. 또한 온화한 기후와 경제적 풍요로움은 자연스럽게 사람들의 정서와 생활 태도에 영향을 끼쳐서 지금도 청두인은 잘 놀고, 잘 먹고, 말 잘하고, 예술과 문화를 즐기는 사람들로 알려져 있다.

광활한 평야와 고산, 드넓게 펼쳐진 강과 호수에서 구할 수 있는 풍부

마라탕, 마라샹궈, 마포더우푸. 맵고 얼얼한 쓰촨 음식은 최근 우리나라 젊은이들 사이에서 큰 인기를 얻고 있다. ⓒ송진영

한 식자재는 음식 문화를 발달시켰고 고온 다습한 기후는 다양하고 독특한 양념과 조리법을 만들어냈다. 중국 음식은 일반적으로 4대 요리나 8대 요리로 세분되는데, 쓰촨 요리는 늘 포함되며 심지어 으뜸으로 여겨진다. '먹을 것은 중국에 있고, 맛있는 것은 청두에 있다'는 말이 있을 정도이니 말이다. 훠궈나 마포더우푸 같은 쓰촨 요리는 이미 중국 요리를 대표하는 미식이 되어 전 세계인의 사랑을 받고 있으며, 최근 우리나라 젊은이들 사이에서 유행하는 입 안이 얼얼한 정도로 매운 마라탕과 마라샹궈도 쓰촨 음식에 속한다. 맵고 자극적인 맛을 선호하는 우리나라 사람들의 입맛에 쓰촨 음식이 환영받고 있음을 알 수 있다. 그래서 중국을 여행하며 기름기 많은 중국 음식에 적응하지 못한다면 쓰촨 음식점을 찾아가라고 추천하고 싶다. 한국인의 입맛에 맞는, 소박하지만 맛난 가정식 요리를 맛볼 수 있기 때문이다. 또한 청두에서는 주요리뿐 아니라 간식거리를 뜻하는 샤

오쯔도 매우 발달했고, 양질의 차와 술이 생산되는 곳이니 청두에서라면 먹거리 걱정은 하지 않아도 된다.

그런데 이 지역은 사방이 고원과 산맥으로 둘러싸인 분지로서 지형적으로 매우 고립되어 있다. 험준한 산세는 고대에 외부와의 인적·물적 교류를 어렵게 만들어, 이곳은 중원의 정치적 영향권에서 어느 정도 벗어나 있었다. 그래서 이 지역에서 발원한 촉蜀 문명은 일찌감치 황하 문명과 구별되는 독자적인 문화를 형성했다. 촉과 접촉하거나 전쟁을 일으켰다는 갑골문의 기록에서 이 시기에 이미 촉은 중원 지역에서 탄생한 은과 다른 문명으로 간주되었음을 알 수 있다. 이후 전국시대 때 촉이 쓰촨 동쪽의 파巴와 전쟁을 벌이며 갈등하는 사이 진秦에 의해 두 나라가 모두 멸망하면서 파촉으로 통합된다. 그리고 이 지역에 파군과 촉군이 설치되면서 중원의 역사 안으로 편입되고, 중원 문화와의 본격적인 교류와 융합이 시작된다.

촉 문화 특유의 풍부한 신화적 색채와 고유의 토템어, 방술 및 귀신 신앙 등은 중원의 유가 문화를 받아들이며 화하 문화의 일부로서 발전해갔고, 북방에서 건너온 유가 문화는 이 지역에서 중원 못지않게 발달하게 된다. 한대의 사마상여와 양웅, 당대의 이백·백거이·이상은, 송대의 소동파·육유·황정견 등 중국 문학을 대표하는 수많은 문인을 배출했으니 이곳은 난징이나 뤄양과 비교해도 손색없을 정도로 인문학적 문화 전통이 농후했던 지역이라고 말할 수 있다.

중원에서 멀리 떨어져 있다고 해서 문화적으로 낙후된 적은 없었으며, 험준한 산세에 가로막혔지만 결코 격절되거나 고립되지 않은 곳이었다. 중원의 문화가 중원 못지않게 꽃피웠던 곳, 그래서 중국인들은 이곳을 중국이지만 중국적이지 않은 중국의 끝, 또는 중국과 중국 아닌 곳의 경계라고 생각했다.

두보초당 경내의 화경花徑. 붉은 벽과 하늘 높이 자란 대나무가 아름답다. © shutterstock

두보초당(현 청두 두보초당박물관) 입구. ©신승대

외지인 두보

두보초당은 청두시 서쪽 완화계浣花溪 부근에 위치해 있는데, 아직도 두보가 살았던 당시의 모습이 그대로 보존되어 있다. 두보가 청두를 떠난 후에도 다행히 훼손되지 않았고, 두보 사후 그를 존경하는 문인들의 참배가 이어지고 두보의 명성이 날로 커지자 보존될 수 있었다. 당나라 말기의 시인 위장韋莊이 초당의 옛터를 찾아 중건했고, 명·청 시기에 몇 차례의 보수를 거쳐 1961년 문화재로 지정되면서 지금과 같은 제법 넓은 규모의 모습을 갖게 되었다.

두보는 동시대를 살았던 이백과 어깨를 나란히 하여 중국 역사상 최고의 시인으로 거론되는데, 두 사람 모두 쓰촨 지역과 깊은 인연이 있어 흥

두보초당 경내 대아당大雅堂 앞에 있는 두보의 석상. ⓒ신승대

미룹다. 이백은 서역에서 태어났지만 쓰촨으로 이주해 유년기와 청년기를 보냈고, 두보는 허난에서 태어나 주로 장안과 낙양에서 활동했지만 마흔여덟 살 때 가족들과 함께 청두로 와서 초당을 짓고 거주하며 240여 수의 시를 지었다. 이백은 쓰촨에서 성장했으니 쓰촨 사람이라고 할 수 있지만 젊어서 고향을 떠나 돌아오지 않았다. 반면 두보는 청두에 거주한 기간이 3년 7개월, 촉 땅에서 생활한 기간은 5년 반밖에 되지 않는다. 따라서 그를 쓰촨 사람이나 청두인이라고 칭하기는 어렵고 외지인이라고 봐야 할 것이다.

두보는 기아로 자식을 잃을 만큼 가난했지만 이상을 펼치기 위해 고군분투한 회재불우의 문인이었다. 일찍이 고향을 떠나 만유漫遊하며 자신을 추천해줄 유력 인사를 찾았고, 때로는 직접 편지를 보내 스스로를 추천하

두보가 거주했을 당시의 소박한 모습을 간직하고 있는 초당. © shutterstock

며 관직을 구했다. 그러나 좀처럼 기회는 주어지지 않았고, 안사의 난으로
장안이 함락되었을 때 목숨을 걸고 임금이 계신 봉상鳳翔으로 탈출한다.
이에 감동한 숙종이 왕실 측근 간관諫官인 좌습유左拾遺라는 벼슬을 하사
하니 두보는 드디어 꿈을 이룬 것처럼 기뻐했다. 그러나 그의 직언은 임금
을 노엽게 했고, 결국 이듬해 섬서성 지방관華州司空參軍으로 좌천된다. 당
시 섬서 지방은 전란과 기근으로 피폐한 상황이었는데, 어떤 부득이한 사
정인지 스스로 관직을 내려놓고 가족들을 데리고 여러 곳을 떠돌다가 청
두로 오게 된 것이다.

 바른 정치와 관직에 대한 갈망, 외면할 수 없는 백성들의 고달픈 삶, 냉
혹한 현실 속에서 늘 갈등하며 번민했던 두보는 청두에서 사천절도사 엄
무嚴武의 후원으로 잠시 가족들과 마음 편히 지내면서 소소한 기쁨을 누

릴 수 있었다. 그래서 이전의 시가 대부분 침울하고 비장한 풍격이었다면 청두에 온 이후로는 청신하고 담박한 시풍으로 전환된다. 두보가 청두에 오기 직전, 고향 낙양에 다녀오면서 목도한 전란의 참상을 바탕으로 쓴 삼리삼별三吏三別 같은 시가 전자에 해당된다면, 청두에 머물면서 지은 시, 이른바 초당시라고 불리는 시 중에서 자연의 아름다움과 생활의 행복을 노래한 것들은 후자에 해당된다. 봄비를 노래한 「춘야희우春夜喜雨」는 그 대표적인 작품이다.

> 좋은 비는 내려야 할 때를 알아, 봄이 되니 내리네.
> 바람 따라 몰래 밤에 들어와, 소리도 없이 촉촉이 만물을 적시네.
> 들길은 구름 끼어 어두운데, 강 위에 뜬 배에만 불빛 비치네.
> 새벽에 붉게 젖은 곳 바라보면, 꽃들이 금관성錦官城을 가득 채웠으리라.

전란의 소란과 번심에서 벗어나 호숫가 한적한 곳에 초당을 짓고 자연을 벗하며 차 한 잔과 함께 담담히 전원생활의 정취를 노래하는 시인의 평온한 모습이 연상되지 않는가? 아마도 이 시기가 두보의 일생 중 가장 행복했던 때였을 것이다. 평생 궁핍함과 번민으로 심신이 지쳤던 시인은 풍요롭고 여유로운 금관성, 청두의 품속에서는 마음 편히 쉴 수 있었다. 이런 의미에서 두보가 한적·담백·우아한 시를 이곳에서 창작할 수 있었던 것은 전적으로 청두의 자연과 기질, 인문 환경에서 기인했다고 말할 수 있을 것이다. 이곳에서 그는 자연의 아름다움을 즐기며 물아일체의 경지를 노래한 생태 시인이 되었고, 소박한 삶과 자연 친화적인 가치를 소중히 여기는 청두인의 생활 태도를 잘 반영한 인물로 받아들여지게 된 것이다. 물론 이것은 출신과 상관없이 자신들의 소중한 가치를 공유한 시인을 우리로 받아들이는 청두의 넉넉한 포용력 덕분임은 두말할 필요가 없다.

피난, 반란, 이민의 땅

중원에서 촉으로 가는 길은 멀기도 했지만, 해발 4,000미터가 넘는 험준한 산을 넘어야 했다. 그 길이 얼마나 험난했는지 시인 이백은 이렇게 노래한다.

아아! 어허!
아슬하여라! 높기도 높아라!
촉으로 가는 길의 험난함은 푸른 하늘 오르기보다 어렵구나!
......

_이백, 「촉도난」

그런데 촉으로 가는 길의 험난함을 노래한 이는 이백뿐만이 아니었다. 그보다 앞서 양웅, 상거, 좌사, 장재를 비롯한 문인들이 촉도를 묘사했고, 『악부시집』에는 무명 시인들의 「촉도난」이 실려 있다. 왜 이렇게 많은 사람이 촉도에 관심을 가졌을까? 어쩌면 이 시들은 촉 땅으로 가고 싶었던 사람이 많았음을 말해주는 것이 아닐까? 왜 그들은 그 험한 산을 넘고 협곡을 지나 촉으로 가고 싶었을까? 들어가기가 어렵고, 일단 들어가서는 다시 나오기도 어려운 지역임은 분명하지만 풍요롭고 살기 좋은 천부지국, 청두는 위험을 감수할 가치가 충분했기 때문일 것이다.

그래서 중원에서 좌절한 인사들이 촉으로 와서 힘을 키워 훗날을 도모한 것은 결코 우연이 아니라고 하겠다. 유방은 초나라에 패한 후 촉에서 세력을 키워 결국 중원으로 돌아가는 데 성공했고, 유비는 제갈량의 제안으로 청두를 근거지로 삼아 조조의 위와 천하를 놓고 대결했다. 당 현종과 희종은 안사의 난과 황소의 난을 피해 촉으로 왔고, 왕건은 당이 멸망하자 이곳을 수도로 삼고 전촉前蜀을 건설해 중원에서의 독립을 꾀했다.

중원으로부터 멀리 떨어져 있고 험준한 산세에 막혀 더 이상 추격하기 어려운 곳, 그렇지만 풍부한 경제력을 기반으로 세력을 규합할 수 있는 곳, 조용히 힘을 키우기에 이보다 더 좋은 조건은 없었을 것이다. 바로 이러한 이유로 외부에서 끊임없이 인구가 유입되고, 역설적으로 중원에 대한 도전이 성공하지 못하게 되면 수많은 인구가 희생되는 결과를 낳게 되었다. 피난과 반란의 땅이 된 것이다. 명말 청초 구양직공歐陽直公이 『촉경록蜀警錄』에서 촉의 정치, 군사, 지리를 총결하며 '천하가 어지럽지 않아도 촉에서는 먼저 난리가 나고, 천하가 다스려져도 촉은 다스려지지 않는다'고 말한 것도 방어에 용이하고 외부에서 공격하기 어렵다는 특징과 함께 이곳에서 난이 끊이지 않았음을 지적한 것이었다.

또한 촉 문명의 시작부터 현대에 이르기까지 이 지역으로의 대규모 인구 이동이 끊임없이 진행되었다. 촉 문명은 황하 문명과 다른 계통으로 분류되지만 그 조상이 누군지에 관해서는 북방의 고강족 또는 화하족으로 서로 다른 견해가 있다. 하지만 남쪽으로 이주해왔다는 점은 동일하다. 이후 중국사에 나타난 몇 가지 중요한 인구 유입 상황을 살펴보자.

기원전 228년 진이 조趙를 멸망시키자 중원의 수많은 부호와 기술자들이 대거 촉으로 이주했고, 298년에는 관중 지역에 대기근이 발생하자 낙양, 천수 등 인근 6개 군의 유민 10만여 명이 촉으로 들어왔다.

원나라 말기 홍건적의 난이 일어나자 호북 수주隨州 출신의 명옥진明玉珍이 20만 명의 농민군과 농민들을 이끌고 이 지역으로 들어와 대하국大夏國을 건국한다. 그 후 호북과 호남 지역에 전란이 끊이질 않으니, 호북·호남인들이 대거 이주해와서 명말 청초에 쓰촨의 인구는 크게 증가한다. 그런데 이후 장충헌의 난을 비롯한 잦은 전란으로 인해 이 지역의 인구가 대폭 감소하자 청 왕조는 다른 지역민들을 이주시켰다. 당시 이주민과 그 자손이 전체 쓰촨 인구의 85퍼센트에 이를 정도였고, 순치 말년에서 강희 연간에도 호북·호남·광동·광서·복건·강서·섬서 사람들이 대거 이주해왔다.

신중국 성립 이후 1960년대에는 국방, 과학기술, 공업 등의 자원이 동부 지역에 편중되어 있는 현상을 개선하기 위해 서남·서북 지방의 삼선三線 지역을 집중적으로 개발하기 시작했는데, 이때 청두는 그 중심지였고, 수많은 외지인이 도시와 공업 시설을 건설하기 위해 청두에 들어왔다.

이쯤 되면 쓰촨과 청두 고유의 지역문화가 유지되고 있는 것이 신기할 정도이다. 역사상 수많은 외지인이 이주해왔지만, 파촉의 문화는 그들이 가져온 외부 문화에 전혀 동화되지 않았다는 사실은 이 지역의 문화적 힘을 보여준다. 청두의 문화는 변함없이 계승되었고 도시 이름도, 그 중심도 변하지 않았던 것이다.

이렇게 서로 다른 문화 배경을 가진 이민자가 모인 곳이었으니 외부인을 배척하지 않는 성향이 형성된 것은 어쩌면 자연스러운 것이 아니었을까? 청두가 지금도 각종 조사에서 외지인에게 가장 배타적이지 않은 도시 중 하나로 손꼽히는 것은 바로 이러한 이민의 역사와 무관하지 않다고 할 수 있다.

차를 즐기는 여유로움

쓰촨은 자고이래로 음다飲茶 문화와 다관 산업이 가장 먼저 발전한 곳이고, 청두는 중국 전역에서 다관이 가장 많은 도시이다. 청나라 말기에 출간된 『성도통람成都通覽』에 따르면 청두의 거리가 516개인데 다관이 454곳이었다니 거의 모든 거리마다 다관이 있었다고 할 수 있다. 또한 1935년 〈신신신문新新新聞〉 기사에 의하면 청두의 다관이 599개이고 당시 청두

인민공원 안에 위치한 다관 허밍에는 사시사철 청두의 노인들은 물론이고 젊은이, 관광객들로 언제나 북적인다. © shutterstock

청두 사람들이 차를 마실 때 즐겨 사용하는 개완. 찻잔의 뚜껑, 몸체, 받침을 다개, 다완, 다선이라고 부르는데 각각 하늘, 인간, 땅을 상징한다. © 송진영

시 인구가 60만 명이 안 되었는데 매일 차를 마시러 다관에 들르는 손님이 12만여 명에 달했다고 하니 청두인이 얼마나 차를 좋아하는지 알 수 있다.

개혁개방 이후 중국 경제의 성장과 함께 중국 전역의 대도시에서 젊은이들이 커피를 즐기고 현대식 카페가 성업 중이지만 청두의 오래된 골목골목에는 여전히 낡고 소박한 다관이 즐비하다. 청두 사람들은 하루 종일 다

원나라 때 처음 건설되어 마르코 폴로의 기록에도 나오는 안순랑교安順廊橋. 2000년대에 대대적인 보수를 거쳐 지금의 모습으로 재단장했는데, 아름다운 전원도시, 공원도시 청두의 상징이 되었다. ⓒ shutterstock

관에 머물며 차를 마시고 담소하며, 한적하고 여유롭게 주변을 감상한다.

베이징에는 전통적 다관이 거의 사라지고 노사다관老舍茶館 등 소수만 명맥을 이어가고 있으며, 광저우의 다관은 위층에서는 차를, 아래층에서는 샤오츠를 판매하는 다루茶樓 형식으로 발전했다. 반면에 청두에는 다완茶碗, 다개茶蓋, 다선茶船을 갖춘 개완차蓋碗茶를 제공하는 전통적인 다관이 여전히 성업 중이고 다관과 차 산업의 현대화도 활발한 편이다. 특히 사시사철 비교적 온화한 기후로 외부 활동이 자유롭다 보니 정원이 있는 다관이 발달했는데, 100년이 넘는 역사를 가진 청두의 유명한 다관 허밍鶴鳴은 바로 시내 인민공원 안에 위치하고 있다.

자연 속에 자리잡은 다관에서 차를 마시며 한가롭게 담소하는 모습은 청두인의 소박한 기질과 자연을 사랑하고 여유롭게 생활을 즐기는 삶의 태도를 상징적으로 보여준다. 명대『사천총지四川總志』에서 쓰촨 사람들에 대해 '습속이 소박하고 선비들은 대범하고 빼어나다', '평민 기질이 농후하면서도 재자 기질이 풍부하다'고 평했는데, 농후한 인문 전통 속에서 소박한 생활을 즐기는 지금의 청두인과 크게 다르지 않다. 소박한 초당을 짓고 평정한 마음으로 자연과 삶을 노래한 두보의 모습이 겹쳐 보일 정도이다.

청두는 시안, 난징, 베이징 못지않은 오랜 역사를 지니고 전통문화가 잘 계승되고 있는 고도이지만 시안, 베이징이나 난징에서 볼 수 있는 웅장함과 엄격함보다는 소박하고 여유로운 분위기가 충만하다. '젊어서는 쓰촨에 가지 말고 늙어서는 촉에서 나오지 말라'는 세간의 평가에는 청두인의 평온하고 안일한 생활 태도가 진취적으로 삶을 개척해야 하는 젊은이에게는 적합하지 않지만 노인이 살기에는 더할 나위 없이 편한 곳이라는 의미가 내포되어 있다. 그래서 최근 급속한 경제성장과 치열한 경쟁 속에서 삶의 여유를 찾으려는 현대 중국인들에게 느림과 소박함이 살아 있고, 여유롭고 한적하게 예술 문화를 즐길 수 있는 전원도시, 외지인에 배타적이지 않은 친절한 도시로 청두가 다시금 주목받는 것은 아닐까.*

송진영

이화여자대학교와 베이징대학교에서 중국 고전소설을 연구했으며, 현재 수원대학교 중어중문학과 교수로 재직 중이다. 중국 고전문학 및 중국 문화와 예술에 관해 가르치고 주로 명·청대 세정소설을 비롯한 중국 통속소설을 연구하고 있다. 최근에는 중국 상고소설과 중국인의 사후 세계관에 관심을 갖고 관련 연구를 진행 중이다. 지은 책으로『명청세정소설연구』,『동양의 고전을 읽는다』,『동아시아 여성의 기원』,『동아시아 문학 속 상인 형상』,『중화미각』 등이 있다.

---

* 이 글은『수원대논문집』제34집(2020년 10월)에 실린「중국 청두成都 지역의 천부天府 문화에 대한 고찰」중 일부 내용을 수정·보충한 것이다.

당나라 공주, 티베트의 여신이 되다

라싸 조캉사원

이연희

하늘과 맞닿은 도시 라싸는 티베트어로 '신의 땅'이라는 의미이다. 티베트고원 키추강 연안에 자리한 이곳은 해발 3,630미터의 고도高都로, 끝없이 펼쳐진 설산과 가파르게 이어진 수천 킬로미터의 도로를 지나서야 비로소 이를 수 있다. 라싸로 향하는 험로를 지나다 보면 심심찮게 눈에 띄는 장면이 있다. 바로 오체투지의 수행자들이다. 그들은 가깝게는 티베트의 타지에서, 멀게는 쓰촨에서부터 온몸을 내던지며 라싸로 향한다. 윤회를 믿는 이들은 현생보다 다음 생을 위해, 그리고 자신보다 중생들을 위해 온몸에 굳은살이 박이는 고통을 이기고 '신의 땅'에 이르고자 하는 것이다. 그들이 오체투지하며 의존하는 나무 판 속 말발굽은 그 고통을 어렴풋이나마 짐작하게 해준다.

구도자가 일생에 한 번은 꼭 마주해야 하는 장소 라싸. 여행자들에게는 어떤 곳일까? 하늘과 가장 가까운 신비의 땅이기에 이르고 싶지만 수천 킬로미터의 험로와 고산증을 생각한다면 선뜻 발을 내딛기 어려운 도시이다. 그런데 1,400여 년 전 이미 한 여인의 몸으로 당나라 장안에서 라싸까지 3,000킬로미터의 여정을 거쳐간 문성공주 文成公主가 있다. 그녀는 수행자도 티베트인도 아니었지만 오직 정략결혼을 위해 거친 험로를 지나야 했던 시대의 희생양이자 낯선 곳에서 개척의 삶을 살아야 했던 영원한 이방인이었다. 하늘과 마주한 도시에서 이방인으로서 40년 세월을 치열하게 견뎌야 했던 그녀의 발자취를 따라가다 보면 어느새 라싸의 과거와도 마주하게 된다. 이 여정에서 우리가 먼저 주목해야 하는 것은 낯선 공간에서 이방인의 삶을 이어가게 했던 바로 그 사건, 문성공주의 혼인 이야기이다.

정략결혼 이야기

공주라는 지위는 우리에게 화려한 삶을 상상하게 한다. 문성공주의 삶은 어떠했을까. 그녀와 관련된 문헌 속 기록은 『구당서·토번전』이나 『자치통감』 등에서 볼 수 있으나 그 내용은 손챈감포와의 혼인에 집중되어 있다. 당나라 시인 장적이나 이흔의 시에서조차 그녀는 불운의 화번공주로 등장할 뿐이다. 후손들에게도 그녀는 당나라와 토번의 평화를 위해 이루어진 정략결혼의 주인공으로 기억되어 전해져왔다. 당나라 시기에 그려진 「보련도 步輦圖」는 당나라 태종이 토번의 사신 가르통첸을 접견하는 역사적 장면을 묘사하고 있다. 이 작품은 태종이 641년 문성공주를 토번의 국왕 손챈감포에게 시집보내며 그린 것이다. 그림 속 주인공은 태종인 듯 보이지만 사실은 티베트의 여신, 문성공주이다.

당시 당나라 주변국들은 당나라와의 정략결혼에 매우 적극적이었다. 그중에는 토번과 경쟁 관계였던 돌궐 突厥과 토욕혼 吐谷渾도 있었기에 손

당 태종이 토번의 사신 가르통첸을 접견하는 장면을 묘사한 「보련도」. 문성공주와 손챈감포의 정략결혼이 결정된 역사적 장면이다. © 베이징 고궁박물원 소장

챈감포는 그들을 물리치기 위해 금은보석으로 물량공세를 펼쳤다.

토번은 역사 문헌에 최초로 등장하는 티베트의 고대 왕국이다. 손챈감포는 토번의 융성을 이끌었던 국왕으로, 티베트고원에 흩어진 부족국가들을 통일하여 633년 라싸로 천도했다. 이후 1,400여 년 동안 티베트는 라싸를 중심으로 모든 발전이 이루어졌다. 손챈감포는 토번의 외연을 확장하는 데도 주력하여 634년 당 왕조와 외교관계를 수립했다. 그러나 토번의 사신이 당나라에 머물기 시작한 것은 636년 손챈감포가 당나라에 본격적인 구애를 펼치면서부터이다. 당나라는 왜 토번과의 정략결혼을 선택했을까?

티베트 건축의 결정체인 포탈라궁 1층에는 수많은 여행객의 발길을 끄는 벽화가 있다. 「육난혼사 六難婚使」. 태종은 당나라와의 통혼을 원하는 여러 나라의 사신들에게 여섯 가지 난제를 풀도록 했다. 토번의 사신 가르통

첸은 희대의 난제인 '구슬 꿰기'를 풀어 손챈감포와 문성공주의 혼인을 성사시켰다. 그는 개미의 허리에 실을 묶어 아홉 굽이의 구슬 구멍을 지나가도록 하여 문제를 해결했다. 태종은 이것을 빌미로 토번과의 통혼을 받아들인 것으로 전해진다.

그러나 역사 문헌의 내용은 조금 다르다. 손챈감포는 오매불망 구혼에 대한 태종의 화답을 기다렸지만 답을 듣지 못했다. 마음이 급해진 손챈감포는 638년에 군사를 일으켜 당나라의 변경 쓰촨성 송저우松州(지금의 쓰촨성 송판松藩)를 공격했고, 당나라 군대에 대패하는 치욕을 겪게 된다. 태종은 전쟁에서 승리했지만 내심 토번의 저력에 놀라 손챈감포의 구애를 받아들일 수밖에 없었다. 태종이 토번과의 혼인을 결정한 속내를 명확히 알 수는 없으나 토번 왕조의 문화적 발전이 당나라 공주와의 혼인 이후 더욱 가속화된 것은 분명한 사실이다.

비록 정략결혼이었지만 이역의 낯선 생활을 감내해야 하는 문성공주에게 손챈감포는 마음을 다했다. 그는 문성공주를 위해 홍산紅山에 거대한 궁전을 건립했고 그것을 전신으로 하여 남겨진 건축물이 현재의 포탈라궁이다. 비록 그 형체는 전혀 남아 있지 않지만 포탈라궁의 1·2층에는 문성공주가 지나온 당번고도의 험난한 여정과 그들의 혼인을 재현한 벽화가 남겨져 있다.

공주, 당번고도에 오르다

1,400여 년 전 누구도 가본 적이 없던 미지의 길이 열렸다. 당번고도唐蕃古道. 이 길은 문성공주의 혼행이 시작된 장안부터 칭하이성의 성도 시닝, 마둬, 그리고 위수이를 거쳐 티베트 라싸까지 장장 3,000킬로미터에 달한

다. 공주의 혼이 서린 이 노정 속에는 그녀의 수많은 발자취와 신기한 전설이 전해지고 있으며, 이로 인해 호기심 어린 여행객들의 발길이 끊이지 않는다. 그들의 호기심이 머무는 첫 번째 지역은 고산 증세가 시작되는 칭하이성 시닝의 일월산日月山이다.

일월산에 세워진 문성공주 석상. © flickr/Tianyake

문성공주 일행이 잠시 머물렀던 일월산은 당번고도를 따라 칭하이호 방향으로 90킬로미터 지점에 우뚝 솟아 있다. 이 산은 농업과 유목 문화의 경계선으로, 본래 붉은 고갯길이 인상적이어서 적령산赤嶺山이라 불렸다. 태종은 불모지로 떠나야 하는 문성공주에게 그녀의 향수를 달래줄 일월보경日月寶鏡을 선사했고 그녀는 적령산 앞에서 그 거울을 가슴에 품었다. 그러다 무슨 생각이었는지 거울을 손에서 놓아버리고는 고향에 대한 그리움을 뒤로한 채 서쪽으로 향했다. 이후 적령산은 일월산으로 불리게 되었고 그것을 기념하기 위해 9미터 높이의 문성공주 석상도 함께 보존되어 있다. 공주의 석상 앞에 펼쳐진 초원을 꿋꿋이 지키고 있는 타르초에는 고향을 그리는 공주의 그리움도 함께 담겨 있는 듯하다.

문성공주는 자신의 종착지인 라싸로 향하기에 앞서 위수이에서 두 달가량 머물렀다. 혼자가 아닌 그녀의 남편 손챈감포와 함께였다. 그들은 까르제사원에서 초야를 치렀다. 이곳은 문성공주 사후에는 그녀를 모시는 사당으로 보존되었던 곳이며 현재는 불교 사원으로 이용되고 있다. 손챈감포와 문성공주는 이곳에서 성대한 연회를 열며 향을 피워 하늘에 그들의 혼인을 알렸다. 토번인들은 자신들을 천손이라 여겼고 손챈감포 또한 천신의 아들로 인식되었기에 이런 의례는 지극히 자연스러운 행위였다.

불심이 깊었던 문성공주는 위수이에서 머물며 토번인들에게 불경을 전파하기에 바쁜 시간을 보냈다. 위수이의 러바거우勒巴溝 절벽에는 문성공주의 혼행에 함께했던 공예가가 새겨 넣은 불상의 흔적이 현재까지 남아 있다. 불경을 붉은 돌 위에 새겨 넣은 마니석 또한 문성공주의 혼행이 머물면서 시작된 풍습으로, 지금까지도 티베트인들은 이 계곡을 찾아 마니석을 쌓으며 자신의 염원을 빈다. 문성공주가 이역만리 땅에서 이방인에 머물지 않고 여신으로 숭배될 수 있었던 이유가 여기에 있으리라.

토번에 패션 혁명을 일으킨 여신

문성공주는 사실 당 태종의 종실녀에 불과한 신분이었다. 그녀가 공주라는 호칭을 얻게 된 것은 토번과의 정략결혼이 이루어진 후의 일이었으니 문성공주 자신에게 닥친 운명의 변화는 매우 비감했을 것이다. 종실녀가 화번공주가 되어야 했던 사연은 무엇이었을까? 당 태종에게는 정략결혼의 대상이 될 친딸들이 있었다. 머나먼 타역으로 자신의 딸을 선뜻 보낼 수 없는 것은 인지상정인 법. 그 자리를 문성공주, 아니 이설안이 대신해야 했다. 문성공주에게 가족과 고향을 떠나야 하는 것은 두려움 그 자체였지만 그녀는 겸허히 자신의 숙명을 받아들였다.

당나라와 토번의 화친은 정치적 화해 그 이상의 의미이자 문화적 경계를 허무는 일이었다. 태종은 화친을 발판으로 주변의 강대국 토번에 당나라의 문화를 전하기 위해 문화사절단을 직접 보냈다. 태종이 야심차게 준비한 당나라의 문물에는 곡식 종자, 누에알, 의약품, 역서가 포함되었다.

토번은 유목 문화를 바탕으로 했기에 파종부터 수확에 이르기까지 농경 기술의 발전을 이루지 못한 상황이었다. 혹여 쌀이나 보리 등을 심더라도 미미한 수확을 얻을 뿐이었다. 당나라의 혼행에 함께했던 농업 기술자들은 토번인들과 함께 비옥한 그들의 토지에 밀, 콩, 보리 등 곡식을 심고 함께 수확기를 맞이하며 농경 기술을 전수해주었다. 가축에 의존해 식생활을 이어가던 토번인들에게는 새로운 미각의 세계가 열린 셈이었다.

토번인들이 목축을 하며 의복의 재료로 유일하게 사용할 수 있는 것은 야크의 가죽과 털이었다. 또한 토번은 양잠 기술이 없던 탓에 계절의 변화가 무색하게도 1년 내내 야크 가죽을 걸쳐야 했다. 이에 문성공주는 토번에 양잠과 직조 기술을 적극적으로 전파했고, 이들은 다양한 의복 생활을 영위할 수 있게 되었다. 적어도 당시 토번의 여인들은 문성공주를 토번에 패션 혁명을 일으킨 여신으로 인식했을 것이다.

문성공주는 독실한 불교 신자였으며 당나라는 불교가 융성했던 나라이다. 손챈감포가 문성공주와의 혼인을 위해 태종에게 토번에 불교를 안착시키겠다고 다짐했다는 설도 전해진다. 그녀의 혼행에 수백 권의 불경과 불상이 포함된 것은 당연한 일이었다. 그중에는 현재 조캉사원에 봉안되어 있는 석가모니 12세 등신상도 포함되어 있었는데, 이것은 손챈감포가 보낸 녹색 타라 불상에 대한 답례의 의미로 태종이 준비한 것이었다.

일반적으로 토번은 당나라와의 정략결혼으로 새로운 문물을 흡수하여 문명화된 민족으로 평가된다. 그러나 이러한 시각은 어떤 패러다임을 적용하느냐에 따라 새로운 해석이 이루어질 수 있다. 손챈감포가 당나라 태종에게 선물한 녹색 타라 불상 또한 현재까지 산시성 시안의 광인사에 봉안되어 있다는 점을 다시 한 번 상기해보아야 하는 것이다.

통치를 위해 사원을 세우다

손챈감포는 자신의 권력을 공고히 하기 위해 토착 종교였던 뵌뽀(본교)를 물리치고 불교를 정착시켜나갔다. 당시 뵌뽀는 토착 귀족들의 사적 권력으로 남용되었고 손챈감포는 권력의 집중을 위해 뵌뽀를 배척하고 불교를 받아들이고자 했다. 조캉사원과 라모체사원은 당시 불교를 장려했던 손챈감포의 개혁과 문성공주의 깊은 불심이 맞물려 일구어낸 티베트 불교의 본산지이다.

티베트 최고의 성지인 조캉사원은 라싸에 거주하는 20만 명의 티베트인이 아침을 시작하는 곳이다. 티베트인들은 사원 앞에 위치한 야크 버터로 피운 거대한 향초에 의지하여 오체투지하며 끊임없이 나무관세음보살을 읊조린다. 라싸에 거주하지 않는 티베트인들에게도 조캉사원은 일생에 꼭 다다라야 할 영혼의 종착지로 인식된다. 이곳을 단순한 여행지로 여기고 들른 관광객일지라도 오체투지하는 티베트인, 타르초로 덮인 기둥, 하늘에 자신의 소원이 닿기를 기원하며 피워대는 상강의 연기로 자욱한 조캉사원 앞에 이르면 숙연함에 젖어든다.

조캉사원은 본래 손챈감포가 첫 왕비인 네팔의 부리쿠티공주가 혼수로 가져온 석가모니 8세 등신상을 봉안하기 위해 지은 사원이었다. 그런데 이 사원을 짓는 과정에서 역법과 풍수에 능했던 문성공주의 창건 설화가 더해져 조캉사원은 문성공주를 위해 지어진 것으로 유전되었다. 문성공주가 라싸에 들어서며 바라본 풍수는 거구의 마녀가 엎드린 채 라싸 전체를 덮고 있는 형상이었다. 라싸의 약왕산과 보타산은 마녀의 양쪽 가슴에 위치해 있었고 와탕호수는 마녀의 심장에 위치해 있어 그야말로 도시 전체가 온통 마녀의 요기로 뒤덮여 있었다. 문성공주는 마녀의 심장부에 해당하는 와탕호수에 사원을 세워 요기를 잠재우고자 했다. 여기에 설화적

조캉사원에 봉안된 석가모니 12세 등신상. ©iStockphoto/Eiichi Matsumoto

요소를 가미하여 산양 1,000마리를 동원해서 흙을 날라 호수를 메워 세운 곳이 바로 조캉사원이다. 손챈감포는 산양의 노고를 기리기 위해 산양 한 마리를 조각하도록 해 불상과 함께 보존하게 했다.

　석가모니를 의미하는 '조캉覺康'은 이 사원에 봉안된 석가모니 12세 등신상을 가리키는 티베트어이다. 이 불상은 본래 라모체사원에 봉안되었다가 조캉사원으로 이운되었다. 라모체사원은 '작은 조캉사원'이라고도 불리며, '진기한 보물이 있는 사원'을 의미한다. 641년, 라싸에 들어와 행렬을 이어가던 문성공주의 수레바퀴가 진흙탕에 빠지는 사건이 발생한다. 이곳이 바로 훗날 라모체사원이 세워진 자리이다. 문성공주는 당시 '이곳에서 쉬어가라는 뜻이구나'라는 말을 남긴 것으로 전해진다. 이후 손챈감포는 이를 기념하고자 수레바퀴가 빠졌던 자리에 라모체사원을 건립하고 석가모니 12세 등신상을 봉안했다. '진기한 보물'이란 바로 석가모니 12세 등신상을 의미한다. 그렇다면 현재 석가모니 12세 등신상이 왜 조캉사원에 봉안된 것일까?

문성공주와 손챈감포의 정략결혼이 이뤄낸 당나라와 토번국의 화친은 문성공주가 세상을 떠난 후 점차 금이 가기 시작했다. 당 고종과 토번의 망송망찬이 집정한 뒤 양국 간에 전쟁이 벌어졌다. 당 왕조의 군대는 라싸를 공격하며 문성공주가 가져온 불상을 돌려받으려 했고, 토번인들은 불상을 조캉사원의 밀실로 옮긴 후 그 문을 진흙으로 봉해버렸다. 이후 불상은 수십 년간 밀실에서 잠들어 있어야 했다. 710년 당나라 중종의 양녀 금성공주金城公主가 덕적조찬에게 시집온 후 문성공주의 신전에 제를 올리기를 원했다. 그 결과 조캉사원의 밀실에 보관되었던 석가모니 12세 등신상이 빛을 보게 되었고 현재까지 조캉사원에 보존되고 있다. 재미있는 사실은 금성공주가 네팔의 왕비가 가져온 석가모니 8세 등신상을 라모체사원으로 이운시킨 것이다. 조캉사원이 당시 토번인들에게 신성한 숭배의 장소였음을 인식하여 문성공주가 가져온 불상만 온전히 모시고 싶었던 마음은 아니었는지 짐작해본다.

녹색 타라로 봉양되는 티베트의 어머니

조캉사원 앞에는 '공주류公主柳'라 불리는 버드나무 한 그루가 있다. 이것은 문성공주가 혼행에 앞서 태종의 황후인 문덕순성황후文德順聖皇后에게서 받은 버드나무 종자를 이곳에 직접 심어 자라난 것이다. 수천 년의 풍파를 버드나무 한 그루가 꿋꿋이 버텨왔다는 사실을 어느 누구도 믿지 않는 것은 당연하다. 그럼에도 불구하고 '공주류'는 조캉사원의 일부이자 상징이 되어버린 듯하다. 이에 더하여 라싸 곳곳에 심어져 있는 버드나무를 발견할 수 있다. 버드나무는 강인함과 치유의 상징으로, 신화와 문학에

조캉사원 앞의 공주류. © shutterstock/Ovchinnikova Irina

서도 다양한 모티프로 등장한다. 주몽의 어머니이자 하백의 부인 유화가 대표적인데, 고구려의 제천의식인 동맹은 성소인 동굴에 유화의 상을 모시고 5월과 10월에 농경의례를 거행해 그녀를 숭배한다. 만주족이 시조모로 모시는 푸투마마 또한 버드나무 여신이다. 강인한 여성성의 상징인 버드나무는 이방인이었으나 토번에 불교를 정착시키고 사원을 건립하며 티베트인들의 여신으로 남게 된 문성공주의 삶과도 맞닿아 있다.

시안의 광인사에 봉안된 녹색 타라는 티베트인들에게 중생의 고통을 보듬는 어머니와 같은 존재이다. 토번의 토착 종교였던 뵌뽀의 영향을 받은 티베트 불교에는 열 명의 타라 여신이 있는데, 녹색 타라는 이들을 이끄는 진정한 여신이다. 티베트인들에게 문성공주는 녹색 타라로 봉양되고 있는데, 이러한 그들의 숭배는 자신의 희생으로 당나라와 토번의 평화

포탈라궁에 보존된 문성공주와 손챈감포 조각상. 왼쪽부터 차례로 부리쿠티공주, 손챈감포, 그리고 마지막이 문성공주다. © wikimedia

를 이어온 그녀의 삶이 있었기에 가능했으리라 짐작할 수 있다.

　포탈라궁 오른편에는 해발 3,725미터에 달하는 협파일夾波日이라는 산이 위치해 있다. 이곳은 중국어로 약왕산藥王山이라고도 하는데 17세기에 의학의 발전을 위해 이곳에 의약원을 두고 각 사원의 몇몇 승려에게 의학 지식을 전수한 데서 유래된 이름이다. 약왕산 동쪽에는 동굴 형태의 작은 사당인 사랍노보査拉魯普가 위치해 있는데 동굴 북쪽의 석벽에 손챈감포와 그의 두 아내인 문성공주와 부리쿠티공주의 석상이 남겨져 있다. 손챈감포 시대에 지어진 이곳에서 문성공주는 떠나온 고국과 부모에 대한 구곡간장九曲肝腸의 그리움을 담아 동쪽을 향해 절을 올렸던 것으로 전해진다. 먼 거리에서나마 고향을 바라보고자 했던 공주의 모습을 상상하며, 화번공주이자 이방인으로서 토번에서의 삶이 그녀에게는 녹록지 않았음을 짐작케 한다. 실제로 그녀가 손챈감포와 혼인했을 때 그에게는 부리쿠티 공주를 비롯해 네 명의 아내가 있었고 문성공주는 그저 중국공주로 호칭되었을 따름이다. 그러나 그녀는 40년간 토번에서 살며 이방인에서 완전한 토번의 어머니로 자리했고 현재까지 티베트의 여신으로 남게 되었다.

그녀의 발자취가 담긴 험난한 당번고도와 라싸 곳곳에서 명맥을 유지하며 티베트인들에게 숭배되는 그녀의 유적과 전설들은 자신의 삶을 희생해야 했던 한 여성이자 이방인의 삶에 숙연함을 느끼게 한다.

이연희

중국사회과학원에서 중국 고전소설을 연구했으며, 현재 서울여자대학교 중어중문학과에서 초빙강의교수로 재직 중이다. 중국 여성 문학에 관심이 많으며 현대 문화와 중국 환상 서사의 관련성을 연구하고 있다. 지은 책으로 『동양의 고전을 읽는다』가 있고 옮긴 책으로 『풍속통의』가 있다.

기약 없는 구도의 길

둔황 양관

정광훈

사막에서는 육지가 바다고 물이 섬이다. 섬을 찾아 바다를 표류하듯, 물의 섬을 찾아 사막의 바다를 표류한다. 그래서 사막의 신기루는 닿을 수 없는 바다 끝 섬이다. 이 오싹한 역설을 받아들이는 사람은 사막을 향해 나아가고, 그렇지 않은 사람은 오던 길로 돌아선다. 사막은 선택의 발자국을 남기고 사람들은 그 발자국 위를 다시 밟고 지나간다.

사막 초입의 양관陽關은 수많은 선택이 이루어진 곳이다. 지금은 사막 쪽으로 들어갈 수 없게 막아놓았는데도 여행객들은 그 경계선 앞에서 저마다 선택의 경험을 한다. 그리고 의외로 많은 사람이 경계의 저쪽 너머로 가고 싶어 한다. 단순한 호기심이 아니라 어쩌면 저 너머에는 지금의 내가 아닌 나, 또 다른 자아가 있을지 모른다는 생각이 든다. 구도의 길을 떠났던 행각승도, 관광버스를 타고 온 평범한 여행객도 오롯이 사막과 나만 남겨진 경험을 공유한다. 사람이 모이는 곳에 관문을 세운 것이 아니라 시간 초월의 경험을 공유할 수 있는 곳에 관문을 세웠는지도 모른다. 수천 년

둔황으로 소식을 전한 양관 봉화대. ⓒ정광훈

동안 한 알의 모래도 흩어지지 않았을 것 같은 곳, 양관은 그런 곳이다.

서쪽으로 더 서쪽으로

양관은 중국 간쑤甘肅성 끝자락 도시 둔황에서 실크로드 남로로 들어갈 때 거쳐야 했던 관문이다. 양관이 정확히 언제 세워졌는지, 그리고 왜 양관으로 불리게 되었는지에 대한 기록은 없다. 다만 '양陽'이 남쪽을 의미하기 때문에 실크로드 북로로 통하는 옥문관玉門關의 남쪽에 위치한 관문을 양관이라 부른 것으로 추정할 뿐이다. 실제로 둔황을 기준으로 삼았을 때 옥문관과 양관은 각각 서북쪽과 서남쪽으로 70킬로미터쯤 떨어져 있다. 『돈황의 역사와 문화』를 쓴 나가사와 카즈토시는 옥문관과 양관이 약

60킬로미터 떨어져 둔황, 양관, 옥문관 세 곳이 거의 정삼각형의 꼭짓점을 이루고 있음에 주목했다. 고대에 옥문관과 양관 사이에는 서로의 상황을 알 수 있도록 봉화대도 설치했다. 거리와 방향 모두에서 이 세 곳은 가장 안정적인 구도로 연결되어 있었다.

　모호한 이름의 양관과 달리 옥문관은 명명의 이유가 분명하다. 옥석처럼 아름다운 문이어서가 아니라 실제로 옥이 드나들었던 문이어서 옥문관이다. 서역의 도시 중에 특히 호탄은 고급 옥의 산지로 유명하다. 호탄은 중앙아시아로 넘어가기 직전 쿤룬산맥 바로 북쪽에 위치한 신장新疆 서남부의 최대 도시이다. 이 호탄에서 출발하여 동쪽 실크로드의 여러 나라를 거친 후 옥문관과 둔황을 지나 중원 땅까지 옥이 전해졌던 것이다. 고대 문헌에서 호탄 옥은 진귀함을 넘어 신비한 보석으로 묘사되었으며, 실크로드에서는 화폐로 쓰이기도 하고 중원 왕조에서는 공물로 옥을 바치도록 요구하기도 했다.

옥이 드나든 문이어서 옥문관이지만 현재 남아 있는 옥문관의 모습은 실제로도 옥처럼 아름답다. 확 트인 풍광에 찾아오는 사람도 많아서 적막한 느낌의 양관과는 다르다. 원래 모습은 사라졌지만, 삭막한 양관의 유적은 고행을 떠난 구법승이나 전장으로 떠나는 병사들이 오간 곳, 그리고 지금도 남아 있는 옥문관은 귀한 물건이나 상품이 들어온 세관 같은 인상을 준다. 물론 두 관문이 특정한 목적으로 나뉜 것은 아니다.

당나라 초, 소설 『서유기西遊記』로 유명한 삼장법사 현장玄奘은 불경을 구하기 위해 수도 장안長安을 떠난다. 건국 후 겨우 10년이 지난 때라 변방지역의 통행이 엄격히 금지되었는데도 현장은 국법을 어겨가면서까지 서역행에 나선다. 대신 그는 둔황에 도착하기 전에 북쪽으로 미리 방향을 틀어 멀리 돌아가는 길을 택한다. 그리고 18년 후 귀국길에는 실크로드 남로를 지나 정식 관문이라 할 수 있는 양관을 통해 둔황으로 들어온다. 그사이에 서북 변경의 정치 상황은 호전되고 현장은 황실에서도 추앙할 만큼 전설적인 인물이 되어 있었다. 반면 『왕오천축국전往五天竺國傳』으로 유명한 신라승 혜초慧超는 인도의 불교 성지를 순례한 후 돌아오는 길을 실크로드 북로로 잡는다. 현존하는 『왕오천축국전』이 앞뒤가 잘린 일부분이라 확언할 순 없지만, 만약 혜초의 최종 목적지가 장안이었다면 실크로드 북로와 연결되는 옥문관을 통해 둔황으로 들어온 후 여정을 이어갔을 것이다.

후한後漢 때의 역사가 반고班固는 서역의 범위를 먼저 정해놓고 『한서漢書』「서역전西域傳」을 본격적으로 기술했다. 동쪽으로는 옥문관과 양관을 관문으로 한나라와 접하고, 서쪽으로는 지금의 파미르고원까지를 경계로 삼은 것이다. 둔황에서 출발해 두 관문을 넘으면 돌아올 수 없는 사막 타클라마칸으로 통하는 길이 시작된다. 그래서인지 당대 시인 왕유王維는 서역으로 떠나는 벗에게 주는 시에서 '그대에게 술 한 잔 다시 권하노니, 서쪽 양관을 나가면 친구가 없다네'(「원이를 안서로 보내며[送元二使安西]」)라며 이별을 안타까워했다.

한 줌의 차와 한 자루의 곡식을 바꾸기 위해 만년의 설산을 넘듯이 사람들은 저마다의 희망과 사연을 품고 다음 기착지를 향해 죽음의 사막으로 들어섰다. 그들 중에는 종교적 깨달음을 얻으려는 구도자도 있고, 우연히 접한 정보만 믿고 길을 나선 상인도 있고, 전장에서 돌아오지 않는 아들을 찾아나선 아버지도 있었다. 그들은 앞서 죽은 자들의 마른 해골을 이정표 삼아 서쪽으로 더 서쪽으로 기약 없는 여정을 떠났다. 별자리처럼 이어진 실크로드의 오아시스 도시들은 그들이 찾아오면 살아남고 그들의 발길이 끊어지면 사막의 모래바람에 잠겼다. 실크로드의 도시는 흩어진 점이었고, 사람들은 그 사이를 이어주는 생명선이었다.

쉼터, 그리고 만남의 광장

'실크로드 유적지 중에서 딱 한 군데만 가려면 둔황으로 가야 한다.'

실크로드 학자 발레리 한센Valerie Hansen의 말이다. 그녀가 이렇게 말한 이유는 명확하다. 바로 풍경 때문이다. 오아시스 주변으로 풍요롭게 우거진 녹음과 긴 절벽에 아름답게 조성해놓은 막고굴이 둔황의 풍광을 대표한다.

간쑤는 중국의 여러 성과 자치구 중에서 가장 비상식적이고 비효율적인 형태이다. 멀리 떨어진 두 섬을 긴 다리로 이어놓은 듯하다. 여기서 다리에 해당하는 직선의 길을 흔히 '하서주랑河西走廊'이라 부른다. 주랑은 죽 뻗은 복도 같은 길이고, 이 길이 황하 바로 서쪽에 있어서 하서주랑이라 부르는 것이다. 둔황은 신장을 제외하면 중국의 가장 서북쪽인 간쑤 중에서도 가장 서북쪽이다. 장안에서 출발한 인마는 마치 고속도로를 달리듯 하서주랑을 통과해 실크로드가 본격적으로 시작되는 둔황에서 일단 멈춘다.

그래서 둔황은 사방의 사람들이 모여드는 만남의 광장 같은 곳이다. 사막 지역의 여름은 어이없을 정도로 뜨겁지만, 건조한 공기가 밤새 급격히 열을 식혀 새벽에는 오히려 서늘하기까지 하다. 고행의 긴 여정을 시원한 밤공기가 위로해준다. 간쑤의 성도 란저우에서 오후 늦게 열차를 타고 열네 시간을 달리면 아침 일찍 둔황에 도착한다. 야간열차를 타고 하서주랑을 관통하는 루트이다. 밤새 달리는 기차에서 보이는 것이라곤 별과 달뿐이지만, 한여름에도 시원한 새벽의 둔황은 밤새 좋은 풍경을 만끽한 듯한 여유로움을 준다.

힘들고 긴 여정에서 둔황은 더없이 좋은 쉼터였다. 서쪽 사막에서 온 사람들은 요금소를 지나듯 관문을 통과하고 둔황에서 휴식을 취한 후 최종 목적지인 장안으로 향했다. 반대로 장안 쪽에서 출발한 이들은 둔황에 도착한 후 서역으로의 본격적인 여정을 준비했다. 그뿐 아니라 둔황은 티베트나 서북 유목 민족의 활동 지역과 가까웠다. 실제로 8세기 중반부터 약 70년 동안 티베트에 점령당했으며, 북쪽으로는 흉노와 서하 같은 유목 민족의 세력권에 들었다. 여기에 실크로드의 상권을 휘어잡은 중앙아시아 소그드 상인, 각지에서 모여든 종교인, 변방의 용병들, 떠돌이 가수와 이야기꾼까지 더해져 둔황은 그야말로 국적과 민족과 문화의 경계를 뛰어넘는 만남의 광장이 되었다. 사람들은 이곳에서 잠시 쉬기도 하고 아예 눌러살기도 했다. 둔황의 상징인 막고굴과 장경동이 탄생한 것도 이런 쉼터와 광장의 성격 때문일 것이다.

절벽에 아름답게 조성해놓은 막고굴 중앙의 9층 누각. ⓒ송진영

금빛 부처를 맞이하다

16국 시대인 서기 366년, 전진前秦 출신의 승려 낙준樂僔이 둔황에서 동남쪽으로 50리 떨어진 곳의 한 언덕에 이른다. 사막 한가운데를 단면으로 잘라놓은 것 같은 이 언덕에 서면 신기루처럼 멀리 삼위산三危山의 세 봉우리가 보이고, 언덕 바로 앞으로 사막과는 어울리지 않는 넓은 하천이 흐른다. 원래는 훨씬 더 서쪽이 목적지였을 이 승려는 무슨 이유에선지 이곳에 석굴을 파고 곧 수행에 들어간다. 막고굴 제156굴 북쪽 벽의 「막고굴기莫高窟記」에 따르면, 낙준 선사는 여기서 금빛 부처님을 맞이한 후 굴을 뚫고 불상을 만들었다고 한다. 막고굴은 바로 여기서 시작하여 원나라 때까지 1,000년 가까운 세월에 걸쳐 끊임없이 조성된다.

암벽에 자리잡은 막고굴은 석굴 하나하나가 곧 사원이다. 남구와 북구를 합한 700여 개의 석굴 중 벽화와 불상을 모신 사원은 총 492개이다. 지금은 관리를 위해 입구마다 철문을 설치해 출입을 제한하고 있지만, 20세기 초만 해도 석굴은 외부에 그대로 노출되어 마치 산사山寺처럼 누구나 찾아갈 수 있었다. 사람들은 이 수백 개의 크고 작은 석굴사원을 다니며 저마다 소원을 빌고, 독경에 취하고, 명상에 잠기고, 벽화 속 이야기를 들으며 울고 웃었다.

　모든 유적이 그렇듯 막고굴도 사람들의 발길이 잦아지면서 심각하게 훼손되었다. 오랜 세월 사막의 모래바람을 견뎌왔지만, 인간이 뿜어내는 열기와 이산화탄소를 버텨내긴 힘들었다. 20세기 초 서구의 불청객들이 대놓고 석굴을 훼손했다면, 20세기 말부터 둔황을 찾은 관광객들은 자기도 모르는 사이 훼손에 동참하게 되었다. 그래서 '둔황의 딸'이라 불리는 둔황연구원 명예원장 판진스樊錦詩는 '옛날보다 100배의 속도로 막고굴이 죽어가고 있다'는 말로 경종을 울리기도 했다. 막고굴 해설사가 갈라진 벽화를 비춰주며 보존의 어려움을 토로하면, 관광객들은 그 순간에도 안타까운 탄식과 함께 이산화탄소를 내뿜는다.

　이미 훼손된 석굴을 원상 복구할 순 없으므로 가장 좋은 방법은 그 속도를 늦추는 것이다. 석굴의 조성 시기와 오염 정도를 파악하여 일정 기간 외부 접촉을 차단하고 보존에 힘쓴다. 그중 하나가 석굴마다 오염도 측정 장치를 설치하여 기준치를 초과하면 바로 봉쇄하는 방법이다. 상태가 나빠지면 출입을 막는 석굴도 당연히 늘어난다. 막고굴을 관리하는 둔황연구원은 2014년부터 하루에 6,000명의 관람객만 예약제로 받고 있으나 전문가들은 3,000명을 넘어서는 안 된다고 주장한다.

　막고굴을 보존하기 위해 둔황연구원이 취한 또 하나의 방법은 바로 디지털화이다. 막고굴로 들어가는 길목에 대형 디지털 전시관을 세워 참관

토록 하고 실제 석굴의 관람은 최소화하는 것이다. 관광객들은 이 전시관에서 둔황의 역사와 막고굴의 대표적인 석굴을 미리 체험한다. 최근 둔황연구원은 '디지털 둔황'(e-dunhuang.com)이라는 사이트까지 개설하여 석굴 내부를 인터넷으로 볼 수 있도록 했다. 석굴 내부 곳곳을 초고화질의 카메라로 촬영한 후 각각의 프레임을 하나하나 연결하는 방식으로 제작되어 컴퓨터 화면에서 스크롤과 클릭만으로 석굴 내부를 샅샅이 살펴볼 수 있다. 이 작업은 지금도 진행 중이며 그만큼 디지털 석굴의 숫자는 계속 늘어나고 있다.

사막의 도서관

막고굴을 얘기할 때 빼놓을 수 없는 석굴이 바로 장경동藏經洞이다. 장경동은 글자 그대로 경전을 보관해놓은 동굴이다. 1900년 막고굴에서 아주 우연히 작은 석굴 하나가 발견되는데, 그 안에 수많은 필사본 불경이 쌓여 있었기 때문에 붙여진 이름이다. 6만 건이 넘는 이 무더기 자료에 불경만 있었던 건 아니다. 그림, 여행기, 계약서, 의약서, 기도문, 시, 소설, 일상의 메모, 아이들의 연습장까지 분류하기도 힘들 정도로 다양한 문서가 들어 있었고, 한문 외에 티베트어, 위구르어, 소그드어 등 소수 언어 자료들도 있었다. 제작 연대로 보면 당오대唐五代 자료가 대부분이지만 전체적으로는 4세기 말부터 11세기 초까지 넓게 퍼져 있다. 이 작은 석굴은 수만 건의 자료를 품에 안고 외부와 완전히 차단된 채 900년의 세월을 버텨온 것이다.

장경동이 애초에 왜 막혔는지는 크게 두 가지로 추측되고 있다. 하나는 피난설, 하나는 폐기설이다. 그리고 피난설은 다시 두 가지 설로 나뉜다.

첫 번째 피난설은 송나라 초에 중국 서북쪽을 위협했던 서하군西夏軍을 피하기 위함이라는 것이다. 주변 지역을 하나하나 잠식하던 서하군이 둔황 근처까지 침략해오자 불경과 여러 문서를 부랴부랴 석굴에 보관하고 입구를 막아버렸다는 주장이다. 이노우에 야스시井上靖의 소설『둔황』이 바로 이 설에 근거하여 이야기를 펼쳐나간다. 두 번째 피난설은 바로 이슬람 세력의 위협설이다. 당시 중앙아시아를 차지하고 동쪽으로 세력을 확장하던 이슬람에 대비하여 자료를 석굴에 미리 보관했다는 주장이다. 11세기 초 카라한 이슬람 왕조가 서역의 불교 왕국 우전을 멸망시키면서 그 여파가 둔황 지역까지 미쳤고, 둔황의 승려들은 서둘러 불경을 보존할 장소가 필요했다는 것이다. 피난설에 근거한다면, 장경동은 임시로 밀폐한 후 조만간 다시 열려고 했을 것이다. 그러나 비밀을 알고 있던 사람들이 전란 때 사망하거나 그곳을 떠나면서 비밀도 자연스레 잊히고, 이후 1,000년 가까이 열리지 못했다고 추측할 수 있다.

폐기설은 말 그대로 필요 없어진 불경, 문서, 폐지 등을 한꺼번에 모아서 버렸다는 주장이다. 당시 둔황의 여러 사원이 불경을 정리한 후 값어치가 떨어지거나 쓸모없는 대량의 불경을 다른 잡동사니 문서들과 함께 폐기했다는 것이다. 인쇄본 불경이 둔황으로 전해지면서 이전의 필사본은 자연스레 가치가 떨어졌는데, 신성한 불경을 태우지 않는 관행 때문에 부득이 석굴 하나를 골라 폐기 창고로 사용했다는 것도 폐기설의 근거 중 하나이다. 하지만 불경은 폐기했다고 하더라도 원래 있던 석굴을 봉쇄한 후 그 위에 벽화까지 그린 이유가 명확하지 않다는 점, 그리고 11세기 초가 완전한 인쇄의 시대는 아니라는 점에서 이 폐기설에 의문을 제기할 수 있다.

피난설과 폐기설 중 어느 것이 진실인지는 알 수 없으며 지금도 학자들 사이에서는 의견이 갈린다. 그러나 한 가지 분명한 건 자료의 가치이다. 어느 때보다 화려했던 당나라 시대에 실크로드의 길목인 둔황이 어떤 위상을 갖고 있었는지, 당시 사람들은 무엇을 보고 느끼고 쓰고 즐겼는지, 서역과는 어떻게 교류했는지 등을 알려주는 그 시대의 원본 자료이기 때문이다. 불경에 비하면 아주 적은 수만 전하는 자료들이 중요한 이유가 이것이다. 농사 장면을 묘사한 풍속화, 노골적인 말로 고부 갈등을 표현한 이야기, 그림이 들어간 작은 책 등이 그 시대의 삶을 생생하게 보여

장경동에서 문헌을 검토 중인 폴 펠리오.

준다. 이러한 자료들이 설령 폐기된 것이라 하더라도 그것의 가치에는 별다른 영향을 주지 않는다. 쓰레기가 원래부터 쓰레기는 아니듯이, 장경동의 수많은 두루마리는 그 자체로서 당시의 역사와 정보를 고스란히 담고 있기 때문이다.

이 소중한 문헌들은 20세기 초에 혼란한 상황을 틈타 영국, 프랑스, 일본, 러시아 등지로 반출된다. 헝가리 출신의 영국인 탐험가 오렐 스타인은 1907년에 막고굴을 찾아와 약 1만 5,000건의 자료를 영국으로 가져가고, 이듬해에 프랑스의 폴 펠리오는 약 6,000건을 골라 본국으로 보낸다. 중국어를 포함하여 여러 언어에 능통했던 펠리오는 좁은 석굴 안에서 하루에 1,000건의 자료를 탐독하는 놀라운 속도로 귀한 자료만 엄선했다. 프랑스 국립도서관에 상대적으로 귀중본이 많은 이유이다. 앞서 언급한 『왕오천

축국전』도 바로 이때 펠리오의 눈에 들어와 프랑스로 보내졌다.

　일본으로 들어간 둔황 문헌은 대부분 오타니 탐험대가 가져간 것이다. 19세기 말과 20세기 초에 중국 서북 지역을 조사한 오타니 탐험대는 1912년과 1914년에 둔황으로 와서 많은 문헌을 구매해간다. 현재 일본에 소장된 둔황 문헌은 약 1,000건에 이른다. 그리고 러시아의 고고학자 올덴부르그는 1915년 장기간 둔황에 머물며 막고굴 전체를 조사하고 1만 9,000여 건의 문헌을 입수하여 러시아로 가져간다. 건수로만 따지면 러시아로 들어간 둔황 문헌이 가장 많지만, 당시는 온전한 자료들이 이미 둔황에서 빠져나간 후라 이 문헌들은 대부분이 잔편이다.

　원래 주인은 중국이 분명한데도 이 자료들이 본국으로 돌아올 수 있을 것 같지는 않다. 문헌의 가치에 비하면 터무니없이 작은 액수이지만, 소위 외국의 탐험가들은 모두 형식적으로는 값을 치르고 이 자료들을 구매했기 때문이다. 게다가 장경동의 자료를 중국에 돌려주면 무단 반출된 수많은 유물의 처리 문제가 불거질 것이다. 한편으로는 전혀 관리되지 않던 자료를 그대로 버려두었다면 대부분 유실되거나 훼손되었을 것이라는 주장에도 많은 사람이 동조한다. 이러한 문제를 해결할 방법 중 하나로 둔황 문헌의 유출 당사자인 영국도서관이 1994년 IDP International Dunhuang Project (국제둔황프로젝트)를 설립한다. 중국을 포함하여 세계 각국의 둔황 문헌 소장처가 함께 가입한 IDP는 둔황 사본과 실크로드 관련 고화질 자료를 인터넷에서 무료로 제공한다. 둔황과 실크로드에 관심 있는 사람들은 이 자료를 통해 인류의 유산을 공유하고 지적 욕구를 해소한다. 오랜 세월 닫혀 있던 사막의 도서관을 이제는 온라인에서 누구나 이용할 수 있게 된 것이다.

　장경동이 위치한 막고굴 남구에는 아름다운 벽화와 불상을 모신 석굴 사원이 즐비하다. 그에 반해 막고굴 북구는 마치 주인 없는 벌집처럼 절벽에 구멍만 숭숭 뚫려 있다. 북구의 작은 석굴들은 주로 승려의 거처나 좌

구도자의 모습과 더욱 어울리는 막고굴 북구 풍경. ⓒ정광훈

선을 위한 선굴禪窟로 활용되었고 죽은 자의 시신을 묻는 매장굴로도 쓰였다. 남구가 낮이라면, 북구는 밤과 같다. 그래서인지 막고굴 북구는 저물녘에 가장 아름답다. 낮 동안 화려한 남구를 위해 봉사한 이들은 해가지면 북구의 석굴로 돌아와 지친 몸을 누이고 자기만의 수행을 이어갔다. 이들이 없었으면 막고굴이 없었듯이, 북구가 없었으면 남구 또한 없었을 것이다. 화려하지 않아서, 유명하지 않아서 인적이 드문 북구는 그래서 구도자의 모습과 더욱 어울린다. 사막의 낮과 밤이 그렇듯, 막고굴의 남과 북이 그렇듯 둔황은 전혀 다른 모습으로 사람들에게 비치곤 했다. 그리고 이러한 모습들이 저마다의 사연을 가진 사람들을 자연스레 불러모았다. 먼 옛날, 고행에 지친 낙준을 받아준 막고굴처럼 둔황이라는 도시는 여전히 힘든 이들을 품어주며 사막 앞에 서 있다.

정광훈

한국외국어대학교와 베이징대학교에서 중국 고전문학을 공부했으며, 지금은 한국외국어대학교 객원강의교수로 재직 중이다. 중국 당나라의 다채로운 이야기에 관심이 많으며, 이러한 이야기가 중국 밖 이질의 문화와는 어떻게 연결되었는지 살펴보고 있다. 지은 책으로『중화미각』, 『현대중국학특강』이 있고 옮긴 책으로『돈황유서』, 『중국문화사전』, 『그림과 공연』 등이 있다.

| 참고문헌 |

01 · 이효석이 사랑한 거리

나카미 다사오 외 지음, 박선영 옮김, 『만주란 무엇이었는가』, 소명출판, 2013.

제임스 카터 지음, 김인욱 옮김, 「미래의 하얼빈사」, 〈만주연구〉 9, 만주학회, 2009.

尤玉龍, 「哈爾濱近代工商業發展與城市近代硏究」, 齊齊哈爾大學 碩士學位論文, 2014.

Clausen, Soren, & Thogersen, Stig. The Making of a Chinese City: History and His-
    toriography in Harbin, Abingdon, New York: Routledge, first published 1995 by
    M.E.Sharpe, reprinted in 2015.

Song, Wei, St. Clair, Robert, & Wang, Song. "Modernization and the Sedimentation
    of Cultural Space of Harbin: The Stratification of Material Culture", Intercultural
    Communication Studies 17(1), 2008.

Meyer, Michael. In Manchuria: A Village Called Wasteland and the Transformation
    of Rural China, New York, London, New Delhi, Sydney: Bloomsbery press, 2015.

02 · '치욕'의 삼궤구고두례를 연습하다

김민호, 『조선 선비의 중국견문록』, 문학동네, 2018.

김민호, 「'치욕의 의식' 삼궤구고두례 연구」, 〈중국소설논총〉 제62집, 2020.

김선민, 「접견례를 통해 본 아이신-다이칭 구룬(Aisin-Daicing Gurun)의 세계」, 〈한국사학사
    학보〉 36, 2017.

한국고전번역원 한국고전종합DB, https://db.itkc.or.kr/

인터넷판 조선왕조실록, http://sillok.history.go.kr

03 · 중국 속의 작은 유럽

李琰君, 「靑島八大關花石樓的建築造型探析」, 『裝飾』, 2009.

김형렬, 「독일의 靑島 경략과 식민공간의 확장(1898~1914)」, 〈중국사연구〉 제70집, 2011.

劉璇, 「基於文化基因視角的靑島歷史街區保護與開發硏究」, 『中國海洋大學碩士論文』, 2015.

경문뢰, 「중국 칭다오靑島 국제 맥주 축제가 지역에 미치는 영향」, 〈한중경제문화연구〉 제14권, 2020.

趙永華, 「靑島 "花石樓" 與俄僑報業家連比奇」, 『文化之窗』, 2020.

04 · 쌀과 소금의 저잣거리

이두 지음, 홍상훈·이소영 옮김, 『양주화방록』, 소명출판, 2010.

마크 C. 엘리엇 지음, 양휘웅 옮김, 『건륭제』, 천지인, 2011.

조영헌, 『대운하와 중국 상인』, 민음사, 2011.

소의평 지음, 박경남·정광훈·신정수·김수현·우수치 옮김, 『중국문학 속 상인 세계』, 소명출판, 2017.

나카스나 아키노리 지음, 강길중·김지영·장원철 옮김, 『우아함의 탄생-중국 강남 문화사』, 민음사, 2009.

러우칭씨 지음, 한민영·이재근·신상섭·안계복·홍형순·이원호 옮김, 『원림』, 대가, 2008.

이소영, 「제국의 도시, 양주」, 〈중국문학〉 제81집, 2014.

05 · 군자는 문덕교를 건너지 않는다

포송령 지음, 김혜경 옮김, 『요재지이』, 민음사, 2013.

이민숙·이주해·박계화·정민경 옮김, 『우초신지』, 소명출판, 2011.

주자청 지음, 박하정 옮김, 『아버지의 뒷모습』, 태학사, 2005.

신경진, 『중국 도시 이야기/고찰명』, 문학동네, 2014.

이유진, 『중국을 빚어낸 여섯 도읍지 이야기』, 메디치미디어, 2018.

06 · 지옥 위에 세워진 천국

리어우판 지음, 장동천 옮김, 『상하이 모던』, 고려대학교출판부, 2007.

이중톈 지음, 심규호 옮김, 『독성기』, 에버리치홀딩스, 2010.

양둥핑 지음, 장영권 옮김, 『중국의 두 얼굴』, 펜타그램, 2012.

천옌·리훙춘 지음, 진쥐화 옮김, 『당대 중국 심미문화』, 차이나하우스, 2019.
劉憲文, 「近代上海十六鋪研究」, 상해사범대학 석사학위 논문, 2005.

07 · 우리 사랑해도 될까요

魯迅, 「論雷峰塔的倒掉」, 〈語絲〉第1期, 1924. 01. 17.
魯迅, 「再論雷峰塔的倒掉」, 〈語絲〉第15期, 1925. 02. 23.
馮夢龍 編, 徐文助 校訂, 繆天華 校閱, 『警世通言』, 臺北: 三民書局, 1992.
마르코 폴로 지음, 김호동 옮김, 『동방견문록』, 사계절, 2015.
이유진, 『중국을 빚어낸 여섯 도읍지 이야기』, 메디치미디어, 2018.

08 · 왕희지의 붓끝 서린 풍류지

「왕희지전王羲之傳」, 『진서晉書』.
락삼계, 『왕희지 평전王羲之評傳』, 인민미술출판사, 2017.
곽렴부 지음, 홍상훈 옮김, 『왕희지 평전』, 연암서가, 2016.
김진영, 『(주요 인물을 통해 본) 세설신어의 인물품평』, 한국학술정보, 2006.
송재소, 『시와 술과 차가 있는 중국인문기행 2』, 창비, 2017.

09 · 이민자의 유토피아

손세관, 『깊게 본 중국의 주택』, 열화당, 2002.
샨더치 지음, 김창우 옮김, 『민가』, 대가, 2008.
윤태옥, 『당신은 어쩌자고 내 속옷까지 들어오셨는가』, 미디어윌, 2013.
張斌, 楊北帆, 『客家民居記錄』, 天津大學出版社, 2010.

10 · 희미한 옛 식민지의 그림자

김명섭, 「신채호의 무정부주의동방연맹 활동」, 〈한국근현대사연구〉 제80집, 2017.
허원, 「단재 신채호의 체포·신문(臺灣 基隆) 관련 자료 발굴과 사실 고증」, 〈역사문화연구〉 제
    69집, 2019.
추스제, 「신채호를 통해 본 조선과 대만 무정부주의자들의 교류」, 백영서 편, 『대만을 보는
    눈』, 창비, 2012.
황선익, 「韓人의 臺灣지역 强制連行과 歸還」, 국민대학교 대학원 석사학위 논문, 2004.
陳姃湲, 「在殖民地臺灣社會夾縫中的朝鮮人娼妓業」, 〈臺灣史研究〉第17卷 第3期, 2010.

張璦文, 『九份口述歷史與解說資料彙編』, 臺北: 行政院文化建設委員會, 1994.
羅濟昆, 『九份臺陽江兩旺口述歷史專書』, 臺北: 臺北縣政府, 2009.
張靚蓓, 『凝望·時代: 穿越悲情城市二十年』, 臺北: 田園城市, 2011.
張炎憲, 『基隆雨港二二八』, 臺北: 吳三連台灣史料基金會, 2011.

11 · 자소녀 이야기

『順德自梳女文化解读』, 人民出版社.
「试论广州地区的自梳习俗及其在近代的表现」, 杨秋, 『妇女研究论丛』, 2005年 5月.
自梳女的"婚嫁"象征, 李宁利 等, 『广西民族研究』, 2004年 3期.

12 · 혼혈의 땅, 아시아의 샐러드 볼

권순목, 『2019 홍콩시위 : 3달의 기록』, 부크크, 2020.
류영하, 『방법으로서의 중국-홍콩 체제』, 소명출판, 2020.
류영하, 『중국 민족주의와 홍콩 본토주의』, 산지니, 2020.
류영하, 『홍콩 산책』, 산지니, 2019.
유진, 『홍콩, 장국영을 그리는 창』, 처음북스, 2018.
조은정, 『영국과 중국의 공존 : 광둥어를 통해 홍콩의 문화를 읽다』, 푸른길, 2019.
주성철, 『홍콩에 두 번째 가게 된다면』, 달, 2010.
G. B. 엔다콧 지음, 은은기 옮김, 『홍콩의 역사』, 한국학술정보, 2006.
구라다 도루·장위민 지음, 이용빈 옮김, 『홍콩의 정치와 민주주의』, 한울, 2019.

13 · 낯선 도시에서 조선인을 만나다

김대건 지음, 정진석 추기경 옮김, 『이 빈 들에 당신의 영광이』, 가톨릭출판사, 2006.
서종태, 「김대건 신부의 활동과 업적에 관한 연구」, 〈교회사학〉 제5호, 2008.
윤선자, 「한국인 천주교 사제들의 국외박사학위 취득」, 〈교회사학〉 제8호, 2011.
許政, 『澳門宗教建築』, 中國電力出版社, 2008.
黃啓臣, 『澳門歷史』, 澳門歷史學會, 1995.

14 · 움직이는 누각, 시대를 그리다

(晉)干寶·陶潛 撰, 『搜神記·搜神後記』, 上海古籍出版社, 2012.
易中天, 『讀城記』, 上海文藝出版社, 2017.

이중톈 지음, 유소영·심규호 옮김,『중국 도시 중국 사람』, 풀빛, 2002.

15 · 무협은 살아 있다

이현국,『중국문화행정지리 : 하남성』, 도서출판 황매희, 2019.
맹원로 지음, 김민호 옮김,『동경몽화록』, 소명출판, 2010.
와룡생 지음, 이선순 옮김,『군협지』, 생각의나무, 2002.
강소성사회과학원 지음, 오순방 등 옮김,『중국고전소설총목제요』1권, 울산대학교출판부,
     1993.
방금휘 등 편저,『중화무술사전』, 안휘인민출판사, 1987.

16 · 석벽에 새긴 욕망

명만 지음, 이준식 옮김,『여황제 무측천』, 글항아리, 2016.
박한제,『중국 도성 건설과 입지─수당 장안성의 출현전야』, 서울대학교출판문화원, 2019.
배진달,『중국의 불상』, 일지사, 2005.
양현지 지음, 임동석 옮김,『낙양가람기』, 동서문화사, 2009.
크레그 클루나스 지음, 임영애 등 옮김,『새롭게 읽는 중국의 미술』, 시공사, 2007.

17 · 수은이 흐르는 지하 왕궁

마크 에드워드 루이스 지음, 김우영 옮김,『하버드 중국사 진·한─최초의 중화제국』, 너머북
     스, 2020.
사마천 지음, 김원중 옮김,『사기 본기』, 민음사, 2010.
왕리췬 지음, 홍순도·홍광훈 옮김,『진시황 강의』, 김영사, 2013.
정위안 푸 지음, 윤지산·윤태준 옮김,『법가, 절대권력의 기술』, 돌베개, 2011.
장민·장문립 지음, 이상천 옮김,『진시황제릉』, 학고방, 2007.

18 · 전쟁의 포화 속에 불꽃처럼

박정희,『중국 고도를 거닐다』, 서울대학교출판문화원, 2020.
鳴永剛·鳴貽弓 감독, 영화「巴山夜雨」, 1980.
賈樟柯 감독, 영화「三峽好人」, 2006.
楊慶 감독, 영화「火鍋英雄」, 2016.

19 · 지친 시인을 품은 풍요의 땅

다카시마 도시오 지음, 이원규 옮김, 『이백, 두보를 만나다』, 심산, 2003.

이중톈 지음, 심규호·유소영 옮김, 『독성기』, 에버리치홀딩스, 2010.

김종박, 「중국 고대 사천지역 巴蜀人의 출현과 중원문화」, 〈史叢〉 제74호, 2011.

서성, 「이백 '촉도난'의 표현과 해석」, 〈중국어문논총〉 제56집, 2013.

劉源隆, 「天府文化: 成都的根與魂」, 〈小康〉 2017年 第18期.

20 · 당나라 공주, 티베트의 여신이 되다

김규현, 『바람의 땅 티베트 1 : 당번고도를 찾아서』, 실크로드문화센터, 2008.

이유진, 『중국을 빚어낸 여섯 도읍지 이야기』, 메디치미디어, 2018.

장숙연 지음, 이덕모 옮김, 『중국을 뒤흔든 불멸의 여인들 1』, 글누림, 2011.

츠레취자 지음, 김향덕 옮김, 『티베트 풍토지』, 태학사, 2019.

구성희, 「티베트에 문명을 전파한 당나라 문성공주의 역사적 지위」, 〈文學 史學 哲學〉 제27호, 2011.

Juan Wang, "Princess Wencheng in historical writing: The difficulty in narrating ethnic history in multi-ethnic China", Chinese Journal of Sociology 39(2), 2019.

21 · 기약 없는 구도의 길

나가사와 카즈토시 지음, 민병훈 옮김, 『돈황의 역사와 문화』, 사계절, 2010.

이노우에 야스시 지음, 임용택 옮김, 『둔황』, 문학동네, 2010.

발레리 한센 지음, 류형식 옮김, 『실크로드-7개의 도시』, 소와당, 2015.

지셴린 주편, 고려대 민족문화연구원·금강대 불교문화연구소 옮김, 『돈황학 대사전』, 소명출판, 2016.

하오춘원 지음, 정광훈 옮김, 『돈황유서-석굴 속 실크로드 문헌』, 소명출판, 2020.

중화명승

ⓒ 송진영, 이민숙, 정광훈 외 2021

초판 1쇄 인쇄 | 2021년 8월 17일
초판 1쇄 발행 | 2021년 8월 24일

지은이 | 송진영, 이민숙, 정광훈 외
펴낸이 | 박남숙

펴낸곳 | 소소의책
출판등록 | 2017년 5월 10일 제2017-000117호
주소 | 03961 서울특별시 마포구 방울내로9길 24 301호(망원동)
전화 | 02-324-7488
팩스 | 02-324-7489
이메일 | sosopub@sosokorea.com

ISBN 979-11-88941-66-7 03900
책값은 뒤표지에 있습니다.